आंजनेय जयते

[उपन्यास]

आंजनेय जयते

गिरिराज किशोर

राजकमल प्रकाशन

ISBN : 978-93-87462-32-8

मूल्य : ₹395

पहला संस्करण : 2018
दूसरा संस्करण : 2021

प्रकाशक : राजकमल प्रकाशन प्रा.लि.
1-बी, नेताजी सुभाष मार्ग, दरियागंज
नई दिल्ली-110 002

शाखाएँ : अशोक राजपथ, साइंस कॉलेज के सामने, पटना-800 006
पहली मंजिल, दरबारी बिल्डिंग, महात्मा गांधी मार्ग, प्रयागराज-211 001
36 ए, शेक्सपियर सरणी, कोलकाता-700 017

वेबसाइट : www.rajkamalprakashan.com
ई-मेल : info@rajkamalprakashan.com

मुद्रक : बी.के. ऑफसेट
नवीन शाहदरा, दिल्ली-110 032

AANJANEY JAYTE
Novel by Giriraj Kishor

जो पुल बनाएँगे
वे अनिवार्यत:
पीछे रह जाएँगे।
सेनाएँ हो जाएँगी पार
मारे जाएँगे रावण
जयी होंगे राम,
जो निर्माता रहे
बन्दर कहलाएँगे।

—अज्ञेय

तुभ्यमेव समर्पये!

आंजनेय, हनुमान और लेखक

उपन्यास का नाम मैंने 'आंजनेय जयते' रखा है। एक-दो सन्दर्भों के अतिरिक्त जहाँ हनुमान आया है, पूरा उपन्यास 'आंजनेय' पर ही आधारित है। हनुमान नाम का मैंने इसलिए उपयोग नहीं किया क्योंकि उससे वही वानर की आकृति सामने आएगी जो परम्परागत रूप से हमारे मस्तिष्कों में जमी हुई है। तुलसीदास ने यद्यपि उन्हें 'ज्ञान गुण सागर' कहा है, पर वानर की आकृति को बरकरार रखा। यद्यपि वानर-आकृति और 'ज्ञान गुण सागर' होना साथ-साथ नहीं जाता, पर सदियों से वानर-आकृति और उनका बौद्धिक तथा सर्वगुण-सम्पन्न स्वरूप साथ-साथ चला आ रहा है। यह सम्भवत: 'रामचरितमानस' की देन है। इतने बड़े-बड़े विद्वान, संवेदनशील विचारक और मीमांसक हुए, यह सवाल क्या कभी किसी के मस्तिष्क में नहीं आया होगा कि वानर क्या ज्ञान गुण सागर और अद्वितीय महाबली हो सकता है? आया होता तो क्या वे विचार न करते? ऐसा नहीं लगता कि यह कोई धार्मिक प्रतिबद्धता रही हो कि अगर हनुमान है तो उसे वानर ही होना चाहिए। इस बात से अनेक विद्वान अचंभित भी हैं और असहमत भी, कि हनुमान वानर थे।

इसका कारण यह तो नहीं कि वे दक्षिण भारत की अनार्य जाति से थे या कहा जाए—विंध्य पर्वतों के बीच बसी जनजाति से थे? बताया जाता है—आर्य गौर वर्ण थे, जनजातियाँ काली थीं। रंग-भेद उस समय भी प्रचलित रहा होगा। हम बहुत आधुनिक हो गए हैं, लेकिन जातिभेद, वर्णभेद यहाँ तक कि रंगभेद हमारे समाजों में भी कम नहीं है। विवाह के लिए गौर वर्ण लड़के या लड़कियाँ काले रंग की पत्नी या पति पसन्द नहीं करते। अमरीका जैसे अत्याधुनिक देश में काले-गोरे का संघर्ष आज भी बना हुआ है। वहाँ कालों द्वारा गोरों की हत्या और अक्सर गोरों द्वारा कालों की हत्याएँ होती रहती हैं। सुर-असुर-संघर्ष कथाओं से हमारा वांग्मय भरा पड़ा है। असुर काले माने जाते थे और सुर गौर वर्ण होते थे। उनके बीच रंग एक बहुत बड़ी खाई थी। यदि हम आंजनेय (हनुमान) को वानर कहेंगे तो नागों को भी क्या नाग यानी सर्प कहेंगे? तब तो इतिहास ही बदल जाएगा। नागों का तो अपना इतिहास है। हर युग में नाग किसी-न-किसी रूप में शक्ति के प्रतीक रहे हैं।

'यदि नागों का इतिहास देखें तो हम पाते हैं कि तथाकथित आर्यों और द्रविड़ों का मिश्रण हजारों वर्ष पूर्व प्रारम्भ हो गया था। असुर, रिक्ष, गन्धर्व इत्यादि इन्हीं के मिश्रण से विकसित हुए।' (नागवंश की पुराकथाएँ—शिवकुमार तिवारी, राजकमल प्रकाशन, नई दिल्ली, पृ. 5)

'नागों का आर्यत्व एक बहुत प्राचीन घटना है। महाभारत काल तक व्यक्ति के तौर पर यदि महत्त्वपूर्ण थे तो नागों के पूर्व पुरुषों को दैवी स्थान कुछ उसी तरह प्राप्त हो चुका था जिस तरह आर्यों के पूर्वजों को होता था।' (वही, पृ. 6)

नागों की स्त्रियाँ अपनी सुन्दरता के लिए प्रसिद्ध थीं। नागों की कई कन्याओं का अपहरण रावण ने किया था। इन सब सन्दर्भों से ऐसा प्रतीत होता है कि उस काल में कबीलों का नामकरण पशु-पक्षियों, आदि पर होता रहा होगा, जैसे गोत्र-परम्परा ऋषियों के नाम पर है। वाल्मीकि ने पक्षीराज जटायु के मुख से कहलाया है कि वह दशरथ का मित्र है। रामायण में आए प्रसंगों से यह स्पष्ट है कि जटायु गिद्ध नहीं, मनुष्य है। इसी प्रकार सम्पाति, जो सूर्य और पृथ्वी के बीच की दूरी नापने और उनके ताप को कम करने के लिए उड़ान भरता है, सूर्य के ताप से उसके पंख जल जाते हैं (मैं उसे अन्वेषक मानता हूँ)। जब राम-सेना में वह अपने भाई जटायु की चर्चा सुनता है तो वह निःशक्त मनुष्य की तरह कहता है कि उसे पर्वत से उतारकर नीचे ले आया जाए जिससे वह अपने भाई के बारे में जान सके। उसने अपने भाई के अन्तिम संस्कार की कथा सुनी तो वह कृतार्थ हो गया। राम ने उसका संस्कार करके उसे मुक्ति दी। सम्पाति कृतार्थ भाव से लम्बी-सी साँस लेकर भारी स्वर में बोला, 'मैं देख रहा हूँ कि जनक-पुत्री सीता अन्तःपुर की एक वाटिका में बन्दी हैं। बहुत-सी राक्षसियाँ पहरे पर हैं और उन्हें भयभीत कर रही हैं। लंका नगरी चारों ओर से समुद्र से सुरक्षित है। सौ योजन समुद्र को लाँघकर ही तुम वहाँ पहुँच सकोगे।'

ये पक्षी से अधिक सिद्ध मनुष्य होने के लक्षण हैं। हो सकता है, तत्कालीन विज्ञान की ही देन हो!

राज सक्सेना ने अपने लेख 'क्या हनुमान बन्दर थे?' में 'पक्षी' शब्द का विवेचन किया है, 'इसका समाधान ताड्य ब्राह्मण से हो जाता है जिसमें उल्लिखित है कि 'ये वै विद्वांसस्ते पक्षिणो ये विद्वांसस्ते पक्षाः' (ता.ब्रा.14/3/13) अर्थात जो विद्वान हैं, वे पक्षी हैं; जो अविद्वान (मूर्ख) हैं, पक्षरहित हैं।' यह इन दोनों भाइयों पर चरितार्थ होता है।

वाल्मीकि ने यद्यपि आंजनेय को वानर के रूप में प्रस्तुत किया है। उन्होंने ऐसा क्यों किया, यह कहना कठिन है पर उन्होंने ऐसे स्फुलिंग बीच-बीच में छोड़े हैं जिनसे भ्रम होता है कि वे मनुष्य-रूपी वानर की बात कर रहे हैं। जब आंजनेय सीता

को अपनी पीठ पर बैठाकर श्रीराम के पास ले जाने का प्रस्ताव रखते हैं तो वे उनके साथ न जाने के कारणों में आंजनेय के साथ न जाने का मुख्य कारण बताती हैं :

भर्तुर्भक्तिं पुरस्कृत्य रामादन्यस्य वानर।
नाहं स्प्रष्टुं स्वतो गात्रमिच्छेयं वानरोत्तम॥

(सप्तत्रिशः, पृ. 141, 62)

अर्थात वानरश्रेष्ठ, पतिभक्ति की ओर दृष्टि रखकर मैं भगवान श्रीराम के सिवा दूसरे किसी पुरुष के शरीर का स्वेच्छा से स्पर्श करना नहीं चाहती।

अगले श्लोक में वे बताती हैं कि रावण के शरीर से जो मेरा स्पर्श हो गया है, वह तो बलात् हुआ है। उस समय मैं असमर्थ, अनाथ और बेबस थी, क्या करती!

सीता पुरुष शरीर को स्वेच्छा से स्पर्श न करने की बात कहती हैं। अगले श्लोक में वे रावण का शरीर स्पर्श हो जाने का कारण उसके द्वारा बलात् उठा लेना बताती हैं। रावण पुरुष है, आंजनेय भी पुरुष ही हैं। मुझे लगता है कि वानर-वंशी भी मनुष्य ही हैं। उस समय वानर-वंशियों को 'वानर' ही कहकर सम्बोधित किया जाता रहा होगा, जैसे नाग-वंशियों को 'नाग' कहा जाता था। इसीलिए वे पतिव्रता होने के कारण पर-पुरुष को न छूने की बात कहती हैं। स्पष्टीकरण देकर साफ कर देती हैं कि रावण पर-पुरुष था, न चाहते भी उसके बलात् ले जाने के कारण छूना बाध्यता हो गई थी। उस असहाय स्थिति में वह कुछ भी नहीं कर सकती थीं।

वाल्मीकि भी इस बारे में प्रकारांतर से रावण के माध्यम से स्वीकार करते हैं कि आंजनेय सामान्य नहीं, महान प्राणी हैं। यथा :

न हयहैं तं कपिं मन्ये कर्मणा प्रति तर्कयन्।
सर्वथा तन्महद् भूतं महाबलपरिग्रहम्॥

(षट् चत्वररिंश सर्ग, पृ. 163, 6)

उपरोक्त श्लोक में रावण अपने सैनिकों से कहता है, 'जब मैं उसके (आंजनेय के) अलौकिक कर्म को देखते हुए उसके स्वरूप पर विचार करता हूँ, तब वह मुझे वानर नहीं जान पड़ता है। वह सर्वथा महान् प्राणी है जो महान् बल से सम्पन्न है।'

दूसरे श्लोक में रावण अपनी बात अधिक स्पष्ट कर देता है, यथा :

वानरोअयमिति ज्ञात्वा नहि शुद्धयति मे मनः।
नैवाहं त कपिं मन्ये यथेयं प्रस्तुता कथा॥ (वही, 7)

अर्थात 'यह वानर है, ऐसा समझकर मेरा मन शुद्ध (आश्वस्त) नहीं हो रहा है। जैसा यह प्रसंग सामने है या जैसी बातें चल रही हैं, उन्हें देखते हुए मैं उसे वानर नहीं मानता हूँ।'

वाल्मीकि रावण के माध्यम से निश्चयात्मक ढंग से आंजनेय के वानर होने की सम्भावना को निरस्त कर देते हैं। उन्होंने कई जगह तथाकथित वानरों को अनुशासनप्रिय भी दिखाया है।

जब आंजनेय लंका से लौट आए तो सब वानरवंशी और रक्षवंशी यूथपति, आंजनेय को आगे करके, श्रीराम के दर्शनार्थ चले। रास्ते में मधुबन पड़ा। मधुबन की रक्षा अंगद के मामा दधिमुख करते थे। मधुबन के पास पहुँचकर वे सब मधुपान और फलाहार के लिए लालायित हो उठे। युवराज अंगद से अनुमति माँगी। उन्होंने जाम्बवान और आंजनेय से परामर्श करके आज्ञा दे दी। वे सब मधुबन में घुस गए और मधुपान करके मदमस्त हो गए। दधिमुख ने सुग्रीव से जाकर कहा कि किस प्रकार युवराज अंगद ने आदेश दिया और सब वानर-वंशियों और रक्ष-वशियों ने मधुबन में उत्पात मचाया। सुग्रीव समझ गए कि आंजनेय को सीता जी के दर्शन हो गए इसीलिए सेना के लोगों ने अंगद की आज्ञा से मधुबन में उत्सव मनाने का साहस किया। अनुशासन में रहकर, मधुपान करने के लिए मधुबन में जाने की आज्ञा लेना और वहाँ जाकर मधुपान करना, सैनिकों का वानर या रक्ष होने के पक्ष में नहीं जाता।

जिस प्रकार 'वाल्मीकि रामायण' सर्वप्रथम आदर्श ग्रन्थ है, उसी प्रकार राम-कथा का मानक ग्रन्थ जैन धर्म में 'पद्मपुराण' है। उसमें अंजना देवी का स्वतंत्र चरित्र-चित्रण है जिसमें आंजनेय को वानर न कहकर एक कुलीन राजपुत्र माना है।

'अंजना ब्रह्मा जी की मानसी बेटी विश्वसुन्दरी अहल्या की पुत्री थीं। अंजना सौन्दर्य की चेतना में देवत्व को अभिव्यक्त करनेवाली सक्रिय एवं गतिशील भौतिक चेतना की शक्तिस्वरूपा थीं। वानरराज केसरी उनके पति थे।' (हनुमंत प्रसंग—सं. मन्नूलाल यदु, छत्तीसगढ़ अस्मिता प्रतिष्ठान, रायपुर, पृ. 247) केसरी को 'वानर' न कहकर 'वानरराज' कहा गया है। वैसे भी अंजना जैसी गतिशील और भौतिक चेतना की शक्तिस्वरूपा स्त्री वानर से विवाह करके वानर-पुत्र को क्योंकर जन्म देतीं?

वानर की शारीरिक बनावट, भले ही उसे मनुष्य का आदिस्वरूप माना जाता हो, ऐसी नहीं है कि वह शस्त्रास्त्र से युद्ध कर सके। इसीलिए उसका मनुष्याकार दिखाया गया है। वानर चार पाँव से चलता है। उसके हाथों की बनावट से लगता है कि वह गदा आदि आयुधों से युद्ध करने में अक्षम है। वे यदि देवता भी थे तो भी वे वानर रूप में थे। शारीरिक बनावट उनकी सीमा थी।

राज सक्सेना ने 'लोक गंगा' में प्रकाशित अपने लेख 'क्या बन्दर थे हनुमान?' में लिखा है कि 'वाल्मीकि रामायण' में वानर शब्द का 1080 बार प्रयोग हुआ है तथा इसी के पर्यायस्वरूप गोचर, वनकोविद / वनचारी और वनौकस शब्दों का प्रयोग किया गया है। उनका मत है—ये शब्द वानर के सूचक न होकर वनवासी होने के द्योतक हैं। वे मानते हैं कि इसकी व्युत्पत्ति इस प्रकार करनी चाहिए—वनसि (अरण्ये) भवः चरो वा वानरः बनौकस, अरण्यकः।

आंजनेय को मनुष्य न मानने में सबसे बड़ी बाधा पूँछ है। पूँछ, हो सकता है, उस समय कुछ वर्गों में पुरुषों द्वारा सज्जा अथवा शस्त्र की तरह उपयोग की जाती रही

हो, जैसे आज भी बहुत-सी जनजातियाँ सींगों को सज्जा के लिए नृत्य के समय प्रयोग करती हैं, महिलाएँ नहीं करतीं। मैसूर में मैंने देखा है कि एक जाति आज भी कृत्रिम पूँछ लगाकर भीख माँगती है। पूँछ यदि आंजनेय के शरीर का अंग होती तो उसकी लपक, जो सम्पूर्ण लंका को जला देती है, शरीर तक भी पहुँचती। जब रावण आदेश देता है कि वानर के लिए पूँछ सबसे प्रिय होती है, उसमें आग लगा दी जाए तो विभीषण चिन्तित हो उठता है। आंजेनय इशारे से उसे शान्त करते हैं, चूँकि वे जानते हैं कि पूँछ में आग लगाने से उनके शरीर की क्षति नहीं होगी; बल्कि रावण की इस आज्ञा को मनचाही मुराद मानते हैं। यह पूँछ वानरों की सज्जा या सुरक्षा का हिस्सा है। वानर-वंश की स्त्रियाँ पूँछ का प्रयोग नहीं करतीं। वे पूँछ वाली वानरी न होकर वे सामान्य स्त्रियाँ हैं। पूँछ में स्वचालित तकनीकी रही होगी जिसकी सहायता से आंजनेय पूँछ को छोटा या बड़ा करते हैं, और आग लगा दिये जाने पर वे उसे जिस कोण पर चाहें, मोड़ लेते हैं। यह दैवी चमत्कार नहीं माना जा सकता है क्योंकि उस भीषण अग्नि को बुझाने के लिए वे समुद्र का सहारा लेने के लिए बाध्य हो जाते हैं।

मुझे लगता है कि वाल्मीकि ने जिन वानर के पर्यायों का प्रयोग किया है, वे अधिकतर द्विअर्थक हैं। जैसे राज सक्सेना ने लिखा है कि 'प्लवंग' शब्द 240 बार प्रयुक्त हुआ है जो तीव्र धावक का व्यंजक है। आंजनेय वायु की गति से जाते थे। हो सकता है, उन्हें इसीलिए पवनपुत्र कहा गया हो! 'कपि' शब्द 420 बार आया है। वह अवश्य वानर का पर्याय है, पर हो सकता है, वह वानर-वंशियों के लिए प्रयुक्त किया जाता हो! पुरुषों के पूँछ के प्रयोग किए जाने के कारण कपि कहा हो, पूँछ के कारण ही वे कपयः थे। तुलसीदास ने मानस में 'कपि' शब्द के लिए 'मरकट' आदि अनेक पर्यायों का प्रयोग करके आंजनेय को पूर्णतया कपि बना दिया। उसके पीछे तुलसीदास की सकारात्मक भावना रही होगी। राम के प्रति पशु-पक्षियों का सम्पूर्ण समर्पण और भक्ति का प्रकटीकरण। समन्वय। राम अकेले थे, सीता को खोज पाना उनके लिए कठिन था। वे ऐसे वर्ग की सहायता चाहते थे जो जंगलों में, पर्वतों पर, या समुद्रों पर सीता को खोजने में सहायता कर सके। यह जनजाति के लोगों के लिए सम्भव था। इसीलिए उन्हें यह सलाह दी गई थी कि राम सुग्रीव से मिलें। समुद्र लाँघने की क्षमता आंजनेय में थी। रक्षपति जाम्बवान यह जानते थे, इसीलिए उन्होंने उन्हें प्रेरित किया और उन सब तकनीकों का स्मरण दिलाया जो उन्होंने ऋषियों आदि गुरुओं से सीखी थीं, पर वे भूल गए थे। भले ही उसके पीछे शाप की शक्ति रही हो। एक बात और महत्त्वपूर्ण है—नागरीय सभ्यता और जनजातीय व्यवस्था के बीच आज की तरह दूरियाँ रही होंगी। राम तत्कालीन नागरीय सभ्यता के प्रतीक हैं और आंजनेय जनजाति के। वे दोनों के बीच समन्वय सेतु हैं। इसका कारण लगता है कि आंजनेय और उनका कबीला आर्य वर्ग से टूटकर जनजातीय

समाज में मिल गया था। संस्कृतियों और सभ्यताओं का सम्मिश्रण उस समय भी प्रचलित रहा होगा। रावण आर्य था—एक ऋषि का पुत्र और कुबेर का भाई था। कुबेर देव-वर्ग के थे। लेकिन रावण दानव-वंश का हिस्सा बन गया था। आंजनेय संस्कृत जानते थे जो आर्य भाषा मानी गई है। अवधी भी जानते थे। जब वे अशोकवाटिका में पहुँचे तो उनके समक्ष यह समस्या थी कि सीता जी से संस्कृत में संवाद करें या अयोध्या में बोली जानेवाली भाषा में। अगर वे संस्कृत में बात करेंगे तो हो सकता है, वे समझें कि रावण रूप बदलकर उन्हें ठगने आ गया है। इसलिए अवधी में बात करने का निर्णय लिया। और सीता जी को अपने बारे में आश्वस्त करने में सफल रहे।

आंजनेय की शिक्षा का जो विवरण मिलता है, उससे यह नहीं लगता कि किसी वानर को प्रशिक्षित करने का विवरण है। यह भी उल्लेख मिलता है कि आंजनेय को सबसे पहले वसिष्ठ जी के आश्रम में शिक्षा ग्रहण करने भेजा गया था। वहीं बालक राम की उनसे मित्रता हुई थी। उसके बाद उनके गुरु सूर्य भगवान हुए, उनके रथ के साथ दौड़ते हुए शिक्षा ग्रहण की थी। अगस्त्य मुनि के आश्रम में भी शिक्षा ग्रहण की थी। वहीं अपनी चंचलता के कारण उन्हें सब कुछ भूल जाने का शाप मिला था। शिक्षा की यह शृंखला यह नहीं बताती कि सूर्य, वसिष्ठ, और अगस्त्य जैसे गुरु वानर के प्रशिक्षक थे। वे ज्ञान प्रदान करनेवाले गुरु थे। ज्ञान पाने का अधिकारी केवल उच्च कोटि के शिष्य ही हो सकता था।

कानपुर से प्रकाशित 'द मॉरेल, वार्षिकांक-15' में वेद सम्मेलन (मा) के सौजन्य से प्राप्त एक शोधलेख 'हनुमान जी बन्दर नहीं थे' छपा है। उसमें कुछ चौंकाने वाले सन्दर्भ हैं। उनकी पुष्टि नहीं हो सकी परन्तु उन्हें खारिज भी नहीं किया जा सकता। आंजनेय के तीन भाई और थे : ऋतुमान, कीर्तिमान और अंशुमान। यह भी लिखा है कि आंजनेय का विवाह सुग्रीव की कन्या पद्मरागा से हुआ था। सुग्रीव ने रतनपुर (सम्भवतः राजधानी) जाकर कहा कि पद्मरागा के चले आने से मन नहीं लगता, आंजनेय को हमें दे दो। वे सपत्नीक किष्किन्धा जाकर रहने लगे। वैसे भी दक्षिण में मातृ सत्तात्मक समाज होता था, कहीं-कहीं अभी भी है। पद्मरागा गर्भवती हो गई। एक दिन वह समुद्र देखने गई। वहाँ उसे मगरमच्छ ने निगल लिया। संयोग से अहिरावण का दूत विमान से जा रहा था। उसने देख लिया और मगरमच्छ को मारकर पद्मरागा को निकाला पर वह बच नहीं सकी। वह उसके गर्भ के बच्चे को लेकर चला गया जिसे अहिरावण ने पाला और बाद में वही मकरध्वज नाम से आंजनेय के पुत्र के रूप में जाना गया। उसके बाद आंजनेय ब्रह्मचारी रहे। यह कथा मानवाचरण को रेखांकित करती है। पर इस कथा का स्रोत क्या है, यह पता नहीं चलता। हो सकता है, किसी भारतीय भाषा की रामायण में उल्लेख मिलता हो। परन्तु

बिना अन्वेषण के न इस कथा को स्वीकार किया जा सकता है, न नकारा जा सकता है। यह कथा आंजनेय के आजीवन ब्रह्मचारी होने पर प्रश्नचिह्न लगाती प्रतीत होती है।

एक बात और! उ.प्र. के राज्यपाल मा. राम नाईक से इस विषय पर चर्चा करते समय उन्होंने कहा—'वा' श्रेष्ठ के अर्थ में भी प्रयुक्त होता है। वा-नर—इस अर्थ में भी प्रयुक्त हो सकता है।

मैं भले ही आंजनेय को मानव कहने का पूर्ण अधिकार नहीं रखता, पर व्यक्तिगत स्तर पर मेरा मत है कि आंजनेय जैसे राजनय के ज्ञाता, वार्ताकार, ज्ञानी, अद्वितीय वीर, भक्त, संकटमोचन का वानर होना, अन्धश्रद्धा रखने वालों के अलावा किसी के लिए स्वीकार नहीं होना चाहिए।

मैंने अपने आंजनेय को उस परम्परागत और शास्त्रीय (माइथोलॉजिकल) परिवेश से च्युत नहीं किया, उसमें पूरी तरह समाविष्ट रखा। मैं नहीं चाहता था कि सदियों से चली आ रही पहचान में हस्तक्षेप करके उनकी छवि बदलकर उस महान चरित्र का अवमूल्यन करूँ; बल्कि परिवेश को अनेक दृष्टांतों से और अधिक समृद्ध और गहन किया है। कहीं-कहीं पर स्थितियों का भाष्य (इंटरप्रेटेशन) करने की स्वतंत्रता अवश्य ली—बिना मूल भावना को बदले। जो कुछ भी लिखा गया, सब उपलब्ध और सन्दर्भित ग्रन्थों के आधार पर है।

मैं बचपन से ही आंजनेय के चरित्र से प्रभावित था पर उनका वानर होना मुझे प्रश्नाकुल करता रहता था। परन्तु जवाब नहीं मिलता था। पं. बद्रीनारायण तिवारी ने मुझे छोटी दीवाली के दिन अपने मकान पर आयोजित आंजनेय के जन्मदिन पर होनेवाले सुन्दर कांड के वाचन और चर्चा के अवसर पर अध्यक्ष के रूप में बुलाना आरम्भ किया तो मेरी जिज्ञासा बढ़ी। तिवारी जी से मैंने जिक्र किया कि 'मैं उन पर लिखना चाहता हूँ। हनुमान बड़े विलक्षण और बहुआयामी चरित्र हैं।' तिवारी जी मुझे उपन्यास लिखने को प्रोत्साहित करते थे कि 'हनुमान पर आप ही लिख सकते हैं।' हनुमान के सन्दर्भ में उनके पास लेख या पुस्तक जो भी आते थे, वे मेरे पास भेज देते थे। मेरे मन में यह बात तो स्पष्ट होती जा रही थी कि हनुमान वानर नहीं थे। जैसे-जैसे मैं अध्ययन करता गया था, यह बात मेरे मन में स्पष्ट होती गई कि आंजनेय आदिवासी भी हैं और मनुष्य भी।

यहाँ एक बात तिवारी जी के बारे में बता दूँ कि वे 'मानस संगम' के संस्थापक हैं इसलिए उनका राम और हनुमान (आंजनेय) के प्रति विशेष अनुराग है। तुलसी उपवन उन्हीं के प्रयत्न से स्थानीय मोती झील में विकसित हुआ है। यह देश में तुलसी से सम्बन्धित एकमात्र उपवन है।

हमारी गोत्र–परम्परा ऋषि–मुनियों के नामों से जुड़ी हुई है। अधिकतर ऋषि रामायण काल में हुए थे। उससे पहले भी क्लांस, कबीले, वर्ग आदि होते होंगे, उनकी पहचान पशु–पक्षियों के नाम से प्रचलित रही होगी। पढ़ने पर पता चला कि वह गोत्र–परम्परा या बाक ऋषि–परम्परा से पूर्व पशु–पक्षी, नागों आदि से जुड़ी है। उसी बात को आधार बनाकर मैंने 'आंजनेय जयते' लिखना आरम्भ किया। आधार 'रामचरितमानस' ही है। लेकिन विभिन्न लेखों और सूचना–माध्यमों के अलावा निम्नलिखित ग्रन्थों का सहारा लिया :

श्रीरामभक्त शक्तिपुंज हनुमान—जयराम मिश्र, लोकभारती पेपरबैक्स, पहली मंजिल, दरबारी बिल्डिंग, इलाहाबाद 211001

हनुमंत प्रसंग—सं. डॉ मन्नूलाल यदु, छत्तीसगढ़ अस्मिता प्रतिष्ठान, हनुमान मन्दिर, टूरी हटरी, रायपुर

श्री वज्रांगदेव—ग्रन्थकार सीताराम मक्खनलाल पोद्दार, प्र. राघवेंद्र सीताराम मक्खनलाल पोद्दार, सेठ कन्हैयालाल पोद्दार मार्ग, रामगढ़–शेखावटी–331024 (सीकर), राजस्थान

श्रीमद्वाल्मीकीय रामायण (प्रथम एवं द्वितीय खंड), गीता प्रेस, गोरखपुर

दि मारेल—साप्ताहिक पत्रिका का विशिष्ट विशेषांक–15, सं. श्री शिवशरण त्रिपाठी, आर–9, यशोदानगर, कानपुर

नागवंश की पुराकथाएँ—शिवकुमार तिवारी, राजकमल प्रकाशन, दरियागंज, नई दिल्ली–110002

लोक गंगा—अगस्त–सितम्बर अंक (डॉ. दया दीक्षित के सौजन्य से)।

अधिकतर ग्रन्थ पं. बदरीनारायण तिवारी जी ने उपलब्ध कराए। अगर तिवारी जी का सहयोग और आग्रही–प्रयत्न न होता, यह कृति लिखना कठिन होता। मैं उनका हृदय से आभारी हूँ।

अन्त में मेरा निवेदन है कि 'आंजनेय जयते' में मनुष्य की वह पराकाष्ठा है जहाँ सेवा, समर्पण और त्याग उनके इष्टदेव श्रीराम और माता सीता को भी उनकी पूजा–अर्चना के लिए स्वत:प्रेरित कर देता है। यदि आंजनेय अपने इष्टदेव के प्रति प्रश्नाकुल होते हैं तो वह उनका अधिकार है।

इस उपन्यास की पहली पाठक मेरी पत्नी मीरा किशोर ही हैं। मैं उनके सहयोग के लिए आभारी हूँ।

—गिरिराज किशोर

आंजनेय जयते

आंजनेय-उवाच

हजारों साल तक सब लोग मेरे बारे में बोलते रहे हैं। उनमें बड़े-बड़े गुणी, ज्ञानी और विद्वान जन हैं। मैं क्या कहता! मेरे इष्टदेव ने मुझसे कहा था, जब तक मेरी कथा पृथ्वी पर होती रहे, तुम सुनते रहना। यह अमरत्व का वरदान था। मेरे जैसे छः और हैं जो चिरजीवी हैं यानी जिस जीवन को लोग वरदान समझते हैं, वही, पता नहीं, उनके लिए अभिशाप है या उत्सव। अश्वत्थामा, व्यास मुनि, विभीषण, बलि, और परशुराम—सबके अपने-अपने कारण हैं। कभी-कभी कारण ही भाग्य बन जाते हैं। मैंने स्वीकार कर लिया कि कथा और कथन का श्रवण करना ही मेरा भाग्य है। सीता माता के गमन के बाद तो यही ध्येय रह गया। वे सब जो थे, अब नहीं हैं, कथा के माध्यम से हजारों वर्ष बाद भी मेरे संग आ उपस्थित होते हैं। अभी माँ मेरे लिए वैसी ही हैं, यहाँ तक कि मेरे स्वामी भी। मैं उसी युग में पहुँच जाता हूँ। अपने-आपको स्थापन और प्रस्थापन की प्रक्रिया से जोड़े रखता हूँ। स्थापन जड़ बना देता है।

मुझे लोग 'कपीश' कहते हैं। वाल्मीकि महाराज ने भी कहा, हालाँकि उन्होंने मुझे देखा था। फिर तो चल पड़ा। तुलसी बाबा ने तो 'मरकट' ही बना डाला जबकि मैं उनसे लगभग पाँच सौ साल पहले इसी कलयुग में, राम-कथा में कोढ़ी (मनुष्य) के रूप में मिला था। उन्होंने मेरे पाँव पकड़ लिये थे। मैंने उनकी भक्ति और विह्वलता देखकर अपने इष्टदेव के दर्शन चित्रकूट में कराए थे। मुझे बड़ी हँसी आई थी कि बाबा ने ही दोनों भाइयों को तिलक लगाया पर अपने इष्ट को नहीं पहचान पाए। कितने भोले थे! मुझे बताना पड़ा, जैसे परिचय कराया जाता है। बस, फिर तो चरणों में लोटपोट हो गए। लोग देखने लगे, भीड़ लग गई। मेरे प्रभु को, लक्ष्मण को और मुझे तो देख नहीं पा रहे थे। तुलसी बाबा को वैरागी समझे। वे तो अन्तर्ध्यान हो गए। बाबा को जगाना मेरी जिम्मेदारी थी। बाबा को जगाया और तिलक लेने के लिए प्रतीक्षा कर रहे लोगों को तिलक-दान के लिए प्रेरित किया, 'बाबा, तुम्हारी इच्छा पूरी हो गई, अब राम का जो काम कर रहे हो, करो। मैं भी जाता हूँ।'

मैं बाबा को समझाना चाहता था कि मैं न मरकट हूँ, न बन्दर। वानर-वंश का अवश्य हूँ। जाम्बवान् भी रीछ नहीं हैं। उनका जातीय समाज...जैसे मैं वानर गोत्र से हूँ, वैसे ही वे भी रक्ष हैं। वनवासी होने के कारण पशु-पक्षियों के नाम पर पूर्वजों ने अपने वंश के नाम रखे थे। वनवासियों में तब ऋषि-मुनि होते नहीं थे। वाल्मीकि आदिकवि ने यह बात स्पष्ट नहीं की कि हम वनवासी भी मनुष्य हैं, केवल पहचान के लिए पशु-पक्षियों का नाम धारण कर लिया। बाद में वंशों के नाम से जोड़कर सब लोगों ने हमारी शक्लें भी वही बना दीं। बुद्धि और कार्यकलापों को भी बदल देते तो कथा कैसे जन्म लेती! खैर, जो हो गया सो हो गया। लेकिन इस सत्य को समझना और बाद में समझाना सम्भव नहीं हुआ। पशु-पक्षियों की देह में हम उत्कृष्ट मानवीय कार्यकलापों के प्रतीक बने हुए हैं। शर्म आती है—न वे समझे, न हम समझा सके।

मुझे ही देखिए, मेरे कितने पिता हैं, पर माँ एक है। लोग हजारों साल से लगातार यही मानते चले आ रहे हैं। है न विडंबना। मैं शंकर सुवन भी हूँ, पवनपुत्र भी हूँ, केसरी-नन्दन भी हूँ। ये सब बातें सुनकर स्वाभाविक रूप से मैं भ्रमित रहा, मैं बालपन में बहुत सोचता रहा। अपनी माता से पूछा तो वे पहले तो चुप रहीं, फिर बताया कि 'तुम केसरी-नन्दन और आंजनेय हो।' पर यह सब क्या सुनता रहता हूँ, क्यों सुनता रहता हूँ? इस तरह की भ्रामक बातें सुनकर किसी को भी क्षोभ होना स्वाभविक है। सन्तान पिता-माता के नाम से जानी जाती है। एक माता, चार पिता?

माता अंजना ने कहा, 'बेटा, प्रतापी पुत्र के सम्बन्ध में अनेक किंवदंतियाँ प्रचलित हो जाती हैं, उन सबको सुना जाता है, विश्वास नहीं किया जाता। मैं तुम्हें तुम्हारे पिता के बारे में बताती हूँ। पिता का सही प्रमाण माता ही दे सकती है।'

माता अंजना रुककर बोलीं, 'कृष्णा और कावेरी के मध्य में माडलिक राज्य था। प्रह्लाद विद्याधर वहाँ राज करते थे। बड़े शूर-वीर, धर्मिक और विद्याप्रेमी थे। इसी से उनका सम्मान था। उनकी पत्नी महारानी केतुमति भी विदुषी और पतिपरायणा थीं। उनका पुत्र गतिमान और वीर था। माता-पिता के सब गुण लिये थे। उसका नाम पवन रखा गया। वह पवन-तुल्य ही शक्तिशाली और तेजस्वी था। वीरता के चलते ही उसे 'केसरी' कहकर बुलाते थे। महर्षि अगस्त्य के आश्रम में वेद-वेदांगों की शिक्षा ली थी। असुरों के आतंक और वानर-राष्ट्र के स्वामी बाली के अत्याचारों से जन-मानस की रक्षा की थी।'

माँ की बात मैं बहुत ध्यान से सुन रहा था। वे चुप हो गईं तो मुझे बेचैनी हुई। मैं बोला, 'माँ, चुप क्यों हो गईं?'

माता अंजना के चेहरे पर संकोच भी था और लजाने का भाव भी। मेरी बेचैनी देखकर बोलीं, 'मेरा विवाह उन्हीं पवनदेव यानी केसरी से हो गया। मेरी ससुराल में सब लोग मुझे बहुत प्यार करते थे। सबकी मनोकामना थी, पवनदेव जैसा ही पुत्र

उनके घर में आए। पर देर तक सन्तान न होने के कारण सब लोग उदास रहने लगे। मैंने बारह वर्ष तक तेरे लिए तपस्या की। बारह वर्ष की प्रतीक्षा और तपस्या के बाद तेरा जन्म हुआ था। महाराज, महारानी और तेरे पिता तुझे पाकर बहुत प्रसन्न थे। तेरे पिता ही पवन भी हैं, केसरी भी। अब समझा?'

'और शंकर सुवन?'

'हम वनवासी हैं। हमारे स्वामी और ईश्वर शिव ही हैं। हम उनकी ही प्रजा हैं। हम अपने को शिव की सन्तान मानते हैं। वे भी हमें अपनी सन्तान मानकर ही हमारा भरण-पोषण करते हैं। तुम अद्वितीय बलवान हो। तुम्हें तुम्हारे बचपन की ही एक बात बताती हूँ। तुम छुटपन से ही सामान्य बच्चों से अलग हो—तेजस्वी और बलशाली। एक बार की बात है, मैं और मेरी सखियाँ कुबेर की कृपा से पुष्पक विमान में भ्रमण कर रहे थे। तुम मेरी गोदी में थे। चंचल इतने थे कि सोते-सोते भी लगता था, तुम उड़कर कहीं के कहीं पहुँच जाओगे। पता नहीं, कैसे मेरा ध्यान चूका और तुम उछलकर हवा में तैरने लगे। मैं चिल्लाई, विमान को उतरने के लिए कहा। तुम्हें डर नहीं लग रहा था। तुम्हें लग रहा था, जैसे वायु-विहार कर रहे हो! खूब खिलखिला रहे थे। नीचे भी लोग बच्चे को उड़ते हुए देखकर चकित थे। जैसे ही विमान उतरा, तुम भी एक चट्टान से जा टकराए। मैं भी उतरकर तुम्हें सँभालने के लिए दौड़ी। जिस शिला से तुम टकराए थे, वह शिला टूट गई थी। तुम वहीं पड़े खेल रहे थे।' माता अंजना का गला रुँध गया, जैसे घटना सामने ही घट रही हो!

'फिर?'

'तुम्हें आनन्द आ रहा है, जैसे बहुत बहादुरी का काम किया हो! हमारी तो जान पर बन आई थी।' रुककर बोलीं, 'सारे राज्य में यह बात फैल गई कि विमान में उड़ते हुए कुँवर जी रानी अंजना की गोद से उछले और पवनदेव उन्हें लेकर आकाश भ्रमण कराने लगे। वे न रोए, न घबराए, मस्ती से उड़ते रहे! जैसे पिता की गोद में हों! बस, पृथ्वी पर आते-आते, पवनदेव के हाथों से छूटकर शिला पर गिरने को हुए तो भगवान शिव ने सँभाल लिया। जहाँ शिव ने पाँव रखकर सँभाला, वहाँ से शिला खंडित हो गई। बस, बन गई नई कहानी। लोगों को विश्वास भी हो गया। अब कुछ भी समझाओ, कौन मानेगा कि बच्चे के गिरने से शिलाखंड टूट सकता है! ऐसे हैं तेरे करम, सबको चक्कर में डाल दें। इसलिए मैं तो किसी से कहती ही नहीं, मेरे लाल को नजर लग गई तो मैं क्या करूँगी?'

दोनों हँस दिये—मैं अपने खिलंदरेपन के साथ और माँ वात्सल्य से भरकर।

'तुम्हें मालूम है कि महर्षि अगस्त्य, तेरे गुरु, ने यह घटना सुनकर तुझे 'वज्रांगी' नाम दिया था। सब 'बजरंगी-बजरंगी' कहने लगे।'

माता अंजना और पिता केसरी मेरा लालन-पालन बहुत प्रेम से करते थे। मैं माता का स्तनपान बहुत समय तक करता रहा। उनका दूधपान करके मुझे अपने-आप में अत्यधिक बल की अनुभूति होती थी। दासियाँ कहा करती थीं—अंजनी, माँ का दूध पीकर तुम इतने पुष्ट हो जाओगे कि बड़े से बड़े और बलवान से बलवान शत्रु को परास्त कर सकोगे। मैं उनका दूध पीकर बड़ा हो रहा था। लेकिन मेरी उच्छृंखलता बढ़ती जा रही थी। माता का दूध और वृक्षों के ताजे फल मेरी कमजोरी थे। बचपन से ही मैंने वृक्षों पर चढ़ना, उतरना और ऊँचे से ऊँचे वृक्ष से छलाँग लगाना सीख लिया था। हम वानर-वंशी वृक्षों पर शयन भी कर लेते थे। सब ओर वन ही वन थे, भाँति-भाँति के फल थे। कई बार तो जब मैं एक वृक्ष से दूसरे वृक्ष पर छलाँग लगाता था तो मोटी-मोटी शाखाएँ टूट जाती थीं। आवाज सुनकर सब दौड़ पड़ते थे—कहीं कुँवर को चोट न लग गई हो! मैं हँसकर दूसरी डाल पर चला जाता था। वहाँ बैठकर चिढ़ाता भी था, फल फेंककर ऐसे मारता था कि वे गुप लें।

मेरी उछलकूद के कारण बच्चे मुझे 'वानर' कहकर चिढ़ाने लगे थे। मैं उनको चिढ़ाता था, 'कहो, कहो, खूब कहो, मैं बाघ बनने की विद्या भी जानता हूँ! बाघ बन गया तो तुम्हें कौन बचाएगा! मच्छर बनकर तुम्हारे कान में गाना भी सुना सकता हूँ।'

बाघ के नाम से डरे हुए चेहरों पर हँसी की चहल-कदमी होने लगती थी। मुझे किसी का भय नहीं था। मुझे लगता था, तीनों लोकों में मेरा कोई बाल बाँका नहीं कर सकता।

पवनपुत्र का आभास ही डराने के लिए पर्याप्त था। जंगल में रहने के कारण निडर हो गया था। बड़े से बड़े हाथी को अपने नियंत्रण में कर लेता था। जब बाघ, भालू आदि किसी छोटे और भय से काँपते जानवर का पीछा करते होते तो मुझे दया आ जाती थी। मैं उनकी पूँछ पकड़कर पीछे घसीट लेता था। वे गुर्राते तो मैं उनसे अधिक जोर से दहाड़ता था। सब दुबक जाते थे। मेरे माता-पिता रोकते नहीं थे; बल्कि मेरे इन करतबों को देखकर और अधिक प्रसन्न होते थे। हिंसक पशु भी मुझसे भय खाने लगे थे। यह सब मेरी वीरता में गिना जाने लगा था।

सबसे गड़बड़ एक बात हुई। उस अरण्य में बहुत-से आश्रम थे। तब विद्याध्यन और साधना के केन्द्र आश्रम ही होते थे। ऋषि-मुनि उन आश्रमों के अधिष्ठाता होते थे। वे सब साधक, त्यागी और ज्ञानी होते थे। मैंने स्वयं अगस्त्य ऋषि के आश्रम में रहकर वेद-वेदांग और क्षात्रधर्म सीखा था। मुझे विश्वामित्र के पास वे ही ले गए थे। दोनों अपने युग के सबसे बड़े वैज्ञानिक और शस्त्रों-अस्त्रों के ज्ञाता थे। उन दोनों ने ही मेरे जीवन का ध्येय निश्चित किया था—राष्ट्र की असुरों और आक्रमणकारियों से मुक्ति। उसके लिए जीवन भर ब्रह्मचर्य-पालन।

मैंने आश्रमों का महत्त्व बाद में जाना। उस समय तो मैं हर बन्धन से मुक्त था। लड़कपन में ऋषि-मुनियों के जप, पूजा, ध्यान-साधन को देखकर मन होता था कि मैं भी उन्हीं की तरह बनूँ। लेकिन उनके महत्त्व और गरिमा को नहीं समझता था। भौतिक स्तर तक ही पहुँच थी। ऋषियों के द्वारा पहने जानेवाले वल्कल वस्त्र अपने ऊपर लपेटकर उन्हीं की तरह बनने के प्रयत्न में वे फट जाते थे। कभी उनके कमंडल उठा लेता था। उन्हें यज्ञ करते देखकर मेरी भी इच्छा होती थी, मैं भी उनकी तरह यज्ञ करूँ। मैं उनके सुक्र-सुवा आदि उठा लाता। कोई देख लेता तो सब दौड़ पड़ते थे। पेड़ पर चढ़ने के चक्कर में वे टकराकर टूट जाते थे। इस उद्दंडता से अनजाने में आश्रम के अनुशासन में व्यवधान पड़ता था। वे मेरी चंचलता से रुष्ट नहीं होते थे। मैं भी उन्हें परेशान करने के लिए ऐसा नहीं करता था। बच्चे और वानर अनुकरण करके प्रसन्न होते हैं। मैं भी वानरीय संस्कारों के कारण ऐसा करता था। भले ही ऋषि-मुनि उन क्रियाकलापों को बाल-सुलभ चंचलता मानते हों पर उन्हें इससे असुविधा और क्षोभ होता था। वत्कल के फट जाने से तन ढँकने की समस्या, यज्ञ पात्र और उपकरण टूट जाने से दूसरे पात्र की समस्या! प्रतिदिन की समस्याओं और चिन्ताओं से आश्रम के दैनन्दिन कार्यों और साधना में रुकावट आने लगी थी। अंजना माता के पास शिकायत आती तो वह समझातीं पर मैं सहज-सुलभ भाव से कहता, जो सच भी था, 'माँ, मैं तो किसी को कष्ट नहीं पहुँचाता।'

वह युग ऐसा था जब ऋषियों के आह्वान पर जरा-सी बात पर सब देवता इकट्ठे हो जाते थे। ऋषि-मुनियों ने उनका आह्वान किया। मैं चकित था। कोई एरावत पर बैठकर आ रहा था, कोई मोर की सवारी कर रहा था। कोई नंदी पर था, कोई गरुड़ पर था। कोई हंस पर सवार था, तो कोई सात घोड़ों के रथ पर था। चूहे पर गणपति धीरे-धीरे पधार रहे हैं। ऋषि-मुनि लोग उनसे बोले, 'आप देवों ने अंजनीकुमार को इतना शक्तिशाली बनाकर हमारी साधना, पठन-पाठन, और यज्ञ आदि के लिए बड़ा संकट पैदा कर दिया, कैसे मुक्ति पाएँ?'

मुझे सभी देवताओं ने कोई न कोई वरदान दिया हुआ था : प्यार के कारण भी और आश्रमों की रक्षा के चलते भी। एक सुझाव आया कि सब अपने-अपने वरदान वापस ले लें। एरावत पर आए देवता ने सुझाव दिया, 'आप सबने जो ज्ञान और शक्ति अंजनीकुमार को दी है, उसे शाप देकर व्यर्थ कर दें।' इसके लिए वनवासी ऋषि-मुनि तैयार नहीं हुए। एरावत वाला देवता नाराज होकर चला गया। यही निर्णय किया गया कि आकाशवासी देवताओं के चक्कर में पड़ने से अच्छा है कि हम स्वयं मिलकर तय करें। ऊपर से आकर सलाह देनेवाले, धरती की वास्तविकता से परिचित नहीं होते।

अनेक सिद्ध महात्मा, ज्ञानी-विज्ञानी, तपस्वी और वनवासियों ने निर्णय लिया कि अंजनीकुमार भविष्य में अद्‌भुत कार्य करनेवाला है। हम उसे ऐसा दंड नहीं दे सकते कि आंजनेय को दीर्घकालिक हानि हो। बस, इतना और जोड़ दिया जाए कि अंजनीकुमार अपनी शक्तियाँ भूल जाए।

तब ऋषि-मुनि अंजलि में जल लेकर शाप देते थे, उन्होंने वही किया। अंजलि में जल लेकर कहा, 'अब से तुम्हें अपनी शक्ति और सामर्थ्य का ज्ञान नहीं रहेगा।'

मुझे इस शाप का महत्त्व समझ नहीं आया। शक्ति तो मेरे शरीर में है। मेरी माँ ने पूछा कि यह अतुल बल जो सेवा के काम के लिए आंजनेय को प्राप्त हुआ है, क्या व्यर्थ हो जाएगा? तब उन्होंने पुनर्विचार करके यह और जोड़ा, 'जब तुम्हें कोई स्मरण दिलाएगा तो तुरन्त अपनी शक्ति, सामर्थ्य और वरदानों का बोध हो जाएगा और तुम असम्भव कार्यों को निष्पादित करने में भी सक्षम हो जाओगे।' माँ अंजना के चेहरे का तनाव कम हुआ।

इसका नतीजा यह हुआ कि मैं सामान्य हो गया। चंचलता भी समाप्त हो गई। ऋषि-मुनि अपनी साधना और पठन-पाठन बिना किसी व्यवधान के करने लगे। मेरा जीवन भी सामान्य बालक की तरह बीतने लगा। जंगल-जंगल भटकने की जगह मेरा जीवन अपनी माता के प्यार और सेवा में बीतने लगा। आश्रमवासी भी प्रसन्न और घर के लोग भी प्रसन्न। मुझे कभी-कभी लगता था, मेरा कुछ खो गया है, पर क्या, यह मेरी समझ में नहीं आता था। राज्य में भी घोषित करा दिया गया था कि मेरे सामने कोई पुरानी बातें न दोहराए।

जैसे ऊपर कहा, मेरी चपलता, चंचलता समाप्त हो गई थी, किन्तु स्वभाव वही था। अपने बाल्यकाल के बारे में जानने के लिए प्रयत्नशील रहता था। राजाज्ञा के कारण कोई कुछ नहीं बताता था। मैं जंगल में जाकर या महल में ही घंटों चुपचाप बैठा रहता था। जैसे अपने अन्दर कुछ खोजने का प्रयत्न कर रहा हूँ! हालाँकि लोग मुझे ज्ञानी-विज्ञानी, सर्वगुण-सम्पन्न मानते थे पर वह सर्वगुण-सम्पन्नता अपने अन्दर ढूँढ़े नहीं मिलती थी। कभी-कभी माँ और पिता चिन्तित हो जाते थे कि हनुमान को आगे की और व्यावहारिक शिक्षा-दीक्षा कौन दे। ऋषि-मुनि को जो देना था, वे दे चुके थे। भगवान शिव के तथाकथित पुत्र को शिक्षा कौन दे सकता है! यह तो वैसे ही सर्वज्ञ है, जबकि मुझे स्वयं अपने बारे में कुछ पता नहीं था। माता-पिता ने मुझे किसी योग्य गुरु को सौंपने की सब तैयारियाँ पूरी कर ली थीं। बस, गुरु की कमी थी।

एक दिन 'नारायण-नारायण' की ध्वनि सुनाई पड़ी। माता-पिता प्रसन्न हो उठे कि नारद मुनि आ रहे हैं। जरूर कोई रास्ता बताएँगे। अंजनी माँ मुझे दुनिया भर की कहानियाँ सुनाती थीं। उसी के बीच उन्होंने नारद जी के बारे में बताया था कि वे

एक जगह टिककर नहीं बैठ सकते। मैंने पूछा कि ऋषि-मुनि तो साधना, स्वाध्याय आदि आश्रम में रहकर करते हैं। जब इनका कोई आश्रम नहीं, साधना-स्वाध्याय और यज्ञ आदि कैसे करते हैं? नहीं करते तो ऋषि कैसे बन गए? ये सवाल इसलिए विचित्र थे कि इस तरह के महान लोगों के बारे में इस तरह के सवाल करना उनकी अवमानना समझी जाती थी। अंजनी माँ ने इतना ही बताया कि वे ब्रह्मा के पुत्र हैं। ब्रह्मांड में कहीं भी जा सकते हैं। ब्रह्मा को मैं जानता था, उन्होंने मुझे वरदान दिया था।

इतने में नारद जी आ गए। माता ने उनके चरणों में प्रणाम किया तो मुझे भी करना पड़ा। माता ने अपनी चिन्ता बताई, 'मेरा बेटा शिक्षा-प्राप्ति के योग्य हो गया। ऋषि लोग कहते हैं कि मेरा बेटा तो शंकर सुवन है, सब कुछ जानता है। शंकर भगवान तो सब वनवासियों के पिता हैं। पता नहीं, उनके मस्तिष्क में मेरे पुत्र के बारे में यह भ्रान्ति कहाँ से आ गई कि यह शिव का पुत्र है। माँ से अच्छी तरह कौन जान सकता है! जगत-पिता को सबसे अलग करके मेरे बेटे से क्यों जोड़े दे रहे हैं?'

नारद जी हँसकर बोले, 'देवी, आप चिन्ता न करें। आपके पुत्र को सूर्यदेव स्वयं पढ़ाएँगे।'

हम दोनों चकित थे। भगवान भास्कर मेरे गुरु कैसे हो सकते हैं?

मैं ब्रह्मचारी वेश में ही रहता था। मैंने यज्ञोपवीत और मृग-चर्म पहने, पलाश दंड हाथ में लिये आकाश में देदीप्यमान सूर्यदेव की तरफ देखा। कैसे पहुँचूँगा? इतना ताप!

अंजनी माँ समझ गईं। वे जानती थीं कि ऋषियों ने शाप दिया था। वे बिना पिछली बातों का उल्लेख किए मेरा साहस बढ़ाने लगीं, 'बेटा, तेरा सूर्य के पास जाना कठिन नहीं। तू तो बहुत बलशाली है। तुझमें तो असम्भव को भी सम्भव बनाने की सामर्थ्य है। तू अपनी विद्या से सूर्यदेव के पास जा सकता है। तेरी गति तो गरुड़ से भी तीव्र है। तुममें अणिमा सिद्धि है। तुम अपने पिता पवनदेव को याद करो। तुम वानर-वंश में जरूर हो पर क्षत्रिय-कुल राजपुत्र हो। तुम्हारे पिता बारह वर्ष के लिए युद्ध में चले गए थे, तुम्हारे पितामह आदि ने मुझे राजमहल से निकाल दिया था। मैं गर्भवती थी। पितृ-गृह में भी जब स्थान नहीं मिला तो जंगल में चली गई थी। वहीं एक गुफा में तुम्हारा जन्म हुआ। एक विद्याधर उधर से निकल रहे थे। तुम्हारी तेजस्विता देखकर हम दोनों को एक सुरक्षित स्थान पर रख दिया। जब तुम्हारे पिता पवनदेव लौटे तो वे खोजते हुए दक्षिण में पम्पापुर के पास हणुरपट्टण पहुँचे थे। इसीलिए तुम्हारा एक नाम हनुमान भी है। तुम्हें विद्याधरों ने अनेक विद्याएँ सिखाईं। उसमें उड़कर आकाश-भ्रमण की विद्या भी है, तुम उसका सन्धान करो।'

'हनुमान' नाम से मुझे विद्या का स्मरण हो आया लेकिन मैं समझ नहीं पा रहा था कि सूर्यदेव के पास कैसे पहुँचूँ। मैंने विद्याधरों का ध्यान किया। उस समय ध्यान-शक्ति की बड़ी महिमा थी। वे तत्काल प्रकट हो गए। जब उनसे अपनी माँ के आग्रह की बात बताई तो उन्होंने मुझे भूली हुई विद्या की याद दिला दी। मैं आकाश में उड़ने लगा। तब पुराना अनुभव भी याद आ गया जब मैं माँ की गोद से गिरा था और शिला खंड-खंड हो गई थी। उसी समय से पिता के रूप में शंकर भगवान और वायुदेव के नाम मेरे साथ जोड़े जाने लगे थे। लोकमत श्रुतिमत से बड़ा होता है। उसे नकारना आसानी से सम्भव नहीं होता।

सूर्यदेव के पास पहुँचा। पृथ्वी पर सूर्य का ताप अधिक अनुभव होता था लेकिन वहाँ कुछ नहीं लग रहा था। वे अपने रथ पर आरूढ़ थे। मैंने अपने पिता पवनदेव का नाम लेकर अपना परिचय दिया। कहा, 'प्रभो! मेरी माता अंजना और पिता पवनदेव ने मुझे आपकी शरण में विद्या अध्ययन के लिए भेजा है। कृपया आप मुझे अपने शिष्य के रूप में स्वीकार करें।'

सूर्यदेव ने कहा, 'आंजनेय, मैं जानता हूँ, तुम श्रद्धालु, दृढ़निश्चयी, अनेक विद्याओं को जाननेवाले और विनयी हो। सर्वथा मेरे शिष्य बनने के योग्य हो। किन्तु तुम देख रहे हो मेरी विवशता। सृष्टि के नियामक ने मुझे इस रथ से उतरने की आज्ञा नहीं दी। मेरे सारथी अरुणी हस्त-पद हीन हैं। ये रथ को रोकना तो दूर, धीमा करना भी नहीं जानते। इस रथ में एक साथ दो व्यक्तियों के बैठने का स्थान भी नहीं है। मुझे विधाता से कुछ कहने का अधिकार भी नहीं। मैं तुम्हें ज्ञान कैसे दे सकता हूँ?'

मैंने आदरपूर्वक निवेदन किया, 'प्रभो, आपकी अनवरत यात्रा से मेरे अध्ययन पर प्रभाव नहीं पड़ेगा। मैं किरणों का अनुसरण करूँगा। आप इतने देदीप्यमान हैं, पृथ्वी पर खड़े होकर भी कोई सामान्य रूप से आपको आँख उठाकर नहीं देख सकता। लेकिन मैं आपके गतिमान रथ के संग चल भी रहा हूँ और आपका वाचन भी हृदयंगम कर पा रहा हूँ। अपने पिता के द्वारा प्रशिक्षण के कारण शिक्षा की पूरी अवधि में मुझे इस प्रकार चलते रहने में कठिनाई नहीं होगी।'

सूर्यदेव की वाणी कुछ समय तक सुनाई नहीं पड़ी। मुझे लगा, मेरी किसी बात से रुष्ट तो नहीं हो गए? पर मैं चलता रहा। एकाएक उनका स्वर सुनाई पड़ा, 'ठीक है, अगर तुम्हें असुविधा नहीं होगी तो मैं तुम्हें दीक्षा दूँगा।' उन्होंने गणपति का स्तवन किया, 'ॐ गणानांत्वा गणपति...।'

स्तवन के बाद सभी श्रुतियों का गायन आरम्भ हो गया। वे साकार होती जा रही थीं। मेरे अन्तरमन पर चित्रवत् अंकित होती जा रही थीं। वे सभी विद्याएँ, सभी कलाएँ, समस्त ज्ञान-विज्ञान व्यापक परिचय देते जा रहे थे। वहाँ शंका-समाधान या प्रश्नोत्तर का कोई स्थान नहीं था। उनके ज्ञानदान से मेरे अन्तरमन में आलोक फैलता

जा रहा था। अल्प समय में ही मुझे मेरे गुरुदेव सूर्यदेव ने समस्त विद्याओं, वेद-वेदांग, व्याकरण, कला-संगीत आदि का ज्ञाता बना दिया। गुरु का ऐसा अवदान मैंने पहली बार अनुभव किया था।

शिक्षा देने के बाद उन्होंने आशीर्वाद दिया, 'वत्स, तुम्हारी बुद्धि में समस्त ज्ञान सदा यथावत बना रहेगा। देश-काल, परिस्थितियों अथवा वातावरण तुम्हारे ज्ञान को निस्तेज नहीं कर पाएँगे। संसार के सब ज्ञान तुम्हारे ही द्वारा औरों तक पहुँचेंगे।'

मैंने नम्रतापूर्वक निवेदन किया, 'प्रभो, आप मेरे आराध्य हैं। मेरे पास कुछ भी नहीं है जो गुरु-दक्षिणा के रूप में आपके चरणों में अर्पित कर सकूँ। आप आदेश करें, आपके गुरु-दक्षिणा ऋण से कैसे उऋण होऊँ?'

सूर्यदेव ने कहा, 'मुझे कुछ नहीं चाहिए। मैं ले भी लूँगा, तो रखूँगा कहाँ? काल और मैं अहर्निश दौड़ते रहते हैं। हमारा न घर है, न ठिकाना। इसलिए तुम मुझे कुछ दे भी दोगे तो कहाँ सजोऊँगा? बस, सुग्रीव मेरे वीर्य से जन्मा मेरा अंश है, तुम संकट के समय उसकी रक्षा कर सको तो मुझे प्रसन्नता होगी। यही मेरी गुरु-दक्षिणा है।'

मैंने आज्ञा शिरोधार्य की और आज्ञा लेकर चला आया।

2

मेरी जन्मभूमि दक्षिण भारत था। पम्पासुर क्षेत्र तथा किष्किन्धा (वर्तमान कर्नाटक) में ही हैं। वानर समुदाय किष्किन्धा में निवास करता था। पास ही में हणुरपट्टण था जहाँ मेरी माता बारह वर्ष की तपस्या के बाद मेरे पिता पवनदेव उर्फ केसरी महाराज से मेरे जन्म के बाद मिली थीं। वहाँ बाली राज करता था। बाली और सुग्रीव दो भाई थे। सुग्रीव युवराज था। बाली बहुत वीर था। समुद्र पार धुर दक्षिण में रावण का राज्य था। दोनों वीर थे। दोनों को अपनी-अपनी वीरता का गुमान था। एक दिन रावण अपने बल के गुमान में, बाली के महल के सामने खड़ा होकर युद्ध के लिए ललकारने लगा। बाली ने रावण को देखा तो एक मित्र की तरह आमंत्रित किया पर रावण को लगा, वह नम्रता का प्रदर्शन कर रहा है। यह सोचकर वह और जोर से गरजा ताकि बाली रावण से डर जाए। लेकिन बाली कहाँ डरनेवाला था? और फिर बाली और रावण के बीच मल्लयुद्ध होने लगा। बाली ने एक दाँव लगाया और रावण को काँख में दबा लिया। कहते हैं कि रावण बाली की काँख में तब तक दबा रहा जब तक उसने स्वयं रावण को मुक्त नहीं किया। सच पूछिए तो यह बात मुझे गल्प की तरह लगी, पर यह किंवदन्ती बन चुकी थी। मैंने माँ से पूछा, वे टाल गईं।

मेरे स्वामी और गुरु-पुत्र सुग्रीव के साथ एक भयानक घटना घटी। उसके कारण सुग्रीव को क्रोध का भाजन बनना पड़ा। लेकिन बाद में वही दुर्भाग्य उसके लिए सौभाग्य में परिणत हो गया। बाली के एक दानव-शत्रु ने बाली के द्वार पर आकर उसे ललकारा। शत्रु अन्दर-बाहर सब जगह रहता है। वह राक्षस था या मनुज था, जो भी था, लेकिन था वह बाली की तरह बलवान। दरअसल तब सेनाओं के द्वारा कम ही लड़ाइयाँ लड़ी जाती थीं। जो किसी के राज्य को जीतना चाहता था, वह आकर ललकारता था। उसकी चुनौती स्वीकार करना अनिवार्य हो जाता था। अन्यथा वह हारा हुआ मान लिया जाता था। बाली चुनौती स्वीकार करने के लिए जाने लगा तो उसकी पत्नी तारा और घर के अन्य लोग उसे रोकने लगे। पर वह नहीं माना। उसने चुनौती स्वीकार कर ली।

बाली का रौद्र रूप देखकर दानव भाग खड़ा हुआ। उसका पीछा करता हुआ बाली एक गहन गुफा में घुस गया। गुफा में मल्लयुद्ध करने की बात तय हुई। सुग्रीव साथ गया था। बाली ने सुग्रीव को निर्देश दिया कि वह गुफा के द्वार पर उसकी प्रतीक्षा करे। सुग्रीव द्वार पर प्रतीक्षारत बैठा रहा। अन्दर मल्लयुद्ध चलता रहा। यह सामान्य युद्ध न होकर आन्तरिक युद्ध की तरह था। ऐसे युद्ध आसानी से जल्दी समाप्त नहीं होते। दानव और वानर का युद्ध तर्कसंगत भले ही न लगे, पर इस युद्ध में वानर से वानर ही लड़ रहा था या फिर दानव से दानव लड़ रहा था। लड़ते-लड़ते बहुत समय बीत गया। सुग्रीव को वहीं समाधि लगाए बैठे रहना था। राजाज्ञा भी थी और बड़े भाई का निर्देश भी। एकाएक गुफा के अन्दर से रक्त-धार बहकर बाहर आई। वह उत्सुकता से बाली की प्रतीक्षा करने लगा। यदि दानव मर गया होता तो बाली कुछ देर में निकल आया होता। ऐसा युद्ध देह के स्तर पर हो तो देह का सीमित रक्त बहता है। आत्मा का हो तो इतना रक्त बहता है कि धरती लाल हो जाती है। रक्त जैसे उबल रहा था। न दानव आया था, न बाली। सुग्रीव को लगा, दोनों ही मारे गए : आत्मा भी और देह भी। वह उफनते हुए रक्त का इस तरह साक्षी नहीं बना रहना चाहता था। उसने गुफा का द्वार एक बड़े पत्थर से बन्द कर दिया, और लौट गया। लौटकर आने के बाद उसने यह मानकर कि राजा मर गया, युवराज होने के नाते अपने को नया राजा घोषित कर दिया। तारा जो बाली की पत्नी थी, परम्परा और अधिकार के अनुसार अब उसकी पत्नी बन गई।

कुछ समय बाद बाली आया, देखा कि सुग्रीव, उसके छोटे भाई ने राज्य भी हथिया लिया और परिवार भी। उसने धोखा दिया। वह गुफा बन्द करके इसीलिए चला आया कि मैं गुफा में मर जाऊँ और वह राज्य हथिया ले। सुग्रीव ने उसे बहुत समझाना चाहा कि वह तब चला जब गुफा से रक्त बहकर बाहर आया। बहुत समय तक जब बाली नहीं आया तो लौट पड़ा। लेकिन सुग्रीव की बात उसे स्वीकार्य नहीं हुई। सुग्रीव बाली का सामना करने में असमर्थ था। उसे मैदान छोड़कर भागना पड़ा। सुग्रीव के साथ वानर-वंश से मैं, नल-नील, उसका मित्र जाम्बवान, तारा का भाई तार आदि भी चले आए। ऋष्यमूक पर्वत पर शरण ली। बाली का ऋष्यमूक पर्वत पर आना ऋषियों ने शाप द्वारा प्रतिबन्धित किया हुआ था।

भय ही स्वतंत्रता को बन्दी बनाता है। वह विष की तरह फैलकर मन और तन को बाँध देता है। सुग्रीव की यही स्थिति थी। खुले पर्वत पर बन्धक बनना एक पूर्व शासक के लिए कितनी बड़ी आत्मप्रवंचना होती है! उसका एक छाया मंत्रिमंडल था, जिसमें मैं विदेश मंत्री का दायित्व निबाहता था। मैं निर्भीक होकर बाहर जा सकता था। हम सबको अपने अपदस्य राजा के साथ बैठकर मंत्रणा करते रहना पड़ता था। सबसे बड़ा सवाल था—इस कारावास से बाहर निकलकर किष्किन्धा का

राज्य कैसे वापस लिया जाए? अकेले सुग्रीव के लिए अपने सलाहकारों के साथ बाली का सामना कर पाना असम्भव था। कोई भी वानर-राज्य बाली को नाराज करके सुग्रीव की सहायता करने की स्थिति में नहीं था। मेरे गुप्तचरों ने बताया कि अयोध्या के प्रतापी राजा दशरथ के दो पुत्र राम-लक्ष्मण, राम की पत्नी के साथ राज्य से निष्कासित होकर, जंगलों में विचर रहे हैं। उन्होंने विश्वामित्र महाराज से आधुनिकतम अस्त्र-शस्त्रों की दीक्षा ली है। उन दोनों ने ही आश्रम में सम्पन्न होनेवाली यज्ञ आदि प्रक्रियाओं में व्यवधान डालने वाले ताड़का आदि राक्षसों का वध करके आश्रम को निरापद बनाया था। दोनों राजकुमारों को बालपन में ही विश्वामित्र राजा दशरथ से दीक्षा के लिए माँग लाए थे। दशरथ अपने पुत्रों को भेजना नहीं चाहते थे पर गुरु वसिष्ठ के कहने पर दशरथ ने पुत्रों को विश्वामित्र के साथ भेजना स्वीकार कर लिया। उनके पीछे दो उद्देश्य थे : एक तो था, राजकुमार वनवासियों के जीवन से परिचित होंगे, पता नहीं कब आवश्यकता पड़ जाए। दूसरी बात, विश्वामित्र के साथ रहकर वे रण-कौशल से परिचित हो जाएँगे और विश्वामित्र जी के सान्निध्य में संवेदनशील अस्त्र-शस्त्रों का संचालन सीख जाएँगे। कहते हैं, दोनों ऋषि त्रिकालदर्शी थे।

सुग्रीव ऋष्यमूक पर्वत पर रहते हुए भी बाली से इतना भयभीत था कि यदि पर्वत की पंगडंडियों पर भी कोई चलता दिख जाता तो उसे लगता, बाली का गुप्तचर है और उसे हेर रहा है। उस पर कभी भी आक्रमण हो सकता है। मृत्यु आती एक बार है पर मन की आशंकाएँ बार-बार सृजित करके उसे साक्षात् सामने लाकर खड़ा कर देती हैं। हम डर जाते हैं। हालाँकि मृत्यु में भी इतना साहस नहीं होता कि वह बिना समय आए, उठा ले जाए।

एक दिन सुग्रीव पंपा सरोवर के निकट घूम रहा था। उसकी दृष्टि दो दर्शनीय युवाओं पर पड़ी। उनमें एक श्यामवर्ण था, दूसरा गौरवर्ण। दोनों के कन्धों पर धनुष लटका हुआ था। आजानु भुजाएँ थीं। वे दोनों बराबर-बराबर नहीं चल रहे थे। गौरवर्णीय व्यक्ति एक पग पीछे चल रहा था। दोनों इधर-उधर कुछ खोजते हुए चल रहे थे। सुग्रीव को लगा, जैसे ये चौकन्ने होकर कुछ खोज रहे हैं। जरूर ये बाली के भेजे हुए दूत हैं जो सुन्दर रूप धारण करके मुझे ढूँढ़ रहे हैं। नहीं तो इस सुनसान पर्वत क्षेत्र में ऐसा क्या रखा है जिसे वे खोजने आए होंगे? मैं ही हूँ जिसे ढूँढ़ सकते हैं।

मानसिक विपन्नता में भी मनुष्य का अहंकार उसका पीछा नहीं छोड़ता। सुग्रीव ने आंजनेय को बुलाया और कहा, 'उधर देखो, वे दो व्यक्ति इस दुर्गम वन में कुछ खोज रहे हैं। मुझे लगता है, ये छल से वीर भेष धारण किए हुए हैं। ये बाली के दूत हैं, जिससे उन्हें कोई पहचान न सके। मैं ही इनका शिकार हूँ।'

गहन वन में वे वृक्षों की ओट में हो गए थे। आंजनेय ने इधर-उधर गर्दन घुमाकर, ऊपर-नीचे होकर देखा, कहीं कुछ दिखाई नहीं पड़ा। इस बीच सुग्रीव की

आँखों से भी ओझल हो गए। सुग्रीव को लगा, वे मायावी भी हैं। एकाएक वे पेड़ों के झुरमुट से बाहर आ गए। आंजनेय को लगा, जैसे बादलों के पीछे से दो आलोक-बिन्दु प्रकट हो गए हों! सुग्रीव ने तुरन्त संकेत किया, 'वे रहे दोनों मायावी!'

'महाराज सुग्रीव, आप सब लोग बाली का भय त्याग दीजिए। यह मलय पर्वत है। यहाँ बाली या उसके अनुचर के आने की चिन्ता करना छोड़ दीजिए। बुद्धि और तर्क से आप दूसरों की चेष्टाओं का आकलन करें। भय और आशंका की अपनी कोई दृष्टि नहीं होती। जो राजा बुद्धि-बल का आश्रय नहीं लेता, वह न्यायपूर्ण और सार्थक निर्णय नहीं ले पाता। मुझे तो ये दोनों जन दिव्य आभा से पूर्ण, दूसरों को प्रेरणा देनेवाले महानुभाव लगते हैं।'

'आंजनेय, यह सही है कि ये देवकुमार-से लगते हैं। इनकी भुजाएँ लम्बी हैं, नेत्र बड़े-बड़े हैं। पर इनके कन्धे पर धनुष है, तूणीर है, तलवार है। इस बियाबान जंगल में किससे लड़ने आए हैं? मेरे मन में संशय हो गया है, ये दोनों लोग बाली द्वारा भेजे गए हैं। विशिष्ट पुरुषों पर बिना जाने विश्वास कर लेना संकट के समय अनुचित है। बाली इस तरह के कामों में दक्ष है। वंचना के अनेक उपाय जानता है। तुम साधारण वेश में गुप्तचर बनकर जाओ और उनकी बातचीत से, चेष्टाओं से असली परिचय प्राप्त करो।'

आंजनेय के सामने अपने राजा की आज्ञा मानने के सिवाय कोई विकल्प नहीं था। फिर भी उन्होंने कहा, 'महाराज, जैसाकि गुप्तचरों से ज्ञात हुआ है, अयोध्या से निष्कासित राजकुमार वन में विचरण कर रहे हैं, अगर ऐसा हुआ तो राजनय के अनुसार राजकुमारों से इस तरह का व्यवहार क्या उचित होगा?'

सुग्रीव अपनी सुरक्षा के सामने कोई भी बात सुनने को तैयार नहीं था। वह बोला, 'सावधान रहना भी नीति के अन्तर्गत आता है।'

आंजनेय इस उधेड़बुन में थे कि इन दोनों राजपुरुषों के सामने कैसे जाना उचित होगा। उनके मन में एक ही बात आई : ब्राह्मण मनुज, दानव, दनुज—सबके लिए सम्माननीय होते हैं। वही वेश धारण करके जाना चाहिए। लेकिन क्या आदिवासी के लिए ब्राह्मण-वेष धारण करना क्षम्य होगा? इसी ऊहापोह में वह जाम्बवान् से टकरा गए। उन्होंने अपनी समस्या उनसे बताई। वे बोले, 'गुप्तचर के लिए सब कुछ क्षम्य है। उसे कब क्या करना पड़े, यह निर्णय उसका होता है।' जाम्बवान् की बात से उनका ऊहापोह समाप्त हो गया। रंगशाला में जाकर ब्राह्मण-वेश धारण किया। वे सूर्यदेव के शिष्य रह चुके थे, वेद-वेदांग आदि सब जानते थे। इसलिए उन्हें यह चिन्ता नहीं थी कि वह किसी ज्ञान-बिन्दु पर पकड़े जाएँगे। सुग्रीव के आदेश के पालनार्थ वह वन में उन दोनों जनों की खोज में चल दिये।

वे उन दोनों श्यामवर्ण और गौरवर्ण वनचारियों के पीछे पर्याप्त दूर तक चलते चले गए। वे किसी को खोज रहे थे। चुपचाप चलते चले जा रहे थे। श्यामवर्णीय व्यक्ति ने कहा, 'भाई, लक्ष्मण, सारे वन, पर्वत, तालाब खोज लिये पर सीता का कहीं पता नहीं। अब मैं माताओं को क्या जवाब दूँगा?' उनके स्वर में हताशा थी।

आंजनेय के मन में निश्चय हो गया, वे दोनों कोई और नहीं, दशरथ-पुत्र हैं। किसी कठिनाई में हैं। उन्हें यही अवसर उनके सामने जाने के लिए उपयुक्त लगा। उन्होंने सामने आकर प्रणाम किया और नम्रतापूर्वक कहा, 'आप दोनों योद्धा पराक्रमी देवताओं की तरह प्रतापी कठोर व्रत पालनार्थ वन में भ्रमण करते हुए प्रतीत होते हैं। आप इस वन में ये आयुध लेकर क्यों घूम रहे हैं? क्या आपको किसी ने आहत किया है?'

दोनों एक दूसरे की ओर देखकर चुप हो गए।

आंजनेय ने फिर अपनी बात शुरू की, 'आपकी दृष्टि सिंहवत् है। इस वन के जीव-जन्तु भयभीत हैं। इन्द्रधनुष के समान आपका धनुष और बाणों से भरा तुणीर देखकर किसी को भी लगेगा कि आप प्रचंड से प्रचंड शत्रु को भी धराशायी कर सकते हैं। आपका तेज अप्रतिम है। आपके तेज से ऋष्यमूक पर्वत जगमग हो गया है। यह प्रश्न भी स्वाभाविक है कि आप जो देवताओं की तरह पराक्रमी और राज भोगने के योग्य हैं, आपका इस दुर्गम वन में कैसे आना हुआ? मैं आपका उत्तर जानने के लिए इच्छुक हूँ।'

श्यामवर्णीय महानुभाव ने गम्भीरता के साथ उत्तर देना आरम्भ किया, 'ब्राह्मण प्रवर, हम अयोध्या नरेश दशरथ के पुत्र राम और लक्ष्मण हैं। हम संकट में हैं। मेरी भार्या का अपहरण हो गया है। हम दोनों भाई उन्हें खोजते घूम रहे हैं। ब्राह्मण प्रवर, आप अपना परिचय देने की कृपा करें।'

आंजनेय 'ब्राह्मण' सम्बोधन सुनकर सकपका गए। फिर बोले, 'मैं ब्राह्मण न होकर, उसका वेश धारण किए हूँ। मैं मूलत: वनवासी हूँ। मैं वानर-वंश के केसरी राजा का पुत्र हूँ। उन्हें पवनदेव के नाम से भी पुकारा जाता है। ऋष्यमूक पर्वत पर वानर-वंश के ही महाराज सुग्रीव अपने भाई बाली से छिपकर अज्ञातवास में रह रहे हैं। मैं उनका विदेश मंत्री आंजनेय उर्फ हनुमान हूँ। उन्होंने ही मुझे आपका परिचय प्राप्त करने के लिए भेजा है। आपकी और उनकी समस्याएँ समान हैं। उनकी भार्या और राज्य को उनके बड़े भाई बाली ने छीन लिया है। आपकी भार्या भी अगवा कर ली गई और राज्य-च्युत भी कर दिया गया...'

लक्ष्मण ने टोका, 'आप सीता माता को...'

राम ने बीच में टोक दिया, 'ये एक राजा के मंत्री हैं। इनकी भाषा से लगता है, ये चारों वेदों के ज्ञाता हैं। जो ज्ञाता न हो, वह इस तरह से बात नहीं कर सकता। हमें राजनय की दृष्टि से भी और उनके ज्ञान की दृष्टि से भी सम्मान और मृदुता

से बात करनी चाहिए। इनकी भाषा व्याकरण-सम्मत है। वध करने के लिए तलवार उठानेवाले शत्रु का मन भी इस अद्‌भुत वाणी को सुनकर बदल सकता है।' फिर आंजनेय से बोले, 'हम महाराज सुग्रीव को खोजते घूम रहे हैं। उनके गुणों से हम परिचित हैं। यह संयोग है कि आपके महाराज सुग्रीव ने आपको हमारा परिचय प्राप्त करने के लिए स्वयं भेज दिया। जिसके ऐसे मंत्री हों, उस राजा की हानि कभी नहीं हो सकती। महाराज सुग्रीव से भेंट हो सकती है?'

'वे भी अत्यन्त दुखी हैं। बाली इतना बलवान है कि वानर-राज्यों के राजा, डर के मारे, उनसे सम्बन्ध तोड़ चुके हैं। आप दोनों के आपसी सहयोग से दोनों का लाभ होगा। आप दोनों आई अप्रतिम धनुर्धर हैं। अगर बाली से राज्य वापस मिल गया तो देवी सीता को ढूँढ़ने में समस्त सेना लगा देंगे। हम वानर-वंश के लोगों को कहीं भी पहुँचने में कठिनाई नहीं होती।'

लक्ष्मण को हनुमान के मुख से देवी सीता सुनकर अच्छा लगा।

आंजनेय राम-लक्ष्मण, दोनों भाइयों को एक टक देख रहे थे। वे एकाएक राम के चरणों में गिर गए और बोले, 'प्रभो, मैंने आपका परिचय पूछा, यह मेरी अल्पज्ञता थी। मैं ठहरा वनवासी, न राजनय समझता हूँ और न उतना सभ्य हूँ, पर आप मुझे कैसे भूल गए? जो आपसे छूटा, उसे कहाँ ठौर? प्रभो, हम बालपन में सहपाठी भी थे और मैं अपने मदारी सदाशिव के साथ बालपन में आपके दर्शन करने, आपके राजभवन गया था। वानर-नृत्य और उसकी कलाबाजियाँ सीखी हुई थीं। आप महाराज दशरथ की गोदी में बैठे थे। जब सदाशिव ने डमरू बजाया तो मैं नाच उठा, सभी कलाएँ दिखाईं। भाई लक्ष्मण दौड़े आए और बोले—मेरे भाई राम इस वानर बालक को लेना चाहते हैं। सदाशिव ने आपसे नयनन से कहा—आप ही की सेवा के लिए इसका जन्म हुआ है। आप मुस्कुराकर मेरे पास ठुमक-ठुमक करते आए थे और मेरे ऊपर हाथ फेरा था। मैं तो तभी आपका हो गया था।'

राम ने आंजनेय को गले से लगा लिया और मुस्कुराकर कहा, 'सुना है—बूढ़े वृद्धावस्था के कारण भूलते हैं। मैंने देखते ही समझ लिया था, यह तो वही है जिसे सदाशिव वानर बनाकर यह बताने आए थे कि आपने जन्म ले लिया है तो आपके सेवक यानी आंजनेय के रूप में वे भी उपस्थित हो गए हैं। फिर तुम कुछ समय मेरे साथ क्रीड़ारत रहकर चले गए थे। जब मैंने तुम्हारा हेरवा किया तो मेरे गुरु विश्वामित्र ने कहा था, ऋष्यमूक पर्वत पर रावण-वध के पूर्व पुनः आंजनेय से भेंट होगी। हम दोनों भाई विश्वामित्र जी के साथ उनके आश्रम में चले गए थे। वह समय अब आ गया, हमें अपने उद्‌देश्य के लिए एक जुट होना है।'

आंजनेय जैसे समाधि से जगे। हाथ जोड़कर बोले, 'प्रभो, अब आप ऋष्यमूक पर्वत पर पधारें। महाराज सुग्रीव का उद्धार आपके बिना नहीं होगा। आप दोनों के

आपसी सहयोग से द्विपक्षीय समस्याओं का समाधान सम्भव है। सीधी चढ़ाई है और राह उबड़-खाबड़ है, आप दोनों मेरे कन्धों पर बैठ जाएँ, मैं अविलम्ब पहुँचा दूँगा।'

राम ने पैदल चलने के लिए कहा पर आंजनेय नहीं माने। अपने कन्धे पर दोनों को बैठाकर वह तीव्र गति से ऋष्यमूक पर्वत पर पहुँच गए।

आंजनेय के साथ दो भव्य और वीर वेशधारी नवांगतुकों को देखकर सुग्रीव की सभा के सारे सदस्य खड़े हो गए। आंजनेय ने परिचय कराया, 'राजन, वानर-वंश का सौभाग्य है कि हमारे बीच अयोध्या के राजा दशरथ के पुत्र राम अपने छोटे भाई लक्ष्मण के साथ पधारे हैं। ये स्वधर्म पालन के लिए जगत में आदर्श हैं। इनका पराक्रम अद्वितीय है। अपने पिता की आज्ञा के पालनार्थ ये इस गहन वन में परिव्राजक की तरह घूम रहे हैं। ये ऋषि-मुनियों की भाँति दंडकारण्य वन में रहकर यम-नियम का पालन कर रहे थे। एक दिन छलात्कारी रावण, श्रीराम की पत्नी देवी सीता का धोखे से अपहरण करके ले गया। दोनों भाई उन्हें खोजते घूम रहे हैं। आप भी राज्य से निष्कासित हैं। आपके बड़े भाई बाली ने आपकी रानी को भी छीन लिया। दोनों की परिस्थितियाँ लगभग समान हैं। आप दोनों के परस्पर सहयोग से ही स्थितियाँ सँभलेंगी। राम और लक्ष्मण आपको सहयोग देने को तत्पर हैं, यदि आप देवी सीता को खोजने में इनकी सहायता करें।'

सुग्रीव आंजनेय का कथन हृदयंगम करके स्वेच्छा से रामचन्द्र जी के पास पहुँचा और बड़े प्रेम से बोला, 'आप धर्म के विषय में भिज्ञ हैं, परम तपस्वी और शीलवान हैं। अपने राज्य से परित्यक्त होकर भी शान्त और निरुद्विग्न हैं। मैं रात-दिन राज्य पाने की चिन्ता में घुला जा रहा हूँ। मेरे हितैषी केसरीनन्दन ने मुझे आपके दैवी गुणों के बारे में बताया। मैं तो वनवासी और वानरवंशी हूँ। आप गुणों के सागर हैं। दयावान हैं। आप मेरे हित के लिए इतनी दूर से मुझसे मित्रता करने पधारे हैं। इससे मेरा सम्मान बढ़ा है। मित्रता के लिए मेरे दोनों हाथ फैले हैं। हमारे परस्पर सम्बन्ध बने रहें, इसके लिए मर्यादा निश्चित कर दें, प्रभो!'

रामचन्द्र जी को सुग्रीव के द्वारा खुले मन से मित्रता का प्रस्ताव करना अच्छा लगा। उन्होंने सुग्रीव का हाथ पकड़कर गले लगा लिया। उसके सन्तप्त हृदय को जैसे शान्ति मिली। सुग्रीव ने इस मित्रता को अग्नि के सामने स्वीकार करने का प्रस्ताव रखा तो राम मुस्कुराकर बोले, 'सर्वथा उचित है।'

आंजनेय ने लकड़ी से लकड़ी रगड़कर अग्नि प्रज्वलित की। राम और सुग्रीव ने अग्नि प्रदक्षिणा की। दोनों एक दूसरे के मित्र बन गए। सुग्रीव ने राम से कहा, 'आप मेरे मित्र हुए। हम दोनों के सुख और दु:ख अब एक हैं।'

लक्ष्मण ने दूसरी तरफ गर्दन घुमा ली।

कुछ दिनों तक मित्रता का उत्सव ही चलता रहा। फिर एक दिन सुग्रीव ने राम और लक्ष्मण से कहा, 'बाली बहुत बलवान है। उसके बारे में मान्यता है कि वह अपने शत्रु की आधी शक्ति खींच लेता है। आप बड़े धनुर्धर हैं लेकिन ऐसी स्थिति में उससे कैसे लड़ेंगे?'

राम ने पूछा, 'अगर शत्रु सामने न आए तो भी क्या बाली उसकी आधी शक्ति खींच लेगा?'

सुग्रीव ने कहा, 'प्रभो, चुंबक भी केवल सामने से ही खींचता है।'

'हम मित्र हैं, 'प्रभो' क्यों कहते हो वत्स?'

'आप उच्च कुल के हैं, अयोध्या के राजकुमार हैं। आपको देखकर लगता है, आप कोई दिव्य पुरुष हैं।'

'नहीं, मित्र मित्र होते हैं, मित्र की तरह रहेंगे।'

'मित्र की इतनी बात तो माननी होगी, सम्बोधन का निर्णय मुझ पर छोड़ दें।'

राम मुस्कुराकर चुप हो गए।

वे मुख्य विषय पर आ गए। राम ने संकोच के साथ कहा, 'मैं जानता हूँ, एक क्षत्रिय को ऐसा सोचना भी नहीं चाहिए। मैं राज्य छिन जाने को उतना महत्त्व नहीं देता, लेकिन किसी की भार्या को छल या बल से छीन लेना अमानवीय है—वह भी बड़े भाई द्वारा। इस पाप का दंड हर हाल में दिया जाना चाहिए। आपके मन की दशा को मैं भली भाँति समझता हूँ। मैं रावण को भी कभी क्षमा नहीं कर पाऊँगा।'

'प्रभो, आप क्या सोचते हैं?'

'राजन, मैं सोचता हूँ कि तुम जाकर बाली को ललकारो। मैं वृक्ष के पीछे से तीर से उसे भेद दूँगा।'

'प्रभो, वह बहुत बलवान है। अगर तीर चूक गया तो वह मुझे मार डालेगा।'

'मैं बिना अपने लक्ष्य-भेद के बारे में तुम्हें सन्तुष्ट किए बाली से लड़ने नहीं भेजूँगा। तुम बताओ, मैं क्या करूँ जो तुम्हें मेरे लक्ष्य-भेद के बारे में सन्तुष्ट कर सके।'

राम के लक्ष्य-भेद के बारे में संशय प्रकट करने से लक्ष्मण रुष्ट हो गए थे, पर राम के संकेत के कारण वे चुप थे।

सुग्रीव ने सात ताल वृक्षों की ओर इशारा करके कहा, 'प्रभो, आप अन्यथा न लें तो इन सात ताल वृक्षों को जो एक सीध में खड़े हैं, आप एक बाण से भेद दें।'

राम ने तत्काल सहज भाव से धनुष पर बाण चढ़ाकर छोड़ दिया। सातों वृक्ष धराशायी हो गए। सब वानरवंशी चकित रह गए। सुग्रीव ने प्रणाम करके कहा, 'प्रभो, मुझे विश्वास हो गया, आपके हाथों मैं सुरक्षित हूँ।'

पर लक्ष्मण से बिना बोले नहीं रहा गया, 'राजन, मित्रता का आधार विश्वास होता है...'

राम ने बीच में ही रोक दिया, 'लक्ष्मण, विश्वास के साथ अनुभव का गहरा नाता होता है।'

राम के आश्वासन पर सुग्रीव किष्किन्धापुरी जाने के लिए तैयार हो गया, पर वह भयमुक्त नहीं था। बार-बार राम की तरफ देख रहा था। भय मनुष्य के साहस पर तब तक निरन्तर चोट करता रहता है, जब तक वह टूटता नहीं। पर राम का साथ उसके साहस को सँभाले था। उसने जाकर बाली को ललकारा।

सुग्रीव की गर्जना सुनकर बाली महल से बाहर निकल आया। सबने बहुत समझाया कि राम अमित शक्तिशाली हैं, उनके दम पर ही सुग्रीव तुम्हें ललकार रहा है, पर वह अपनी हठ से नहीं डिगा। उसने युद्ध में सुग्रीव को बुरी तरह पराजित कर दिया।

सुग्रीव और बाली की आकृतियाँ समान थीं। राम निश्चित नहीं कर पाए, दोनों में कौन बाली है। पर सुग्रीव को बहुत हताशा हुई। तब राम को उससे कहना पड़ा कि शक्लों की समानता की बात न बताकर, उन्हें भ्रम में डाल दिया।

स्वस्थ हो जाने पर राम के कहने पर, सुग्रीव साहस बटोरकर फिर किष्किन्धा गया और बाली को ललकारा। पिछली बार बाली सुग्रीव को बुरी तरह हरा चुका था और राम का साथ कुछ नहीं कर पाया था इसलिए वह यह निश्चय करके आया कि इस बार सुग्रीव का अन्त ही कर देगा। जब वे भिड़े तो बाली सुग्रीव के गले में माला देखकर शंकित हो गया। थोड़ी देर बाद जब बाली सुग्रीव को उठाकर पटकने वाला था कि एक बाण सनसनाता हुआ बाली को जा लगा और वह धराशायी हो गया। उसके गिरते ही जैसे धरती हिल गई।

बाली के धराशायी होते ही राम उसके पास आए। बाली ने प्रणाम किया और पूछा, 'भगवन, आपने क्षत्रिय धर्म के विरुद्ध व्यहार क्यों किया? मैंने तो कभी आपको कोई हानि नहीं पहुँचाई और न अहित किया, फिर आप जैसे महान व्यक्ति ने यह धर्म-विरुद्ध कार्य क्यों किया? मुझे ज्ञात हुआ है कि रावण आपकी भार्या का अपहरण करके ले गया है। आप मुझसे कहते तो मैं रावण को लाकर आपके चरणों में डाल देता। मेरा भाई तो क्लीव है। यह आपकी सहायता क्या करेगा!'

तारा विलाप करती हुई आ गई। वह बोली, 'प्रभो, मेरा क्या कसूर है जो मेरे पति की आपने हत्या कर दी! मैं एक स्त्री हूँ, क्या यही मेरा दोष है? जब बड़ा भाई गद्दी पर बैठता है, मैं उसकी अंकशयनी बनने के लिए बाध्य हूँ। जब छोटा भाई राजा बनता है तो वह मेरा पति बन जाता है। पति-पत्नी के रिश्ते की क्या कोई पवित्रता नहीं?'

राम ने कहा, 'मैं आप दोनों के प्रश्नों का एक ही उत्तर दे सकता हूँ—'भाइयों के बीच पत्नी का विभाजन उचित नहीं। यह पुरुष की अनधिकारिक चेष्टा है। पत्नी को राज्य से जोड़कर सम्पत्ति का हिस्सा मान लेना अन्याय है। मैं भी अपनी भार्या को खोज रहा हूँ। रावण उसका हरण करके ले गया। भाई हरण करे या कोई और, वह भोग्या नहीं हो सकती, न सम्पत्ति हो सकती। जो ऐसा समझता है, वे दंडनीय हैं—वह चाहे बाली हो या फिर रावण। मैंने बाली का वध इसीलिए किया कि तुम उसके छोटे भाई की पत्नी थीं, तुम्हें उसी रूप में लेना चाहिए था। संकल्प-विकल्प तुम्हारी अन्तर्व्यथा का प्रमाण है। मैं बाली की सहायता लेता तो हो सकता था, मेरे लिए रावण तक पहुँचना आसान होता, पर मैं चाहता था कि मैं अपने संसाधनों से उसे सुलझाऊँ। आंजनेय और तुम्हारा पुत्र मेरी भार्या को खोजने में मेरी सहायता करेंगे।'

तारा को राम के कथन से सन्तोष हुआ।

बाली ने कहा, 'प्रभो, हम वनवासी हैं। मानवीय सम्बन्धों की संश्लिष्टता को नहीं समझ पाते। मेरा पुत्र महाबली है, मेरे भाई के साथ रहकर आपकी सेवा करेगा। मेरा यही निवेदन है कि सुग्रीव अंगद को युवराज घोषित करे।'

राम ने सुग्रीव की तरफ देखा। सुग्रीव ने सहमति दे दी। राम ने बाली को आशीर्वाद दिया। सुग्रीव ने भाई के चरण छूकर प्रणाम किया।

सुग्रीव और अंगद, सभी वानर समुदाय के साथ, महापराक्रमी और तेजस्वी बाली का दाह-संस्कार करके लक्ष्मण के साथ राम के पास पहुँचे। राम शान्त भाव से बाली के प्रश्न पर विचार कर रहे थे। क्या उन्होंने छिपकर वार करके ठीक किया? सामने से वार करना शायद उसके बल और शक्ति के कारण सम्भव न होता। शत्रु का आधा बल सोखने के पीछे कोई कारण रहा होगा; या वास्तव में कोई दैवी शक्ति प्राप्त हो! सामने से बाण चलाकर बाली को मारना सम्भव नहीं था। वह नैतिकता पर भले ही प्रश्न उठाए पर मेरी नैतिकता सुग्रीव की रक्षा करना और उसकी पत्नी के सम्मान की रक्षा करना भी थी। आंजनेय जैसा मंत्री और योद्धा ही सीता की खोज कर सकता था। अगर बाली को उसके मानव-विरोधी कार्य के लिए दंडित न करता तो रावण को दंडित करने को मन में कैसे जगह देता?

वे आत्मालोचन में डूबे हुए थे तभी सुग्रीव, लक्ष्मण और अंगद आदि ने आकर उन्हें प्रणाम किया। राम ने अंगद के कन्धे पर हाथ रखकर कहा, 'वत्स, अंगद, मुझे दु:ख है कि तुम्हारे पिता बाली की हत्या मेरे हाथ हुई। बाली वीर और निर्भीक थे। ऐसे लोग कम ही होते हैं। पर अपने बल का अहंकार कई बार बली से बली व्यक्ति को धोखा दे देता है। वह निष्पक्ष निर्णय लेने में असमर्थ हो जाता है। बाली के उत्तराधिकारी के रूप में सुग्रीव और तुम दोनों मिलकर राज्य सँभालो।'

फिर हँसकर कहा, 'राजमद में मेरा काम भूल न जाना।'

दोनों हाथ जोड़े खड़े थे। सुग्रीव बोला, 'प्रभो, मेरा इसमें क्या है, आपका ही है।'

आंजनेय चुपचाप खड़े सुन रहे थे। थोड़ा आगे आकर वे विनयी भाव से बोले, 'प्रभो राम, आपने वानर-वंश को भय-मुक्त कराया, इसे वानर समाज कभी नहीं भूल पाएगा। सुग्रीव महाराज को यह राज्य आपके कारण प्राप्त हुआ है, जो लगभग असम्भव था। यदि आपकी आज्ञा हो तो महाराज सुग्रीव अपने सुन्दर नगर में प्रवेश करके अपने सुहृदों के साथ अपना राजकाज सँभालें।'

राम ने कहा, 'आंजनेय, मैं पिताजी की आज्ञा के प्रति प्रतिबद्ध हूँ। अतः चौदह वर्ष तक किसी नगर या ग्राम में प्रवेश नहीं करूँगा। सुग्रीव इसी गुफा में प्रवेश करें और वहाँ उनका विधिवत् राज्याभिषेक सम्पन्न कर दिया जाए।' फिर सुग्रीव को सम्बोधित करते हुए कहा, 'तुम मेरे मित्र हो, लोकाचार और सब शास्त्रीय व्यवहार से परिचित हो। कुमार अंगद सदाचार-सम्पन्न, वीर और पराक्रमी हैं। तुम्हारे बड़े भाई के पुत्र हैं और उदारमना हैं। इनको युवराज का पद दो। अंगद इस पद के सर्वथा उपयुक्त हैं।'

उसी तारतम्य में राम ने कहा, 'वर्षा का समय आरम्भ हो गया है। यह समय चौमासे का है। चौमासा आते ही सब यात्राएँ रुक जाती हैं। जो जहाँ होता है, वह वहीं ठहर जाता है। किसी पर चढ़ाई करना सम्भव नहीं। तुम अपनी सुन्दर नगरी में जाओ। मैं और लक्ष्मण इसी गुफा में निवास करेंगे। मेरे कार्य के प्रति सचेत रहना। कार्तिक आने पर रावण पर आक्रमण करने की योजना बनाना। तुम लोग महल में प्रवेश करो और स्वजनों के साथ आनन्द से रहो।'

राम के हाथों अभिषेक हुआ। सुग्रीव ने अंगद को युवराज बनाकर गले से लगाया। उपस्थित वानर-जन सुग्रीव की प्रशंसा कर उठे।

प्रस्रवण गिरि की गुफा हर ऋतु के लिए सुखकारी थी। तुंगभद्रा नदी के किनारे बैठकर दोनों भाई पारिवारिक और अन्य बातें करते थे। कोई और था भी तो नहीं जिससे बातें कर सकते। कभी-कभी बातों-बातों में माताएँ, पिता और समग्र अयोध्या साकार हो उठते थे। एक रोज शरद ऋतु का वर्णन करते हुए राम भावुक होकर लक्ष्मण से बोले, 'तुम देख रहे हो, जलाशयों का जल उसी तरह स्वच्छ हो गया है, जैसे किसी तपस्वी का मन, अपने को सेवा और परहित के लिए समर्पित करने से, निर्मल हो जाता है। पशु-पक्षी के किलोल और स्वर-नाद से लगता है कि सब स्तोत्र वाचन करके पर्यावरण सँवार रहे हैं। लेकिन मेरे भाई, मुझे माता-पिता के होते हुए भी लगता है, मैं अनाथ हो गया हूँ। देश से निकाल दिया गया हूँ। रावण ने देवी सीता का अपहरण करके मुझे तो आहत किया ही है, नारी जाति का भी अपमान किया

है। सीता के बिना मैं दीन हूँ। मैं अपने घर से बहुत दूर हूँ। वहाँ से किसी तरह की सहायता लेना भी मर्यादा-विरुद्ध होगा। मैं स्वार्थवश यहाँ हूँ। बाली-वध मैंने सीता-उद्धार के लिए किया। सुग्रीव समझता है कि मैं उसकी शरण में आया हूँ। इन्हीं सब कारणों से वह मेरी उपेक्षा कर रहा है। मेरी असमर्थता का लाभ उठाकर मेरा तिरस्कार कर रहा है। वह भूल गया कि मैं अपने शत्रुओं को संकट में डालने में पूर्णतया समर्थ हूँ। बाली मेरा नहीं, सुग्रीव का शत्रु था। सीता की खोज के लिए जो समय-सीमा उसने निर्धारित की थी, काम निकल जाने पर, वह उसे भी भूल गया।' राम इतना कहकर उदास हो गए। उन्हें लगा कि सीता को खोजना अब कितना कठिन होगा।

राम द्वारा सात ताल वृक्षों को एक ही तीर से बेध देने से सुग्रीव को लगा था, संसार के सब आकर्षण त्यागकर उन्हीं की सेवा में रहूँ। लोग उन्हें भगवानस्वरूप मानते हैं। आग्नेय भी उन्हें उसी रूप में देखता है। उसने उस समय जो कुछ कहा था, वह राम को याद आ रहा था, 'प्रभो, आपकी उपस्थिति मात्र से मेरे मन का चांचल्य शान्त हो गया। मैं आपकी सेवा में रत रहना चाहता हूँ। बाली के प्रति भी मेरा मन बदल गया, उसी की कृपा से मुझे आपका आश्रय मिला। हे प्रभो, आप मेरे ऊपर इतनी कृपा कीजिए कि संसार के सारे प्रपंचों को त्यागकर आपकी शरण में बना रहूँ।' राम ने मुस्कुराकर कहा था, 'वानरराज सुग्रीव, मैंने तुम्हें बाली-वध का जो आश्वासन दिया है, मैं उसे अवश्य पूरा करूँगा।' इस कथन की याद आते ही उनके होंठों पर हल्की सी स्मित आ गई।

राम समझ गए थे कि सुग्रीव का वैराग्य अल्पकालिक है। उनका वह सोच अब अक्षरश: सत्य हो रहा था। वह दिन-रात स्त्री-संसर्ग, विलास, मदिरापान आदि में डूबा रहने लगा था। प्रजा की चिन्ता भी उसे सँभाल नहीं पा रही थी।

उस समय राम की व्याकुलता और आहत भावना देखकर लक्ष्मण उत्तेजित हो गए थे। राम ने उन्हें समझाया कि यह हमारा संकट का समय है, तुम सुग्रीव को दंडित मत करना। नर्म-गर्म वायु की तरह अपने शब्दों का संयोजन करके उसके गले में उड़ेलना।

जब लक्ष्मण, राम के दूत के रूप में, किष्किन्धापुरी में त्वरित गति से आगे बढ़ रहे थे तो उनकी आँखों में अमर्ष था। हाथों में धनुष और बाण। उनको इस रौद्र रूप में देखकर किष्किन्धापुरी में हलचल मच गई। सुग्रीव को भी पता चला। उसने अपने मंत्रियों को तुरन्त बुलाकर चर्चा की, 'मैं जानता हूँ, प्रभु राम ने मेरे ऊपर कितना बड़ा उपकार किया। मैं नहीं जानता था कि मैत्री निबाहना इतना कठिन है। पर मन का भाव स्वार्थ के समय और होता है और बाद में बदल जाता है। इसके पीछे उस व्यक्ति की अपनी अक्षमता भी होती है, जिसका आकलन बाद में हो पाता है। मुझे लगता है, उनके उपकार का बदला चुकाना मेरे लिए सम्भव नहीं।'

विदेश मंत्री और सुग्रीव के हितचिन्तक आंजनेय ने कहा, 'वानरराज, श्रीराम ने तो लोकापवाद के भय को अपने मन से हटाकर इन्द्र के समान आपके पराक्रमी भाई बाली का वध करके, आपका हित किया है। फिर भी वे आप पर कुपित नहीं हैं। प्रभु राम के द्वारा अपने भाई लक्ष्मण को आपके पास भेजने के पीछे उनका मित्र भाव ही है। देवी सीता को खोजने के लिए जो समय निर्धारित किया था, वह बीत गया है। शरद ऋतु आ गई है। राजाओं के लिए यह विजय-यात्राओं पर निकलने का समय होता है। आप सब भूल चुके हैं। आप कर्तव्य-भावना से हटकर और अपने वचन को भूलकर, लगता है, प्रमाद में फँस गए हैं। प्रभो, राम अगर क्रोध करके धनुष हाथ में उठा लें तो देवता, असुर और गन्धर्वों में कोई नहीं जो उन्हें रोक सके। आप अपने भाई के वध के समय देख चुके हैं। जब आपने प्रभु राम की सात ताल वृक्षों को बिंधवा कर परीक्षा ली थी, लक्ष्मण चाहते तो उसी समय उनकी अवमानना करने का प्रतिकार आपसे ले लेते, पर श्रीराम ने उन्हें संकेत से रोक दिया था। राजन, आपके पास एक ही मार्ग है। आप अपने परिजनों के साथ लक्ष्मण को प्रणाम कीजिए और अपने आश्वासन को क्रियान्वित करने का पुन: आश्वासन दीजिए। प्रभु राम से अपने को मुक्त करने का प्रयत्न कल्पना में भी न कीजिए। लक्ष्मण को कम करके आँकने की भूल न करें। वे अकेले भी सब कुछ बदलने की सामर्थ्य रखते हैं।'

लक्ष्मण जब सुग्रीव के महल पहुँचे तो वहाँ उनकी अगवानी करने के लिए कोई नहीं था। वे बिना प्रतीक्षा किए शयनकक्ष में जा पहुँचे। सुग्रीव उस समय अपनी पत्नी रूमा के साथ आलिंगन-बद्ध था। लक्ष्मण भड़क उठे, 'वानरराज, जो अपना हित सिद्ध करके अपने मित्रों को दिया वचन भूल जाता है, वह कृतघ्न कहलाता है। गो-वध करनेवाले, हत्यारे, चोर, मदिरासेवी सबके प्रायश्चित्त का प्रावधान है पर कृतघ्न के लिए नहीं। पशुओं में भी कृतघ्न वध्य होता है। तुम वानरराज, कृतघ्न और मिथ्याभाषी हो। रामचन्द्र जी की करुणामय सहायता का लाभ तो उठा लिया, जब वायदा पूरा करने का समय आया तो भोग-विलास सर्वोपरि हो गया। जिस मार्ग से बाली गया है, वह अभी खुला है...।'

तारा लक्ष्मण का उलाहना और चेतावनी सुन रही थी। वह अब पुन: सुग्रीव की पत्नी हो गई थी। वह बोली, 'कुमार लक्ष्मण, आप सुग्रीव से इस प्रकार बात न करें। वे विशाल वानर-राज्यों के राजा हैं। आप जैसे सुहृदय और सुसभ्य व्यक्ति के मुख से ऐसे कठोरे वचन अच्छे नहीं लगते। मैं जानती हूँ, सुग्रीव न तो कृतघ्न हैं, न झूठे हैं, और न असत्यवादी हैं। यह सत्य है कि प्रभु राम की कृपा से यह अक्षय राज्य, यश और साथ में मुझे और रूमा को प्राप्त किया है, पर सब कुछ भूलकर काम ग्रस्त हो गए। मेरे पति सुग्रीव ने बाली के कारण बहुत सन्ताप झेला है। उन्हें समय का

ज्ञान नहीं रहा। इतना सब पाकर उसी में रम गए। असावधानी और विस्मृति के कारण बड़ी भारी भूल हो गई। राम दयालु हैं, उनकी गलती को क्षमा अवश्य कर देंगे।'

तारा की तर्कपूर्ण और नीतिगत बातों के फलस्वरूप लक्ष्मण ने अपना रोष त्याग दिया।

तारा का संकेत पाकर सुग्रीव ने विनीत भाव से कहा, 'मेरा राज्य, मेरी कीर्ति और गृह-सुख सब नष्ट हो चुके थे। वनों में छिपकर जान बचाता घूम रहा था। श्रीराम की कृपा से पुन: सब कुछ प्राप्त हो गया।'

लक्ष्मण के तनिक से झटके से सुग्रीव सतर्क हो गया था। वह समझ गया था कि लक्ष्मण राम से अधिक कठोर हैं। वह किसी भी सीमा तक जा सकते हैं। अगर राम बाली जैसे शक्तिशाली राजा को एक बाण से समाप्त कर सकते हैं तो क्या लक्ष्मण मुझ जैसे व्यक्ति को ठिकाने नहीं लगा सकते? वे भी उसी गुरु के शिष्य हैं जिनसे राम ने प्रशिक्षण पाया है। सुग्रीव ने समझ लिया था कि अपने पूरे दल-बल के साथ श्रीराम की शरण में जाना उचित होगा।

जब वे सब प्रस्रवण गिरि पहुँचे तो राम लक्ष्मण की प्रतीक्षा में थे। वे सोच रहे थे कि अगर लक्ष्मण ने कुछ अनुचित कदम उठा लिया तो सम्पूर्ण वानर-समाज हमारे विरुद्ध हो जाएगा। सीता को खोजने की यह अन्तिम आशा भी समाप्त हो जाएगी। उन्हें आंजनेय की सामर्थ्य पर विश्वास हो चला था। क्या वह अपने वानर-समुदाय से अलग होकर सीता की खोज में सहायता कर सकेगा? तब तक गुफा के बाहर वानर सेना के पद-चालन की आवाजें सुनाई पड़ने लगीं। राम बाहर खड़ी इतनी बड़ी सेना और सुग्रीव के सेना-संचालन को देखकर प्रसन्न हो गए। सुग्रीव से कहा, 'राजन, अब मैं आश्वस्त हुआ कि तुम्हारे सहयोग से मैं समस्त शत्रुओं को जीत लूँगा। तुम मेरी सहायता करने में पूरी तरह सक्षम हो। रावण ने अपने सर्वनाश के लिए ही जनकनन्दिनी सीता का धोखे से हरण किया। मैं रावण का वध अवश्य करूँगा।'

राम और सुग्रीव के बीच चर्चा जारी थी। तब तक वानरों की विशाल वाहिनी अलग-अलग दिशाओं से आ पहुँची। सब ओर जय-जयकार गूँजने लगा।

बल-वैभव से सम्पन्न सुग्रीव ने श्रीराम से कहा, 'भगवन्, जो वानर मेरे राज्य में निवास करते हैं, वे इन्द्र के समान पराक्रमी हैं। वे स्वेच्छा से रूप धारण कर सकते हैं।'

तब रूप बदलना एक विशिष्ट कला थी।

उसने आगे कहा, 'मेरे योद्धा बहुत-से युद्धों में हिस्सा ले चुके हैं। इन सबने थकान पर विजय प्राप्त कर ली है। दैत्य-दानवों से भयंकर क्रूर हैं। वे आपका मनोरथ साधने के प्रति समर्पित हैं।'

राम प्रसन्न भाव से बोले, 'पहले यह पता लगाना होगा कि वैदेही जीवित भी हैं या नहीं। जब सीता के स्थान का पता लग जाएगा और रावण के स्थान का निश्चय हो जाएगा, तभी हम-तुम आगे के कार्यक्रमों को तय कर सकेंगे। मैं जानता हूँ, तुम मेरे हितु हो। मेरी मनोव्यथा को समझ सकते हो।'

सुग्रीव ने अपने चुने हुए यूथपतियों को सभी दिशाओं में सीता जी की खोज में भेजने का निश्चय किया। नल-नील दोनों भाइयों को, जो अग्नि की तरह तेजस्वी थे; आंजनेय को जिनकी गति पवन देवता को भी मात करती थी और ब्रह्मा के पुत्र माने जानेवाले जाम्बवान् को अंगद के नेतृत्व में दक्षिण दिशा में जाने का निर्देश दिया। रावण की लंका धुर दक्षिण में थी। जाम्बवान् यद्यपि रक्ष (रीछ) गोत्र के थे पर वे बुद्धि में सबसे श्रेष्ठ थे।

सुग्रीव की बात सुनकर राम का आंजनेय पर पहले से जमा विश्वास और भी पक्का हो गया कि कार्य-सिद्धि के लिए हनुमान ही एक मात्र उपयुक्त व्यक्ति हैं। सुग्रीव और राम की मित्रता के समय आंजनेय की भूमिका पूर्णतया एक परखे हुए कूटनीतिज्ञ के समान थी। किसी भी बिन्दु पर उन्हें यह नहीं लगा कि वे किसी अशिक्षित या ग्रामीण राज्य के राजनयिक हैं। उन्होंने अपनी वास्तविकता तब तक प्रकट नहीं की जब तक कि एक राजनयिक की तरह आश्वस्त नहीं हो गए कि वे एक आधिकारिक व्यक्ति से बात कर रहे हैं। उसके बाद मित्रता की अनिवार्यता के बारे में जो राम और सुग्रीव से कहा, वह भी निष्णात राजनयिक के समान था।

राम ने मन-ही-मन सोच लिया कि सुग्रीव भी आंजनेय पर विश्वास करते हैं। सुग्रीव आंजनेय पर ही पूर्णतया निर्भर हैं। इसका फल निश्चित ही हमारे पक्ष में होगा।

यह सोचकर वे मन-ही-मन प्रसन्न हो गए। उन्होंने सोच-विचारकर आंजनेय को अपने पास बुलाया। अपनी उँगली से अँगूठी उतारकर उन्हें दी और बोले, 'इस अँगूठी को तुम अपने पास रखो। सीता जी को यह अँगूठी देखकर विश्वास हो जाएगा कि मैंने ही तुम्हें खोजने के लिए भेजा है। इससे वे भय और संकोच त्यागकर अपने मन की बात तुमसे कर सकेंगी। तुम अदम्य वीर हो। तुम्हारा उद्यम, धैर्य, बुद्धिमत्ता बताते हैं कि तुम्हें अवश्य सफलता मिलेगी।'

आंजनेय में राम के विश्वास से आत्मविश्वास भी बढ़ा और यह भी समझ में आया कि सदाशिव का वह कथन चरितार्थ होने का अवसर आ गया है जो उन्होंने बालक राम से कहा था कि वह आपकी सेवा के लिए है। आंजनेय ने अँगूठी लेकर माथे से लगाई फिर उनके चरणों में प्रणाम कर प्रस्थान करने के लिए तैयार हुए तो राम ने रोककर कहा, 'आंजनेय, तुम अद्वितीय बलशाली हो, पराक्रमी हो। मैं तुम्हारे

राजनय और बल पर ही निर्भर हूँ। जनकनन्दिनी सीता का जैसे भी पता लग सके, लगाना। अपना बल, विक्रम एवं बुद्धि का प्रयोग करना। सीता से भेंट होने पर धैर्य बँधाना। मेरे बल और विक्रम का वास्ता देकर बताना कि विरह ने मुझे इतना भ्रमित किया हुआ है कि मैं जंगल-जंगल मारा-मारा फिर रहा हूँ। मैं शीघ्र ही सीता का समाचार जानने के लिए उद्यत हूँ।'

आंजनेय श्रीराम की बात सुनकर रोमांचित हो गए। राम के निर्भरता-भरे वाक्यों ने आंजनेय को कृतकृत्य कर दिया।

वास्तव में सीता के अपहरण की सांकेतिक रूप से प्रथम सूचना पहली भेंट में सुग्रीव ने ही राम को दी थी। एक परतंत्र नारी को 'राम-राम' पुकारते हुए आकाश-मार्ग से जाते उसने देखा था। उस स्त्री ने उसे ऋष्यमूक पर्वत पर बैठा देखकर अपने गहने और कुछ वस्त्र फेंके थे। उन वस्त्रों और गहनों को देखकर राम आश्वस्त हो गए कि रावण सीता को इसी मार्ग से ले गया था।

दूसरी सूचना जटायु ने दी थी। तीसरी सूचना सम्पाति ने वानर सेना को दी थी कि त्रिकूट पर्वत पर लंका है और मैं देख रहा हूँ कि सीता अशोकवाटिका में चिन्तामग्न बैठी हैं।

इन सब संकेतों से राम को यह निश्चय हो गया था कि सीता को रावण ही ले गया है। लेकिन उनकी समझ में यह नहीं आ रहा था कि सीता ने रावण का क्या बिगाड़ा था ? अगर सुपर्णखा का सन्दर्भ इसके पीछे है तो सुपर्नखा ने ही खेल आरम्भ किया था। राम यहाँ आकर अटक जाते थे कि क्या लक्ष्मण को उसके साथ ऐसा व्यवहार करना चाहिए था ? महिला राक्षसी हो या मानवी, सम्मान के समीकरण में क्या कोई अन्तर हो सकता है ? लक्ष्मण सीमा में रहकर ही कुछ कर सकते थे। नाक अगर पुरुष के लिए महत्त्वपूर्ण है तो स्त्रियों के लिए क्यों नहीं ? पर सीता ने उसका कुछ नहीं बिगाड़ा था। शायद उनके यहाँ यही नियम हो कि आँख की जगह आँख, और स्त्री का प्रतिकार स्त्री से लो।

अंगद के नेतृत्व में आंजनेय, जाम्बवान्, नील आदि सुग्रीव द्वारा बताई गई दक्षिण दिशा की ओर चल पड़े। वे लम्बा रास्ता तय करके विंध्याचल पर्वत पर आए। वहाँ की गुफाओं, वनों, पर्वतों, नदियों, दुर्गम स्थानों, सरोवरों, झाड़ियों आदि में ढूँढ़ते रहे। पर सीता जी का कहीं पता नहीं था। वे वानर फल-मूल खाकर सीता को खोज रहे थे। वहाँ न जल था और न कोई मनुष्य ही नजर आता था। वे अत्यन्त कष्ट से गुजर रहे थे। उद्देश्य-प्राप्ति की कोई सम्भावना न देखकर वे निराश और हतोत्साह होते जा रहे थे।

स्थिति की गम्भीरता को देखते हुए अंगद ने उन सबको सम्बोधित किया, 'कर्म के प्रति समर्पण कभी विफल नहीं होता। कर्म में रुचि खिन्नता को कभी पास नहीं फटकने देती। खिन्न होकर काम से विमुख हो जाना मनुष्य को अवसाद में ढकेल देता है। सुग्रीव क्रोधी राजा है। जब उसे पता चलेगा कि हम कठिनाइयों से हार मानकर, हाथ बाँधकर बैठ गए तो वह किसी को जीवित नहीं छोड़ेगा। बिना प्रयत्न किए सुग्रीव के हाथों मरना अच्छा है या काम करते हुए प्राण त्यागना? हम प्रभु राम के कार्य से यहाँ आए हैं, यह न भूलें।'

अंगद के सम्बोधन से उनमें नई ऊर्जा-संचार हुआ। वे फिर काम में जुट गए। असफलता उत्साह की सबसे बड़ी शत्रु है। वे फिर थककर वृक्षों की छाँह में निर्जीव से लेट गए। आंजनेय और तार (तारा का भाई) अपने काम में निरन्तर लगे रहे। इसी सिलसिले में उन्हें एक गुफा दिखाई दी। उसका नाम 'ऋक्षबिल' था। उसका द्वार खुला था पर प्रवेश पाना कठिन था। थकावट से सब बेहाल थे। पानी की उन्हें सबसे बड़ी आवश्यकता थी। इतने में अन्दर से क्रौंच, सारस, जल से भीगे चक्रवाक आदि पक्षी बाहर आते दिखाई दिये। वे सब गुफा के भीतर जल संगृहीत होने का संकेत दे रहे थे।

आंजनेय ने कहा, 'इस गुफा से जलपक्षियों को बाहर आते देखकर लगता है कि अवश्य अन्दर बड़ा जलाशय होगा। द्वार के आसपास हरे-भरे वृक्षों के होने से भी इस बात की पुष्टि होती है।'

सब वानर-वृंद ने उधर देखा। असल प्रश्न गुफा में प्रवेश करने का था। आंजनेय ने सबको अपने पीछे एक पंक्ति में खड़े होने के लिए कहा। सब एक दूसरे की पीठ पकड़कर खड़े हो गए। सबसे पीछे अंगद थे। घोर अन्धकार में भी उनकी दृष्टि काम कर रही थी। वे गति से बढ़ रहे थे। एक योजन उसी तरह चलते रहने के बाद वातावरण एकाएक विचित्र प्रकार की पारदर्शिता से भर गया। इतने गहन अन्धकार से निकलकर प्रकाश में आ जाने के कारण सबकी आँखें चकाचौंध हो गईं। इतना मनोहारी दृश्य था कि सब मंत्रमुग्ध-से देख रहे थे। बाहर से भयंकर दिखनेवाली उस गुफा में वृक्ष ही वृक्ष थे। दुःख की लम्बी डगर नापने के बाद ही आन्तरिक सौन्दर्य के दर्शन हुए थे। ताल, तमाल, साल, नागकेशर, चम्पा और कनेर के पेड़ फूलों से लदे थे।

एकाएक वानरों की दृष्टि एक तपस्वनी पर पड़ी। वह मृगछाला पर आसीन तपस्या में निमग्न थी। आंजनेय ने तपस्वनी से विनीत भाव से पूछा, 'माते, आप कौन हैं? यह गुफा किसकी है? हम वानर-वंश के सदस्य हैं। सुग्रीव हमारे राजा हैं। सब भूख और प्यास से व्याकुल हैं, इसीलिए इस दुर्गम गुफा में घुसने का साहस किया है। यहाँ की अद्‌भुत प्राकृतिक सम्पदा को देखकर हम चकित हैं। हम भयभीत हैं, कहीं यह आसुरी माया तो नहीं है? हमने इतना प्राकृतिक ऐश्वर्य पहले कभी नहीं

देखा। भोजन की पवित्र वस्तुएँ, फल-फूल, सोने के विमान, चाँदी के घर, मणियों की जाली से ढकी सोने की खिड़कियाँ तथा सुगन्धयुक्त फल-फूलों से लदे सुवर्ण वृक्ष अविश्वसनीय से लगते हैं। यहाँ के निर्मल जल में सोने के कमल कैसे उत्पन्न हो गए, कृपया यह रहस्य हमें बताइए।'

'वत्स, तुमने ठीक कहा, इसकी रचना मयासुर दानव ने की थी। कुछ समय तो वह यहाँ रहा, फिर उसकी मित्रता हेमा नाम की एक अप्सरा से हो गई। देवराज इन्द्र ने कुपित होकर वज्र से उसकी हत्या कर दी। ब्रह्मा जी ने यह वन, सोने का भवन, यहाँ का अक्षय कामभोग हेमा को सौंप दिया। हेमा मेरी सखी है। मैं ही इसकी रक्षा और देखभाल करती हूँ। साथ ही यहाँ रहकर साधना करती हूँ। तुम अब अपना परिचय दो। यहाँ कैसे पहुँचे ?' तपस्विनी ने पवित्र भोजन फल-फूल ग्रहण करके जलपान करने की आज्ञा दे दी।

तृप्त होकर भोजन करने के बाद आंजनेय ने तपस्विनी को राम, लक्ष्मण, सीता और सुग्रीव आदि की सम्पूर्ण कथा बताई। तत्पश्चात् आंजनेय ने तपस्वनी से निवेदन किया, 'देवि, आप साधना में मग्न हैं, हम सब आपकी शरण में हैं। हमारे राजा सुग्रीव ने हमारे लौटने का समय निर्धारित किया है, वह बीत गया है। आप हमें इस गुफा से निकालने की कृपा करें। हम सब सुग्रीव से डरे हुए हैं।'

तपस्विनी ने सब वानर समुदाय को सम्बोधित करते हुए कहा, 'जो एक बार इस गुफा में प्रवेश कर जाता है, वह जीते-जी नहीं लौट पाता। ये सब कल्पनालोक हैं। यथार्थ में जीनेवालों को इस तरह के चमत्कारों से बचना चाहिए। मैं अपनी साधना से तुम्हें निकाल दूँगी, फिर इसे भूल जाना। तुम सब आँखें बन्द करो।'

सबने आँखें बन्द कीं। पलक मारते ही वे उस कल्पनालोक से बाहर आ गए। तपस्विनी ने उनसे कहा, 'मैं स्वयंप्रभा हूँ, मैं अब अपने स्थान को लौटती हूँ। सामने विभिन्न प्रकार के वृक्षों और लताओं से आच्छादित विन्ध्य गिरि है। इधर प्रस्रवण है और सामने वह महासागर लहरा रहा है। तुम्हारा कल्याण हो।' कहकर स्वयंप्रभा अन्तर्ध्यान हो गई।

वह सब भी उन्हें चमत्कार की तरह लगा। सब चुप थे।

सागर तट पर पहुँचते समय निर्धारित समय-सीमा के अन्तर्गत न पहुँचने के कारण सुग्रीव के क्रोध का भय तो उन सब पर सवार था ही, सागर की उत्ताल तरंगें देखकर और गगन का गहराना सुनकर वे और भी डर गए थे। यह गोपद तो है नहीं कि तितली की तरह उड़कर पार कर लेंगे। अंगद ने दल का नेता होने के नाते सबको सम्बोधित किया, 'साथियो, उपवास करके प्राण त्यागना श्रेयस्कर होगा। आप जानते हैं, सुग्रीव ने अपनी इच्छा से युवराज-पद पर मेरा अभिषेक नहीं किया बल्कि श्रीराम

ने मुझे युवराज-पद पर अभिषिक्त करके मेरे पिता से किया गया अपना प्रण निभाया है। स्वाभाविक है, सुग्रीव इस बात से प्रसन्न नहीं है। अत: मरणान्त उपवास करके सागर तट पर प्राण त्याग करूँगा।'

अंगद की बात से सब चिन्तित हो गए। जब युवराज को ही अपने प्राणों की चिन्ता है तो हमें कौन बचाएगा?

अंगद की बात सुनकर तार आदि वरिष्ठ सदस्य अंगद के पक्ष में हो गए। वे इस तर्क को समझ रहे थे कि राजा द्वारा निर्धारित समय का उल्लंघन हो जाने का मतलब था—राजाज्ञा की अवज्ञा। सुग्रीव इस अवसर का लाभ उठाकर अंगद से प्रतिशोध ले सकता है।

आंजनेय ने स्थिति को समझते हुए अंगद को समझाने का प्रयत्न किया। उन्होंने नीति का सहारा लिया :

'तारानन्दन, तुम अपने पिता की तरह शक्तिशाली हो। जैसे महाराज बाली राज्य सँभालते थे, उसी तरह प्रशासनिक क्षमता तुममें भी है। लेकिन वानर-मन चंचल होता है। तुम्हें याद नहीं, तुम्हारे मामा तार ने तो सुग्रीव के भय के कारण उसी मनोरम गुफा में जीवन भर सुख से रहने का सुझाव दिया था, पर तुमने वीरों की तरह असहमति जताई थी। जीने-मरने के लिए अपनी भूमि से अच्छा कोई दूसरा स्थान हो ही नहीं सकता। वैसे भी बलवान से बैर करके रहना आसान नहीं। इस समय सुग्रीव तुमसे बलवान हैं। तुमने अपने पिता की मृत्यु के पश्चात् भी उनका साथ दिया है। सुग्रीव धर्मज्ञ हैं, तुम्हारे परम हितैषी हैं, सत्यप्रतिज्ञ हैं, राम की शरण में हैं, तुम्हारा अहित कभी नहीं करेंगे। व्यर्थ का भ्रम पालकर अपने लिए अन्धकूप न बनाओ। जो होगा, सबके साथ होगा। भय प्राणी को बहुत अकेला कर देता है।'

आंजनेय के द्वारा सुग्रीव के समर्थन में दिये तर्कों को सुनकर, अंगद नाराजगी से बोला, 'मैं जानता हूँ, तुम सुग्रीव के सबसे प्रिय वरिष्ठ मंत्री हो। तुम्हारे तर्क अपनी जगह ठीक हैं, पर मैं सहमत नहीं। जिसने अधर्म से मेरे पिता की हत्या कराई, उसे धर्मज्ञ कहते हो? अधर्म के भय से नहीं बल्कि लक्ष्मण के बाणों से भय से सुग्रीव ने सीता की खोज आरम्भ की। सुग्रीव शठ है, क्रूर और निर्दयी है। वह मुझे दंडित किए बिना नहीं मानेगा। और कुछ नहीं तो जीवन भर के लिए कारावास में डाल देगा। आप सब मुझे क्षमा करें और अपने-अपने घर जाएँ।' अंगद ने सब बड़ों को प्रणाम किया और धरती पर कुश बिछाकर आमरण उपवास पर बैठ गया।

उसके इस तरह उपवास पर बैठ जाने से सभी रोने लगे। उन्होंने भी अंगद के साथ आमरण उपवास का निश्चय किया। वे वहीं बैठकर राम-वनवास, सीता-हरण से लेकर जटायु-वध, बाली की हत्या और लक्ष्मण के क्रोध की चर्चा करते हुए भयभीत मन से, एक तरह का आर्तनाद करने लगे।

जटायु के बड़े भाई सम्पाति पर्वत की कंदरा से निकलकर आए। वे जटायु से बलवान और पुरुषार्थी थे। जटायु के स्वर्गवास से सन्तप्त थे। जब इतने लोगों को वहाँ देखा तो प्रसन्न हुए। उन्हें लगा, ये सब मेरा भोजन बन जाएँगे।

उनकी बड़बड़ाहट सुनकर अंगद को दु:ख हुआ। आंजनेय से बोले, 'यह यमराज कौन है जो हम सबको भोजन की तरह जीमने की बात कर रहा है? हम लोगों ने तो न अपने राजा सुग्रीव की आज्ञा का पालन किया, न श्रीरामचन्द्र का ही काम किया, जबकि सीता की रक्षा के लिए अपनी इच्छा से गृधराज जटायु ने रावण के साथ युद्ध करके साहसपूर्वक अपने प्राण त्याग दिये। जटायु ने ही श्रीराम का हित किया है, इसी कारण रावण के हाथ मारे गए हैं। बिना कुछ किए हम लोगों का जीवन संकट में पड़ गया। अब तो श्रीराम का क्रोध ही इन राक्षसों को समाप्त कर सकता है।'

अपने भाई जटायु का नाम अंगद के मुँह से सुनकर सम्पाति भावुक हो गए और वहीं से चिल्लाए, 'मेरे प्राण से प्यारे भाई जटायु के वध की बात कौन कर रहा है? जटायु मेरा छोटा भाई गुणी और पराक्रमी था। सब उसकी प्रशंसा करते थे। सैकड़ों वर्ष बाद उसकी चर्चा सुनकर मैं गद्गद हूँ। वीरता के प्रति समर्पित वीरो, इस दुर्गम स्थान से मुझे नीचे उतारो। मैं स्वयं उड़कर नीचे नहीं पहुँच सकता। परन्तु इस पर्वत से नीचे उतरकर आप सबसे मिलना चाहता हूँ।'

सब लोग पहले तो डरे कि जो व्यक्ति कुछ क्षण पूर्व हम सबको अपना भोजन बनाने की बात कर रहा था, वह एकाएक कैसे बदल गया? यह धोखा तो नहीं? अत्यधिक दु:ख के कारण उनके शब्द टूटकर मुँह से निकल रहे थे। युथपतियों ने परामर्श करके निश्चय किया कि वर्षों से धधक रही भूख को शान्त करना अधिक पुण्य-कर्म है बनिस्बत आत्महत्या करके मरने से। उन्होंने जीवन का खतरा उठाकर सम्पाति को पर्वत से नीचे उतारा।

सम्पाति ने सबसे पहले अंगद से जटायु की हत्या की घटना विस्तार से बताने का आग्रह किया, फिर वह बोले, 'मैं अपनी जान से अधिक प्यारे भाई की मृत्यु का समाचार सुनकर भी उसके अन्तिम संस्कार में, अपनी विकलांगता के कारण, सम्मिलित नहीं हो सका। सुना, श्रीराम ने अपने हाथों से उसका दाह-संस्कार करके मुक्ति दी। मैं पहुँच पाता तो इतिहास दूसरा हुआ होता।'

अंगद ने सम्पाति के भ्रातृ-प्रेम से प्रभावित होकर जटायु की रावण द्वारा की गई हत्या की घटना विस्तार से सुनाई।

पूरी कथा सुनकर सब लोग कुछ समय तक जटायु के सम्मान में मौन रहे। सम्पाति ने ही बात आरम्भ की, 'आप मेरे जले हुए पंख देख रहे हैं? मैं वैज्ञानिक था। मेरी इच्छा थी कि सूर्य की पृथ्वी से दूरी नापूँ और उसकी उग्रता को कुछ

शान्त करूँ। सूर्य को यह पता चल गया। लेकिन मैंने ज्ञान-विज्ञान के ज्ञाता ऋषि-मुनियों की सहायता से पहले पंख उगाए और फिर शीतलीकरण की प्रक्रिया सीखी और योगाभ्यास किया। मैं अपने शरीर का भार और तापमान इतना नियंत्रित कर लेता था कि उड़कर सूर्य के पास पहुँच सकूँ और मेरे शरीर का तापमान सामान्य से अधिक न हो। कई बार मैंने अपने ऋषि गुरुओं की उपस्थिति में उड़ानें भरीं। वे सन्तुष्ट हुए। लेकिन उन्होंने सावधान किया कि जब आदित्य का सूर्य हो तब उड़ान न भरना। आदित्य का सूर्य युवा होता है। वह अपने ताप को किसी सीमा तक ले जा सकता है। मैं भूल गया। उस दिन सूर्य आदित्य था। मैंने उड़ान भरी। सब देवी-देवताओं ने रोका। मैं तीव्रगति से उड़ रहा था। उस गति को थोड़ा बहुत नियंत्रित किया जा सकता था पर रोका नहीं जा सकता। जैसे-जैसे मैं सूर्य के पास पहुँचने लगा, सूर्य ने अपना ताप बढ़ाना शुरू कर दिया। मैं भी वैज्ञानिक था। मैं भी अपने अहंकार में था। मैं यह भूल गया कि अहंकार न तो विज्ञान है, न रचनाकर्म और न सकारात्मकता। अगर जग-कल्याण ध्येय है तो अपने अहंकार को गुणात्मक रूप से बढ़ाकर अन्धे घोड़े की गति से टक्कर मत दो। बिखर जाओगे। वह तो सूर्य भगवान की कृपा थी कि उन्होंने मेरी उड़ने की क्षमता ही छीनी, प्राण नहीं छीने। अच्छा होता कि वे प्राण ही ले लेते। विकलांगता का जीवन हर क्षण मरने-जीने का होता है। मैं योजनों दूर की वस्तु देख सकता हूँ, पर मैं शरीर से कुछ नहीं कर सकता। श्रीराम ने मेरे प्राण-प्रिय भाई को मुक्ति दी है इसलिए मैं उनकी यथासामर्थ्य सहायता करूँगा।' वह कुछ देर तक अपने को संयत करते रहे, फिर अपनी दृष्टि को साधने के बाद बोले, ' एक दिन मैंने अपने स्थान से ही एक स्त्री को 'राम-राम' चिल्लाते और आकाश-मार्ग से ले जाए जाते देखा था। वही सीता रही होंगी। मैंने उस स्त्री को कष्ट में देखकर उड़ान भरने का प्रयत्न किया। यह भूल गया कि मैं उड़ नहीं सकता। गिर गया। अब मैं देख सकता हूँ। रावण लंका नामक नगरी में रहता है। वह महर्षि विश्रवा का पुत्र है। कुबेर का भाई है। कुबेर ने ही इस स्वर्णनगरी का निर्माण कराया था। यह सूर्य की भाँति ही देदीप्यमान है।'

सम्पाति लम्बी-सी साँस लेकर भारी स्वर में बोले, 'मैं देख रहा हूँ कि जनक-पुत्री सीता अन्त:पुर की एक वाटिका में बन्दी हैं। बहुत-सी राक्षसियाँ पहरे पर हैं और उन्हें भयभीत कर रही हैं। लंकानगरी चारों ओर से समुद्र से संरक्षित है। सौ योजन समुद्र को लाँघकर ही तुम वहाँ पहुँच सकोगे। तत्काल समुद्र पार करके अपने मंतव्य को पूरा करने में जुट जाओ। मैं रावण और जानकी को देख रहा हूँ। गरुड़ की सी दिव्य दृष्टि से हम सन्नद्ध हैं।' इतना कहकर वह शान्त हो गए।

सम्पाति की बात और उनके द्वारा माता सीता के सम्बन्ध में दी गई विस्तृत सूचना से सब वानरवंशी ऐसे प्रसन्न और उत्साहित हो गए कि जैसे रावण तक पहुँचने के सारे सूत्र उनके हाथ लग गए हों! वे समुद्र तट पर जाकर आनन्दमग्न हो गए। लेकिन जब उसे लाँघने की चुनौती सामने आई तो उत्साह ऐसे ठंडा पड़ गया, जैसे खड़ी फसल पर पाला पड़ गया हो!

अंगद अभी भी उत्साहित था। वानरवंशियों को विषादग्रस्त देखकर सम्बोधित किया, 'साथियो, अब हमारे सामने एक निश्चित उद्देश्य है। ऐसे समय हम हिम्मत नहीं हार सकते। पराक्रम निर्विकल्प होता है। अब हमारे सामने कोई विकल्प नहीं। करो या मरो।'

अंगद ने सब वानरवंशियों से प्रश्न किया, 'आपमें से कौन वीर सौ योजन समुद्र को लाँघकर उस पार पहुँच सकेगा? कौन वानरवंशियों को संकट-मुक्त कर सकेगा? कौन वीर है जो महाराज सुग्रीव की प्रतिज्ञा को सच साबित करेगा? किसके दम पर श्रीराम, वीर लक्ष्मण और वानरवीर सुग्रीव के समक्ष प्रसन्न वदन एवं मन से सब उपस्थित हो सकेंगे?'

गज, गवाक्ष, गवय, जाम्बवान शरभ, आदि सब यूथपति ने अपनी-अपनी लाँघ-सामर्थ्य का वर्णन करना आरम्भ किया। कोई दस योजन, कोई तीस योजन, कोई चालीस योजन यानी सब अपनी शक्ति का वर्णन करके बैठ गए। सबसे वरिष्ठ और मार्गदर्शक रक्षराज जाम्बवान ने कहा, 'अब मैं बूढ़ा हो गया हूँ। जब युवा था तब मैं योजन नहीं गिनता था, अब नब्बे योजन तक जा सकता हूँ।'

अन्त में अंगद ने जाम्बवान के सामने आदर से नवते हुए कहा, 'मैं इस सागर की सौ योजन की दूरी तो लाँघ जाऊँगा, लेकिन वापसी में मेरी उतनी ही शक्ति रहेगी या नहीं, यह कहना कठिन है।'

सब एक दूसरे की तरफ देखने लगे कि अब क्या होगा। जाम्बवान ने कहा, 'अंगद, तुम इस समय हमारा नेतृत्व कर रहे हो। हम तुम्हारे अधीन हैं। हम तुम्हें नहीं भेज सकते। तुम हममें से ही किसी को भेजो। मैं उस शक्तिपुंज को जानता हूँ...मैं उसे जाग्रत करता हूँ।'

जाम्बवान ने घूमकर आंजनेय की तरफ देखा। वे ध्यान में तल्लीन बैठे थे। शान्त भाव में थे। उन्होंने उनसे पूछा, 'वेदांतियों में श्रेष्ठ आंजनेय, तुम एकान्त में इस तरह चुप क्यों बैठे हो? कुछ तो बोलो। तुम वानरराज सुग्रीव के समान पराक्रमी और श्रीराम के समकक्ष हो। तुम्हारी गति और तीव्रता गरुड़ के समान है। तुम बल-बुद्धि निधान हो, तेजस्विता में कोई तुम्हारा सानी नहीं। समुद्र लाँघने के सन्दर्भ में सब अपनी-अपनी सीमा का वर्णन कर रहे हैं, तुम क्यों मौन हो?

'तुमने आगम-निगम आदि सभी का गहन अध्ययन किया है। विषयों के प्रतिपादन और व्याख्या की जो सटीकता तुममें है, वह विरल लोगों में होती है। तुम्हारा बल देखकर एक बार को काल भी काँप उठता है। कर्तव्यनिष्ठा, क्षमता और दृढ़ता अक्षुण्य है। शिव के समान घनघोर युद्ध करने की अद्‌भुत सामर्थ्य है। अपनी सामर्थ्य को पहचानो आंजनेय! यही नहीं, अच्छे-बुरे गुणों और अवगुणों में भेद करने और स्पष्ट कहने का सर्वोत्कृष्ट गुण तुममें ही है। सुग्रीव से भी तुम सत्य कहते हो। लंका जाकर, रावण सेना को परास्त करके तुम सुरक्षित लौट सकते हो। तुम्हारा भुजबल स्थिर नहीं है, वह निरन्तर बढ़ता रहता है। रक्तवर्णा अग्नि और प्रचंड वायु भी तुम्हारा कुछ नहीं बिगाड़ सकते।

'मेरे सर्वाधिक प्रिय साथी, मैं तुम्हें जन्म से जानता हूँ। मैंने तुम्हारी महिमा को निरन्तर बढ़ते देखा है। तुमने किया और भूल गए, यह गुण निःस्वार्थ सेवा में ही सम्भव है। तुममें वर्षा की बूँद से सूक्ष्म कण में भी प्रवेश करने की क्षमता के साथ विशालतम आकार ग्रहण करने की भी सिद्धि है। तुम्हारा बुद्धिकौशल इन्द्र के वज्र से भी शक्तिशाली और सुई से नुकीला है। विनिष्ट भी कर सकता है, जोड़ भी सकता है। तुम्हारी गति सूर्य के अश्वों को भी मात कर सकती है, और बुद्धि उनके एक-एक ज्ञान और दर्शन-वाक्य को ऐसे ही आत्मसात करती है, जैसे धरती एक-एक किरण को अपने में समो लेती है। तुम ही हो जो इस गरजते सागर को गोपद की तरह लाँघने की सामर्थ्य रखते हो...'

आंजनेय उसी तरह ध्यानस्थ रहे। तब जाम्बवान ने अन्तिम वाक्य कहा, 'बालपन में जब सदाशिव मदारी बनकर तुम्हें वानर-वेश में दशरथ के महल में खेल दिखाने के बहाने बालक राम से मिलाने ले गए थे...तुम्हें याद है, जब राम ने लक्ष्मण के माध्यम से तुम्हें उस मदारी से माँगा था, तो सदाशिव ने क्या कहा था? सदाशिव ने कहा था—यह तो तुम्हारी सेवा के लिए ही तुम्हारे जन्म के साथ जन्मा है...आंजनेय, तुम उन्हीं के निमित्त आए हो। तुम्हें सागर लाँघना होगा...'

आंजनेय की समाधि जैसे एकाएक टूट गई। ऋषियों के उस श्राप का प्रभाव, जो उन्हें बाल-उद्‌दंडता के कारण, तब तक शक्तियाँ विस्मृत हो रहने का मिला था, जब तक कोई स्मरण न दिलाएगा तो जाम्बवान के याद दिलाते ही अशेष हो गया। आंजनेय हुंकार कर उठे। बोले, 'रक्षराज, आपने मेरा दायित्व याद दिलाकर, मुझे कर्म और धर्मच्युत होने से बचा लिया।'

उन्हें सब सिद्धियाँ याद आ गईं, यह देखकर सब चकित रह गए। सबको लग रहा था, उनका आकार हर दिशा में फैलता चला जा रहा था। उन्होंने सब बड़ों को हाथ जोड़कर कहा, 'आप सब इतने बलशाली हो कि हँसी-हँसी में सातों समुद्रों को पार कर सकते हो। सब लोकों को जीतकर भी सीता माता को ला सकते हो। आप

सबने मेरी लघुता को सम्मान देने के लिए मेरी स्मृति को जगाया। कौन होगा इतना भाग्यवान जिसे अपने बड़ों का प्यार मिले!'

'महामना, बड़ी बात कहकर अपना छोटापन दिखा रहा हूँ, यदि सातों समुद्र उमड़कर धरती को डुबोने का षड्यन्त्र कर लें, अन्तरिक्ष में उथल-पुथल हो जाए, तब भी आपके विश्वास को नहीं टूटने दूँगा। आपकी कृपा और श्रीराम के आदेश के पंखों पर बैठकर इस समुद्र को अवश्य लाँघकर लंका पहुँच जाऊँगा। आज मैं अपने को उसी मानसिकता में देख रहा हूँ जिसमें वामन भगवान ने तीन डग में सम्पूर्ण पृथ्वी नाप ली थी। मैं यह अनुभव कर रहा हूँ कि जैसा मेरा सोच होता जाता है, उसी के अनुरूप मेरी चेष्टाएँ होती जा रही हैं। मुझे निश्चय है कि मैं माता जानकी के दर्शन किए बिना नहीं लौटूँगा। चूँकि जाम्बवान जी का निर्देश है कि मैं केवल पता लगाकर आऊँ तो मैं वही करूँगा, अन्यथा मैं सम्पूर्ण लंका उठाकर ले आता।'

आंजनेय की इस हुंकार पर वानरवंशी भावुक होकर हर्ष से नाच उठे। जाम्बवान भी प्रसन्न होकर बोले, 'केसरीनन्दन, समस्त वानरवंशी तुम्हारी सफलता के लिए मंगलमय स्वस्ति-वाचन का अनुष्ठान करेंगे। तुम समस्त देवताओं, दिग्पालों, ऋषियों, पितृ-वर्ग, और गुरुजनों की अनुमति और आशीर्वाद के साथ सागर-विजय की यात्रा आरम्भ करो। जब तक तुम सकुशल वापस लौटोगे तब तक हम इसी सागर तट पर तुम्हारी प्रतीक्षा करेंगे। हम सबका जीवन तुम्हारी सफलता से जुड़ा है।'

आंजनेय ने रक्षराज और वानर-वृंद से कहा, 'मैं एक निवेदन करना चाहता हूँ। यद्यपि रक्षराज ने अंगद जी को सागर पार भेजने के लिए मना किया था, पर मेरा सबसे निवेदन है कि उन्हें मेरे साथ जाने की अनुमति दे दें।'

सब चौंककर आंजनेय की ओर देखने लगे।

उन्होंने नम्रतापूर्वक आगे कहा, 'अंगद हमारे नेता हैं। मैं एक सेवक हूँ। रावण लंका का राजा और संसार का सबसे शक्तिशाली व्यक्ति है। मैं राजसी आचार-संहिता से अनभिज्ञ हूँ। अंगद जी के रक्त में वह परम्परा घुली-मिली है। यदि किसी बिन्दु पर यह स्थिति उत्पन्न हुई कि रावण से संवाद करना पड़ा, तो मैं गँवार क्या बात कर पाऊँगा! सुग्रीव का युवराज होने के नाते बात करना उचित और आचार-संहिता-सम्मत होगा।'

'लेकिन...'

आंजनेय ने अंगद को बीच में रोककर कहा, 'युवराज अंगद, आपके पिता से रावण की मित्रता थी। सम्भव है, आपके हस्तक्षेप से कोई रास्ता निकल आए। आप चिन्ता न करें। मैंने सुना है, रावण जिस पथ से महाराज बाली से मिलने आया था,

वह राह अलग है, शायद आपको मालूम हो। नहीं तो मैं आपको अपनी पीठ पर लेकर चलूँगा।'

जाम्बवान ने हामी भर दी।

लेकिन अंगद ने कहा, 'भ्राता आंजनेय, मैं सौ योजन तो सहज रूप से लाँघ सकता हूँ, पर आप ऐसा क्यों कहते हैं कि आप आचार-संहिता से अनभिज्ञ हैं? आप हम सबमें सबसे सक्षम वार्ताकार हैं। श्रीराम और महाराज के बीच संधि कराकर आपने इतिहास बदल दिया है। जाम्बवान जी का आदेश है तो मैं लंका पहुँच जाऊँगा...' फिर हँसकर कहा, 'वापसी में आवश्यकता हुई, तो कन्धे पर लाद लेना।'

यह सुनकर शेष सब वानर भी हँस दिये।

वानरवंशियों ने मंगल स्तवन आरम्भ किया। चारों दिशाएँ गुंजायमान हो गईं। जब स्तवन समाप्त हुआ तो आंजनेय बोले, 'आप सबके स्नेहपूर्ण आशीर्वाद से मुझे नई ऊर्जा मिली है। मैं सागर लंघन के लिए तत्पर हूँ। महेन्द्र पर्वतराज का शिखर ही मेरी सौ योजन की छलाँग के वेग को सहन कर सकेगा।'

आंजनेय के पर्वत पर स्थित होने पर सब वानरवंशियों ने तुमुल ध्वनि की। पर्वत काँपा। आंजनेय ने स्तुति करते हुए कहा, 'हे पर्वतराज, अपनी सागर-यात्रा प्रारम्भ करने के लिए आपकी सहायता चाहिए, मेरी वेग और गति को आप ही सँभाल पाएँगे।'

पर्वत स्थिर हो गया।

महेन्द्र पर्वत प्रकार-प्रकार के पुष्प-सम्पन्न वृक्षों से भरा था। वन्य पशु आनन्द-पूर्वक विचरण कर रहे थे। पक्षी-वृंद चहचहा रहे थे। जल-प्रपात, रंग-बिरंगी सी झलमलाती धाराएँ बन्दनवारों की तरह पर्वतराज को सजाए हुए थे। आंजनेय ने आँख भरकर निहारा, फिर अस्फुट स्वर में कहा, 'यह पर्वत मेरा भी गृह है, वनचर मेरे सम्बन्धी हैं, पक्षी मेरा परिवार है। मैं जानता हूँ कि मेरे सौ योजनी उड़ान लेने से सब कुछ अस्तव्यस्त हो जाएगा, पर मैं यह सब अपने स्वार्थ के लिए नहीं कर रहा हूँ। भगवती सीता को खोजने का, श्रीराम और मेरे स्वामी सुग्रीव का आदेश है, उसी के अनुपालन में मुझे यह करना पड़ रहा है। आप सबसे सहयोग की प्रार्थना करते हुए, आप सबको होनेवाले कष्ट के लिए क्षमा माँगता हूँ।'

जैसे ही आंजनेय ने अपने पैरों पर उड़ने के लिए जोर डाला, शिलाएँ टूटने लगीं, पशु-पक्षी चीत्कार कर उठे। सैकड़ों वर्ष पुराने वृक्ष डगमगा गए। उस महान पर्वत का रूप बदल गया। ऋषि-मुनि जो तपस्यारत थे, वे पर्वत छोड़कर भाग खड़े हुए।

उधर आंजनेय ने अपने श्वास और शरीर को सम पर लाकर और अपने मन और चेतना को संयोजित करके श्रीराम का स्मरण किया। दिग्पालों को स्मरण

करके, पवनदेव को प्रणाम किया। उस विचित्र उड़ान में उनका ही सर्वाधिक सहयोग चाहिए था।

अपनी विशाल भुजाओं को पर्वत पर जमाया, एक घुटना टिकाकर दूसरा वक्ष के समीप लाकर अपनी देह का संकुचन किया। अपनी दृष्टि को दक्षिण दिशा में केन्द्रित करके, प्राणों को मस्तिष्क में संचित करके श्वासों को फेफड़ों में भरा। हुंकार भरकर उतान किया। पर्वत से विचित्र-सी कराहने की आवाज आई। लगा, पर्वत नीचे खिसक गया। उनके ऊपर उठते ही यद्यपि महेन्द्र पर्वत क्षत-विक्षत हो गया था, पर फूलों ने उसे इस तरह से ढक लिया था, जैसे उसके घावों को ढककर, पीड़ा के शमन में लगे हों! बहुत-से पुष्प आंजनेय की तीव्र गति के वेग में उड़कर आकाश-मार्ग में छा गए थे। सूर्य उनके गुरु थे, वे अपने ताप से उन्हें संरक्षित करते हुए लगते थे। पवनदेव पिता-तुल्य होने के कारण उनके साथ ही उसी दिशा में गतिमान थे जिस ओर वे उड़ रहे थे। आकाश उनकी उपस्थिति के कारण चकित था। पहली बार कोई प्राणी उसकी सत्ता को चुनौती देता हुआ चीरता हुआ चला जा रहा था। साथ ही रोमांचित भी था। वे बीच-बीच में 'राम-राम' बोलते जाते थे।

एकाएक विचित्र घटना घटी। आंजनेय ने देखा, एक बहुत बड़ा टीला जल में से निकलकर ऊपर आ रहा है। उन्हें लगा, अवश्य ही यह विघ्नकारी है। उन्होंने अपनी उड़ान को नीचे की तरफ झुकाया और अपने सीने से टक्कर मारकर टीले को गिरा दिया। उसने मानव-रूप धारण करके कहा, 'वानर शिरोमणि, मैं मैनाक पर्वत हूँ। आप मेरे पूजनीय हैं। मुझे इन्द्र के कोप से बचाने के लिए पवनदेव ने सागर में ढकेल दिया था। तब से मैं यहीं पड़ा हूँ। समुद्र ने मुझे आदेश दिया था कि तुम ईक्ष्वाकु-वंश के श्रीराम की पत्नी की खोज में जा रहे आंजनेय का स्वागत करो। उस पर उस वंश का उपकार है। इसलिए मैं जल से निकलकर आपका आतिथ्य-सत्कार करने की अनुमति चाहता हूँ। आप कुछ क्षण विश्राम कर में। फल-जल ग्रहण कर लें।'

आंजनेय ने कहा, 'मैनाक, मैं तुम्हारे सत्कार से बहुत प्रसन्न हुआ। पवनदेव मेरे साथ चल रहे हैं, इसलिए तुम मेरे आत्मीय हो। पर राम का कारज किये बिना मैं कैसे विश्राम कर सकता हूँ? मैंने अपने वंशजों से प्रण किया है कि मैं बीच में कहीं नहीं रुकूँगा। तुम इस बात से दुखी न हो कि मैंने तुम्हारी पूजा स्वीकार नहीं की।' कहकर उन्होंने मैनाक को झुककर स्पर्श किया और आगे बढ़ गए।

आंजनेय को निर्विघ्न अपने ध्येय की ओर बढ़ते देखकर देवताओं आदि को ईर्ष्या और चिन्ता हुई कि राम विष्णु अवतार हैं। हम देवता होते हुए भी उनकी कोई सहायता नहीं कर पा रहे हैं। हम सब रावण के बन्धक जो हैं। उन्होंने सोचा कि उन्हें

रोका जाए। नागमाता सुरसा को तैयार किया कि वह विकराल रूप धारण करके आंजनेय का रास्ता रोके। वह मान गई।

सुरसा अत्यन्त विकट रूप धारण करके आंजनेय को घेरकर खड़ी हो गई और बोली, 'तुम कौन हो ? कहाँ जा रहे हो ? मुझे भूख लगी है, अत: तुम्हें खाऊँगी। तुम बिना किसी आनाकानी के मेरे मुँह में समा जाओ।' वह अपना बृहत मुख फैलाकर उनके सामने खड़ी हो गई।

आंजनेय ने नम्रतापूर्वक कहा, 'देवि, मैं अंजनी-पुत्र आंजनेय हूँ, श्रीराम का दूत हूँ, उनकी आज्ञा से माता सीता के पास उनका सन्देश लेकर जा रहा हूँ। आप मुझे जाने दीजिए।'

सुरसा अपना मुँह फैलाए बढ़ती चली आ रही थी। आंजनेय ने कहा, 'मैं सीता माता से मिलकर, उन्हें राम का सन्देश देकर और उनका उत्तर राम के पास पहुँचाकर स्वयं आकर तुम्हारे मुख में प्रवेश कर जाऊँगा। यह मैं प्रतिज्ञा करता हूँ।'

'मूर्ख, मुझे वर प्राप्त है कि मुझे लाँघकर कोई नहीं जा सकता। तुम्हें मेरे मुँह में प्रवेश करके ही आगे जाना होगा।'

आंजनेय को सुरसा का कथन ठीक नहीं लगा। उन्होंने कहा, 'तुम अपना मुख इतना फैला लो कि मैं उसमें समा सकूँ।'

सुरसा ने अपना मुख दस योजन में फैला लिया। वे उसके मुँह से भी बड़े हो गए। सुरसा दस योजन बढ़ा रही थी, आंजनेय भी महिमा विद्या से अपना शरीर बढ़ाते जा रहे थे। इस तरह बढ़ाते-बढ़ाते सुरसा ने अपना मुख सौ योजन तक फैला लिया। तत्काल आंजनेय ने अपना आकार अणिमा और लघिमा विद्या के द्वारा अंगुष्टवत कर लिया और मुँह में जाकर तुरन्त बाहर निकल आए।

उन्होंने बाहर आकर कहा, 'मैं पहचान गया था, आप देवताओं की पूज्या दक्ष कन्या हैं, देवताओं ने ही आपको भेजा है। मैं नमस्कार करता हूँ। मैं आपके संकल्प को झूठा नहीं करना चाहता था। मैं आपके संकल्प के अनुसार आपके मुख में प्रवेश करके बाहर आ गया। आपका वर भी सार्थक रहा और मैं भी पाप का दोषी नहीं बना। अब मैं अपने गंतव्य की ओर बढ़ता हूँ।' हँसकर बोले, 'इन देवताओं से सावधान रहिए, पता नहीं कब क्या से क्या बन जाएँ!'

सुरसा अपने वास्तविक रूप में आकर बोली, 'आंजनेय, तुम श्रीराम का काम जल्दी सिद्ध करो और उन्हें देवी सीता से मिलाओ।'

आंजनेय की कठिनाई अभी समाप्त नहीं हुई थी। सुरसा से मुक्ति पाकर वे मग्न भाव से आकाश-मार्ग से प्रकृति का अवलोकन करते जा रहे थे। उन्हें आकाश में निर्विघ्न जाते देखकर अंगारतारा (सिंहिका नाम की राक्षसी) समुद्र से तूफान की तरह उठी।

लगा, जैसे समुद्र में से एक और समुद्र निकल आया हो! वह गरजी, 'मुझे पार कर जानेवाला तू कौन है?'

उसके दाँत खड्ग की तरह थे। वह सिर ऊँचा करके खड़ी थी। ऐसा लग रहा था कि उसका सिर आसमान को छू रहा था।

आंजनेय समझ गए कि यह एक स्त्री है जिसमें न लज्जा है, न करुणा और न स्त्रियोचित कोई सामान्य गुण। दो बातें उनकी समझ में आ गईं कि उसके साथ उसी के अनुरूप व्यवहार करना होगा; दूसरे, उसके विशाल मुख से ही होकर जाना होगा। उसके पास जाकर कहा, 'मैं जानता हूँ, तुम्हें छाया को पकड़कर ही उड़ते प्राणी को खा जाने का वर प्राप्त है। तुम्हारे इस वर के होते हुए भी मैं आकाश में विचरण कर रहा हूँ। तुमने मुझे मेरी गति देखकर भी पहचाना नहीं कि मैं कौन हूँ? तुम मेरे सामने अन्तरिक्ष को घेरकर खड़ी हो। तुम्हारा मंतव्य क्या है?'

सिंहिका गरजकर बोली, 'तुम यह न समझना, मैं स्त्री हूँ। यम भी आकर मेरे शिकार को बचाने की कोशिश करे तो भी मेरी दृष्टि पड़ जाने पर वह भी उसे बचा नहीं सकता। तू तो क्या चीज है!' राक्षसी सिंहिका ने खड्ग जैसे दाँतों को खोलकर अपना भयानक मुख फैला दिया।

आंजनेय बिना किसी विवाद में पड़े उसके उदर में प्रविष्ट हो गए। सब देव-किन्नर जो देख रहे थे, घबरा गए। परन्तु तब चकित रह गए जब वे उस राक्षसी के उदर से मुँह के रास्ते क्षण भर बाद ही निकल आए। राक्षसी कराह उठी। वे उसकी आँतों को अपने हाथों में लिये आकाश में शान्त भाव से खड़े थे।

आकाशचारी प्राणी हर्ष से नाच रहे थे, आंजनेय को साधुवाद दे रहे थे। पशु-पक्षी इस बात से प्रसन्न थे कि अब सब आकाश में निर्द्वन्द्व होकर विचरण कर सकेंगे।

लगभग सौ योजन लाँघने के बाद उनको लगा कि इस यात्रा में उन्हें एक राक्षसी सिंहिका की हत्या करनी पड़ी। वे श्रीराम और सीता के सत्कार्य के लिए जा रहे थे। वे चाहते थे, यह कार्य निर्विघ्न और सुचारु रूप से सम्पन्न हो जाए, पर सिंहिका ने बिना सोचे-समझे व्यवधान डाला। सत्कर्म करने के लिए कोई अन्यथा काम करना पड़े तो क्या सत्कार्य बीच में छोड़ देना चाहिए? ऐसे में सत्कर्म दुष्कर्म में परिवर्तित हो सकता है। रावण की नगरी में प्रवेश करने से पूर्व और कार्य-सिद्धि के बीच में और भी ऐसे धर्मसंकट आएँगे। आंजनेय ने आँखें बन्द करके इस प्रश्न पर अपने मन को केन्द्रित करने का प्रयत्न किया। वहाँ अनेक शंकाएँ थीं। लेकिन अन्त में वे इस बिन्दु पर आकर रुक गए कि राक्षसी की हत्या के डर से लौट जाना भीरुता होती सो होती, वह सत्कर्म कभी न हो पाता। सब कुछ दुष्कर्म में बदल जाता। राम और सुग्रीव को जवाब देने की बात तो बाद में आती, पहले मैं स्वयं को ही अपने सामने

गूँगा खड़ा पाता। हिंसा मत करो पर जब उसके सिवाय कोई रास्ता न बचे तो पीछे भी न हटो।

आंजनेय पुनः आत्मस्थ होकर लंका की दिशा में बढ़े। सामने स्वर्णलंका पर अस्त होते सूर्य की ऊर्ध्वमुख किरणें लंका के स्वर्णिम रंग को और गहरा कर रही थीं। वे त्रिकूट पर्वत पर खड़े होकर सूर्य की समुद्र में विसर्जित होने से पहले की किरण-क्रीड़ा देखने में दत्त-चित्त हो गए। उन्होंने देखा, लंकावासी सज-सजाकर अपनी समृद्धि की आभा बिखरते हुए अपने भवनों से निकल पड़े थे। वे आपस में कभी-कभी अमित्र की तरह व्यवहार करते थे। लगता था, जैसे वे मद्यपान किए हों। आंजनेय बुदबुदाए, 'अनियंत्रित समृद्धि से बड़ा अमित्र कोई नहीं होता।'

आंजनेय के सामने प्रश्न था—लंका में कब और कैसे प्रवेश किया जाए। सब लोग निशाचर थे। अन्धकार होने लगा था। भवनों में लगी मणियाँ जगमगा उठी थीं। अखाड़े, मदिरालय और भोजनालय भरे हुए थे। राजपथों पर रथ दौड़ रहे थे। सब तरफ चहलपहल थी। उन्होंने सोचा, इतनी गहमा-गहमी के बीच लंका में प्रवेश करना उचित नहीं होगा। प्रतीक्षा करना उचित होगा। निशाचर रात के तीसरे पहर सोते हैं। हम सामान्य लोग तब सोकर उठते हैं। वही हुआ, जैसे-जैसे रात ढलना शुरू हुई, वैसे-वैसे उन लोगों के रथ घरों को लौटने लगे। जो बचे, वे नृत्यशालाओं तथा अन्य भोगविलासों में रम गए। राजपथ धीरे-धीरे निर्जनता की ओर बढ़ रहे थे। आंजनेय को लंका में प्रवेश करने के लिए यह उपयुक्त अवसर लगा।

उन्होंने लघु रूप धारण किया और लंका के मुख्य द्वार की तरफ़ चले। लंका की अधिष्ठात्री लंकिनी की तीव्र दृष्टि ने आंजनेय को उस लघु रूप में भी लख लिया। वह गर्जना करते हुए बोली, 'तू कौन है? कहाँ से आया है और कहाँ जा रहा है? अपने आने का प्रयोजन बता। चारों और लंकेश की सेना लगी है, मेरे आदेश के बिना तू लंका में प्रवेश नहीं कर पाएगा।'

'पहले तू बता, तू कौन है? तेरी आँखों में जो भाव है, वह किसी को भी भयभीत कर सकता है। तू इतनी रात्रि में नगर के द्वार पर क्यों खड़ी है? मुझसे अभद्रता से क्यों बात कर रही है?'

लंकिनी ने भड़कते हुए कहा, 'तू मुझे नहीं जानता तो सुन, मैं लंकेश की प्रधान परिचारिका हूँ। लंका की रक्षा करती हूँ। अधिष्ठात्री देवी हूँ। इसीलिए मेरा नाम लंकिनी है। मेरी अवहेलना या उपेक्षा करके नगर में प्रवेश पाना असम्भव है। अगर तू ऐसा करेगा तो मेरे हाथों निर्जीव होकर धराशायी हो जाएगा। मैं ही लंका नगरी भी हूँ, और अधिष्ठात्री देवी भी हूँ।'

आंजनेय अत्यन्त सहजता के साथ बोले, 'मैं पर्यटक की तरह इस भव्य नगरी की अट्टालिकाएँ, परकोटे, उपवन, वाटिकाएँ आदि देखना चाहता हूँ। मैंने सुना है

कि यह एकमात्र नगरी है जो स्वर्ण से बनी है और रत्नों से सजी है। मैं देखने के लिए बहुत उत्सुक हूँ। मैं वन, कानन, रावण का प्रासाद देखकर कृतार्थ हो जाऊँगा।'

लंकिनी कर्कश वाणी में बोली, 'अरे मूर्ख, तू नहीं जानता, मेरी रक्षा महाराज रावण करते हैं, जो संसार के सर्वोपरि योद्धा हैं। तू मुझे बिना परास्त किए देवलोक से न्यारी इस नगरी को नहीं देख सकता।'

उन्होंने पुनः विनयपूर्वक कहा, 'देवी, मैं इस नगर को देखकर जैसे आया, वैसे ही लौट जाऊँगा।'

इतनी बात सुनते ही उसने आंजनेय को जोर से थप्पड़ मारा। उन्होंने सोचा कि अब समय आ गया है, जब दंड से काम लेना होगा। उन्होंने गरजना की और बाएँ हाथ से कम शक्ति का मुक्का जमा दिया। वे महिला होने के कारण उसे अधिक पीड़ा नहीं पहुँचाना चाहते थे। हालाँकि आंजनेय को दुःख हुआ, इस बार भी स्त्री को आहत करना पड़ रहा है।

वह उस हल्के से प्रहार से तड़पकर धराशायी हो गई। उसके चेहरे पर गहरी पीड़ा उभर आई। मुख से रक्त बहने लगा।

लंकिनी को ब्रह्मा के शब्द याद आ गए कि जब कभी वानर-रूप में आकर तुझे राम दूत परास्त कर देगा, तू मृतप्रायः हो जाएगी तो समझना कि रावण की लंका पर आपत्ति आ गई है। राक्षसों पर भय व्याप्त होनेवाला है। ब्रह्मा जी की बात को कोई नहीं टाल सकता। वह बोली, 'आपका बल अपार है। आप मेरी धृष्टता के लिए क्षमा कर दें और मेरा वध न करें। अब रावण पालित नगरी में प्रवेश करें। श्रीराम का कारज सिद्ध करें। मेरा सौभाग्य है कि मैंने श्रीराम के दूत का दर्शन कर लिया। अब आप सिधारें।'

3

आंजनेय के लिए पूरी तरह संरक्षित किसी नगरी में प्रवेश करने का पहला अवसर था। भले ही लंकिनी ने उनको जाने की अनुमति दे दी थी, आगे भी पता नहीं किस-किस से टकराना पड़े। राक्षसों से टकराने का यह पहला अवसर था। इसलिए पहले से भी अधिक सूक्ष्म रूप धारण किया।

सबसे पहले रावण के महल में गए। महल में कठिन पहरा था। उन्होंने सीता माता को उसी महल से खोजना आरम्भ किया। मध्य रात का समय था। सब कामक्रीड़ा में व्यस्त थे। एक से एक सुन्दर स्त्रियाँ देखीं। वे अपने रूप, यौवन, चंचलता और कामुकता में अप्सराओं को भी मात कर रही थीं। आंजनेय को उन स्त्रियों को इस स्थिति में देखना रुचिकर नहीं लग रहा था। वे समझ गए थे कि सीता माता यहाँ नहीं हो सकतीं। वे जिस दुःख का सामना कर रही होंगी, उसकी कल्पना करना सम्भव नहीं है।

उनकी दृष्टि परिसर में खड़े विमान पर पड़ी। उन्हें स्मरण आया, अंजना माँ बताती थीं कि वह उनके साथ इस विमान में बैठ चुका है, जब उनकी गोद से उछलकर पहाड़ की शिला पर गिरा था। उसे छूकर देखा। हँसकर बुदबुदाए, 'तब शिला पर गिरने से शिला टूटी थी, अब कहीं छूने से विमान न टूट जाए!'

उन्होंने एक भव्य और महिषी लगनेवाली महिला को सोते देखा। उन्हें एक बारगी लगा, वही सीता माता हैं। फिर लगा, इतने अभूषण पहने, इस कोमल शैया पर वे कैसे सो सकती हैं? उनकी प्रसन्नता सिमट गई। बाद में पता चला, वह रावण की पटरानी मंदोदरी है।

आंजनेय को लौटकर बेचैनी अनुभव होने लगी। उन्हें लगा कि अन्तःपुर में आधी रात के समय, जब महिलाएँ अपने पतियों के साथ व्यस्त थीं, उन्होंने अनैतिक काम किया। यह मेरे ब्रह्मचर्य का अपमान है। मैंने कभी पहले इस स्थिति में परायी महिला का दर्शन नहीं किया। यहीं मुझे परायी स्त्री का हरण करनेवाले रावण का दर्शन भी करना होगा। मैंने उन स्त्रियों का दर्शन किया जो मेरे जैसे व्यक्ति के लिए वर्जित हैं

और उस रावण को भी देखना है जिसने शिव का अनन्य भक्त होने पर भी परस्त्री का हरण किया। मेरी आस्था इस सबसे आहत हुई है।

आंजनेय इसी उधेड़बुन से त्रस्त थे : यह मैंने क्या किया? एकाएक उनके मन में अपने प्रति सवाल उभरा : यह ठीक है कि रावण के महल की स्त्रियाँ कामरत थीं या निश्चिन्तता से सो रही थीं, मैंने उन्हें निकट से देखा, लेकिन क्या मन में किसी तरह का विकार आया? नहीं। मन ही चंचल होता है, मन ही उत्प्रेरित करता है, मन ही संकल्प-विकल्प में उलझाता है और मन ही स्थिरता देता है। मन ने किसी तरह का राग-द्वेष उत्पन्न नहीं होने दिया। मेरा धर्म परस्त्री दर्शन से भ्रष्ट नहीं हो सकता। मेरा कर्म एक बड़े उद्देश्य से जुड़ा था। मैं सब कुछ उसी उद्देश्य से जोड़कर देख रहा था। वहाँ उद्देश्य प्रमुख था, शेष सब कुछ गौण था। मैं इस अन्तःपुर में माता जानकी को खोज रहा था। वे नहीं दिखाई दीं तो सब कुछ अन्तर्ध्यान हो गया। वहाँ न धर्म था, न अधर्म, केवल माता का न होना बचा था। वह सवाल फिर उठा कि सीता माँ को कहाँ ढूँढूँ? अन्य किस स्थान पर होंगी?

एक शंका जिस पर वे सोचना नहीं चाह रहे थे, एकाएक बिजली की तरह कौंधी : कहीं वे...हमें छोड़ तो नहीं गईं? इस विचार के साथ ही शोक की लहर ने उन्हें ऊपर से नीचे तक अपने पाश में जकड़ लिया। लेकिन उन्होंने जल्दी ही उस पाश से मुक्त करने के लिए दूसरे गरुड़-विचार को साधा : 'नहीं, यह सम्भव नहीं। वे यहीं कहीं हैं। मैं जब तक सीता माता के दर्शन नहीं कर लूँगा, पूरी लंका को खूँद डालूँगा। यदि मैं उनका दर्शन किए बिना चला जाऊँगा तो मेरे इस पौरुष, यह समुद्र-लंघन, सिंहनि की हत्या, और लंकिनी पर मारक प्रहार—सब व्यर्थ हो जाएँगे। अगर जानकी जी के दर्शन नहीं हुए तो मैं सुग्रीव और दोनों दशरथ-कुमारों को मुँह कैसे दिखाऊँगा? क्या यह कह पाऊँगा कि सीता ने प्राण त्याग दिये? दोनों भाई भी प्राण त्यागे बिना नहीं रहेंगे। मैं इस त्रासदी को नहीं घटने दूँगा। सम्पूर्ण वानर-वंश, जो इस प्रतीक्षा में है कि आंजनेय सीता की कुशलता का समाचार लेकर आता होगा, इस बात को सुनकर समुद्र में कूद जाएगा।

आंजनेय सोच के इस चक्रव्यूह से निकलना चाहते थे, पर सोच ऐसी प्रक्रिया है जो स्वतः अपने जंगल को गहन करती जाती है। उसमें फँसने के बाद बाहर निकलना बिरले ही जानते हैं। उनके सामने एक नया विकल्प आ गया : क्यों न रावण का वध कर डालूँ? खाली हाथ तो नहीं लौटूँगा! कह तो सकूँगा, उस राक्षस ने सीता माता को हानि पहुँचाई, मैंने उसे समाप्त कर डाला! फिर सोचा, जिस काम के लिए भेजा गया, उसे न कर पाने का लांछन तो यथावत रहेगा। भले ही छिपकर आए हो, हो तो दूत ही। हिंसा का पाप, फिर दूत की आचरण-संहिता का उल्लंघन।

चौथा पहर आरम्भ होनेवाला था। हल्की-हल्की जाग होने लगी थी। उनकी नजर सुन्दर वाटिका पर पड़ी। बड़े-बड़े अशोक वृक्ष लहलहा रहे थे। उन्हें देखकर वाटिका की गहनता का आभास हो रहा था। उन्हें प्रेरणा हुई, चलकर इस वटिका में खोजना चाहिए। इतनी सुन्दर वाटिका पहली बार देखी थी। तरह-तरह के उत्तम फल वृक्षों पर लगे थे। फूलों की सुंगध से वाटिका महमहा रही थी।

आंजनेय को लगा कि श्रीराम ने अपनी मुद्रिका दी है तो निश्चित रूप से उनके मन में यह विश्वास होगा कि मैं उनके द्वारा सौंपा गया दायित्व निबाहने में सफल होकर आऊँगा। उनकी प्रेरणा से ही इस वाटिका का ध्यान आया है। उनमें नये उत्साह का संचार होने लगा।

वे वाटिका की ओर बढ़ रहे थे। रास्ते में उन्हें एक सुसज्जित भवन दिखाई दिया। उन्होंने निकट जाकर देखा। देखकर चकित रह गए। उसके प्रांगण में एक भव्य मन्दिर था। शिखर पर चक्र बना हुआ था। पार्श्वों में दक्षिण की ओर शंख बना था और वाम पार्श्व में भी चक्र था। तुलसी के बिरवे लगे थे। वाटिका में पुष्प खिले थे। पहली संध्या में जलाये गए धूप-दीप अभी तक जल रहे थे। वे समझ नहीं पा रहे थे कि रावण की नगरी में हरि मन्दिर क्यों और कैसे है!

वे सोचते हुए आगे बढ़ ही रहे थे कि उन्हें राम-नाम की ध्वनि सुनाई पड़ी। राम-धुन वाला यहाँ कौन है? आंजनेय ने मन-ही-मन निश्चय किया, इस व्यक्ति से परिचय करना आवश्यक है। यह सीता माता के बारे में जानता होगा।

आंजनेय ने पहले की तरह ब्राह्मण-वेष धारण किया। अन्य भवनों की तरह वहाँ कोई द्वारपाल नहीं था। वे निश्चिन्त मन से प्रविष्ट हो गए। उन्होंने श्रीराम शब्द का मधुर वाणी में उच्चारण किया। गृहस्वामी तत्काल बाहर आ गए। उन्होंने दोनों हाथ जोड़कर कहा, 'मैं पौलस्त्यवंशी, दशानन का अनुज विभीषण आपको प्रणाम करता हूँ।'

विभीषण सीधे शय्या से उठकर आए थे। उन्होंने सामान्य शिष्टाचार के अनुसार चरण न छूकर प्रणाम ही किया था।

आंजनेय समझ गए कि बिना स्नान किए आए हैं।

विभीषण ने नम्रतापूर्वक कहा, 'आप अपना परिचय देने की कृपा करें। सौ योजन की सामुद्रिक दूरी पार करके आप हमारी नगरी में आए हैं तो आप निश्चित ही असाधारण व्यक्ति हैं और किसी महान उद्देश्य से यहाँ पधारे हैं। हम राक्षस कैसे होते हैं, आप नहीं जानते होंगे। आपने मुझे दर्शन देने का अनुग्रह किया। आप बताएँ मैं आपकी क्या सेवा कर सकता हूँ?'

आंजनेय अब तक समझ गए थे, विभीषण जितने सौम्य हैं उतने ही कुशाग्र बुद्धि भी हैं। इसलिए बिना इधर-उधर की बात किए अपना मंतव्य प्रकट करना

उचित समझा, 'महाराज विभीषण, मैं अयोध्यापति महाराज दशरथ के ज्येष्ठ पुत्र श्रीराम का दूत, किष्किन्धा के राजा सुग्रीव का सेवक आंजनेय हूँ। हनुमान मेरा दूसरा नाम है। आपके भ्राता और लंकेश्वर रावण श्रीराम की भार्या सीता जी का दंडकारण्य से अपहरण करके लंका लाए हैं। मैं माता का दर्शन करने को उत्सुक हूँ। वे कहाँ हैं, कैसी हैं, बताने की कृपा करें।'

विभीषण ने उनका अभिनन्दन करते हुआ कहा, 'आपके दर्शन मेरे अलभ्य वस्तु पाने की तरह हैं। एक तो राक्षस-वंश, दूसरे रावण का राज्य, मैं अपने को यहाँ मात्र एक ऐसी जिह्वा की तरह पाता हूँ जो दाँतों की दया पर निर्भर रहती है। राम-नाम अपने मुँह से ही सुन पाता हूँ आज पहली बार किसी दूसरे के मुँह से सुना है। आप जिस उद्‌देश्य से यहाँ आए हैं, मैं उसमें सक्रिय योगदान देने की स्थिति में नहीं हूँ। लेकिन मैं आपकी जिज्ञासा अवश्य शान्त करूँगा।' ठहरकर बोले, 'लंकेश के सदन से लगा हुआ उनका प्रिय अशोक वन है जिसे अशोकवाटिका के नाम से भी जाना जाता है। उस वाटिका के बीचोबीच एक कमल का सरोवर है। उसके पास ही भगवान भूतनाथ का मन्दिर है। उससे कुछ दूर पूरब की ओर शिंशुपा का सघन वृक्ष है। वह इतना विशाल है कि दूर से ही पहचान लेंगे। उसके नीचे शोक-सन्तप्त, कृशकाय, पीतवर्णा देवी माता के दूर से छिपकर दर्शन कर सकेंगे। सावधान रहना होगा क्योंकि सशस्त्र राक्षसियाँ हर क्षण सतर्कता के साथ पहरा देती रहती हैं। वहाँ मेरे भ्राता लंकेश के सिवाय कोई पुरुष नहीं जा सकता। उसका रास्ता राजसदन से ही है। एक छोटा-सा द्वार भी है। बीच-बीच में मेरी पत्नी सीता जी को सांत्वना देने उसी द्वार से जाती हैं। उनके माध्यम से ही मैं वहाँ का समाचार पाता हूँ।'

'इतने भवनों के होते हुए उन्हें उपवन में क्यों रखा गया है?'

विभीषण ने बताया, 'उन्होंने स्वयं किसी भवन में रहने से मना कर दिया था। हालाँकि दशानन को शाप है कि किसी भी नारी के साथ बलात्कार करने पर उसकी मृत्यु हो जाएगी, फिर श्री जनक-पुत्री का यह निर्णय सर्वथा उचित था।'

जिज्ञासा ही अन्वेषक की शक्ति होती है। आंजनेय ने जिज्ञासावश पूछा, 'महाराज, आपके परिसर का मन्दिर, आपका यह वेश, आपकी भक्ति को अग्रज दशानन कैसे सहन करते हैं? आपको उनके लोग प्रताड़ित या अपमानित नहीं करते?'

विभीषण ने गद्‌गद कंठ से कहा, 'मुझमें भक्ति कहाँ है! एक राक्षस में कैसी भक्ति! मेरे अग्रज विजय-यात्राओं पर जाते रहते हैं। बीच के भाई कुम्भकर्ण सोते रहते हैं। युवराज मेघनाथ दशानन के साथ यात्राओं पर रहते हैं, इसलिए प्रशासन मेरे पास रहता है। दादा के कारण और प्रशासन-व्यवस्था के चलते मुझे प्रताड़ित या अपमानित करने का किसी का साहस नहीं होता। स्नेहवश या प्रशासन में उपयोगी

होने के कारण भाई भी मेरी अर्चना–पूजा में हस्तक्षेप नहीं करते। वैसे कौन जाने, कब मन बदल जाए! राजा के सामने रहना या घोड़े के पीछे चलना समान रूप से संकटमय होता है।'

विभीषण ने संकोच के साथ आंजनेय के सामने अपनी जिज्ञासा रखी, 'मैंने सुना है कि श्रीराम भगवान विष्णु के अवतार हैं, परब्रह्म हैं, दयालु हैं। क्या कभी मुझ जैसे अधम, पतित और राक्षसवंशी पर, जिसके भाई ने उनकी भार्या का अपहरण किया हो, कृपा होगी?'

आंजनेय ने कहा, 'राजन, मुझ कपिवंशी में ऐसे कौन से गुण हैं जो उन्होंने अपनाया? उन्हें अपनाना ही आता है, छोड़ना नहीं आता। वे भक्त के भक्त हैं। शरणागत को शरण देनेवाले हैं। आप निःसंकोच उन्हें अपनाएँ, वे आपको अपनाएँगे। सुग्रीव के साथ यही हुआ था। पहले वे शंकित थे। जब उन्होंने मन के सब भ्रमों को त्याग दिया तो उन्होंने उन्हें भी अपना लिया।' यह कहकर आंजनेय को लगा, विभीषण को राम के पक्ष में जीत लिया।

विभीषण ने भी आंजनेय का आभार व्यक्त करते हुए कहा, 'मैं आश्वस्त हो गया कि प्रभु राम की कृपा से ही आपने मुझे दर्शन दिये हैं। उनकी कृपा के बिना सन्त पुरुषों के दर्शन नहीं होते।'

झौला मौला हो गया था। आंजनेय ने विभीषण से कहा, 'राजन, मैं सीता माता के दर्शनों को उत्सुक हूँ। सूर्य प्रकट हो जाएँगे तो वाटिका में छिपकर पहुँचना कठिन होगा। आज्ञा दें।'

विभीषण ने दूर से ही प्रणाम किया और आंजनेय वानर–वृत्ति से वृक्ष से वृक्ष पर कूदते चल दिये।

वे उस दिव्य उपवन में एकान्त जगह देखकर कूद गए। वह स्थान शिंशुपा वृक्ष के निकट ही था। वहाँ से छिपते–छिपाते शिंशुपा वृक्ष पर चढ़कर अपने को पत्तों में छिपा लिया। उन्होंने अपने को छोटे वानर जितना बना लिया था। उन्होंने देखा, राक्षसियों के बीच एक स्त्री बैठी थी। शरीर निस्तेज हो गया था। नेत्रों से अविरल अश्रुधारा बह रही थी। कभी मूर्च्छित हो जाती थी। जो राक्षसियाँ बैठी थीं, वे एकटक उसे देख रही थीं—कहीं देखते–देखते बीच से अन्तर्ध्यान न हो जाए।

आंजनेय उनको इस अवस्था में देखकर व्यथित हो गए। पहली बार देखने मात्र से लगा कि जैसे ममता की प्रतिमा हैं। उन्होंने मन–ही–मन प्रणाम किया और प्रभु राम को धन्यवाद दिया कि उन्होंने उन्हें माता सीता की खोज के लिए चुनकर ममता का प्रसाद पाने का अवसर दिया।

आंजनेय ने अपने को पत्तों में अच्छी तरह छिपा लिया था। वे सीता माता को देख सकते थे, पर कोई उन्हें नहीं देख सकता था। उन्हें माता को देखकर दिव्य अनुभूति हो रही थी, जैसे माँ अंजना उनमें और वे अंजना माँ में। दोनों को एक बिन्दु पर देखकर वे धन्य हो गए थे। वे मन-ही-मन सोचने लगे, सीता माता के चरण-वन्दन का अवसर मिलेगा या नहीं, तीन वृत्त का पहरा था।

तभी घोषणा हुई : दशानन पधार रहे हैं। सब राक्षसियाँ उठकर खड़ी हो गईं। सीता जी सिकुड़ गईं, चेहरे पर पल्ला डाल लिया। तिनका सामने करके ओट ले ली।

आंजनेय ने देखा कि उसके साथ कोई पुरुष नहीं है, केवल स्त्रियाँ ही स्त्रियाँ हैं। पौ फटने से कुछ क्षण पहले की सी स्थिति होने के कारण कुछ परिचारिकाएँ मशाल हाथ में लिये आगे-आगे चल रही थीं। केवल वही गरिमामय महिला दशानन के बराबर चल रही थी जिसे शयनकक्ष में सोते देखकर माता सीता होने का भ्रम हुआ था। दशानन जैसे अभी-अभी सोकर उठा हो, ऐसा लग रहा था। बस, केवल सिर पर मुकुट पहन लिया था। हाथ में उसका प्रमुख शस्त्र चन्द्रहास था।

वह मधुर वाणी में बोला, 'वैदेही, तुम कितनी सुन्दर हो, पर तुमने अपना क्या हाल बना लिया है! अपने स्वयंवर के समय तुम अद्वितीय सुन्दरी लगती थीं, आज भी हो। लेकिन मुझे अपनी बहन के अपहरण के कारण स्वयंवर बीच में ही छोड़ना पड़ा था। मैं वैसे भी स्वयंवर में सम्मिलित न हो पाता क्योंकि महाराज जनक ने मेरे आराध्य भगवान शिव का धनुष रखा था जो मेरे साथ अन्याय था, मैं उसे कैसे तोड़ सकता था! अगर सौ गुना भारी धनुष भी हुआ होता तो मैं उसे तोड़कर तुम्हें प्राप्त कर लेता। देवी, तुम मेरी पहली पसन्द तब भी थीं और आज भी हो।'

वह अनुनय-विनय करने लगा, 'मेरी ओर एक बार तो देखो, मैंने त्रिभुवन विजय कर लिया है, मेरे बराबर कोई योद्धा नहीं। तुम मेरा निवेदन स्वीकार करो तो मय-पुत्री मंदोदरी समेत सब रानियाँ तुम्हारी दासियाँ होने को तैयार हैं। तुम यह समझ लो, यहाँ कोई मानव सौ योजन का समुद्र पार करके कभी नहीं आ पाएगा। देवता तक मेरे अधीन हैं। जिस सिंहासन के समक्ष पूरा ब्रह्मांड नतमस्तक है, उसी सिंहासन पर तुम मेरे पार्श्व में विराजोगी—सबकी वन्दनीय होकर।'

सीता ने अपने और रावण के बीच वही तृण कर लिया। तृण से एक सन्देश दिया कि तुम मेरे लिए इस तृण से अधिक कुछ नहीं। तृण बीच में करना महिलाओं द्वारा अपनी लाज की रक्षा करना माना जाता था। पराये मर्द से आँख मिलाकर बात करना अनुचित माना जाता था। रावण से उन्होंने कहा, 'तुम कायर हो। मेरे पति की अनुपस्थिति में धोखे से एक असहाय स्त्री का अपहरण करनेवाला व्यक्ति किस मुँह से अपनी वीरता का बखान कर सकता है? मेरे देवर द्वारा खींची गई रक्षा-रेखा को पार करने का साहस भी तुझमें नहीं था। अब आत्मप्रशंसा करते लाज नहीं आती?

'वह दिन दूर नहीं, जब दशरथ-पुत्र राम और लक्ष्मण आकर तुम्हें इस कदाचार का दंड देंगे। तुम उनके बाणों के सामने टिक नहीं पाओगे। मैं देख रही हूँ, काल तुम्हें पहले ही मार चुका है।'

इतना सुनकर रावण अपना आपा खोकर अपना आयुध लेकर सीता की तरफ लपका। आंजनेय को एक क्षण को लगा, वे रावण का यहीं वध करके माता सीता को लेकर श्रीराम के पास उड़ चलें, लेकिन वे तत्काल सँभल गए। राजनय और नीति में भावातिरेक का कोई स्थान नहीं।

रावण बोला, 'अगर तू मेरे हाथों मरना चाहती है तो ले, मर!'

सीता जी अप्रकम्पित स्वर में बोलीं, 'रावण, तू कान खोलकर सुन ले, मेरी गर्दन पर या तो तेरा चन्द्रहास पहुँच सकता है या मेरे पति की सुन्दर और बलिष्ठ भुजाएँ। तू जनकनन्दिनी और राम की प्रिया से दुराशा कभी मत करना।'

रावण फिर लपका लेकिन मंदोदरी ने चरण पकड़ लिये, 'स्वामी, मैं जानती हूँ, आप सब कुछ कर सकते हैं, पर एक अबला नारी पर हाथ उठाना आपकी प्रतिष्ठा के अनुरूप नहीं है। किसी दुखी महिला के दुखी वचन सुनकर रुष्ट होना भी उचित नहीं।'

चलते-चलते दशानन बोला, 'सीते, मैं तुझे एक महीने का समय देता हूँ। अगर तू मेरा प्रस्ताव नहीं मानेगी तो मैं अपनी राक्षस-वृत्ति पर उतर आऊँगा। मैं तेरा मांस का कलेवा करूँगा। तुझे निर्णय करना होगा कि तू मेरे अंक में रहेगी...नहीं तो उदरस्थ हो जाएगी।' राक्षसियों से कहा, 'तुम इस पर किसी प्रकार की दया मत करो। सेवा की भाषा नहीं समझेगी।'

वे सब उसके जाते ही सीता को तरह-तरह से डराने लगीं। सीता शान्त रहकर आँखें बन्द करके राम का ध्यान करके बैठ गईं।

आंजनेय पर उनकी भयानक चेष्टाओं को देखना सहन नहीं हो रहा था। लेकिन जैसे रावण के आयुध निकालने पर वे कुछ नहीं कर पाए थे, वैसे ही इस समय भी असहाय हो गए।

लेकिन तीन जटाओं वाली सौम्य-सी एक राक्षसी आ गई। वह बोली, 'तुम क्या इसी समय मर जाना चाहती हो ? मैंने सवेरे आँख लगते ही एक भयानक स्वप्न देखा। सवेरे देखे मेरे सपने कभी झूठे नहीं होते।'

सब एक स्वर से बोलीं, 'क्या, जल्दी बताओ त्रिजटा ?'

सब राक्षसियों का ध्यान सीता से हट गया।

'मैंने देखा, कोई विशाल व्यक्ति बन्दर का रूप रखकर आया है। उसकी पूँछ से अग्नि की लपटें निकल रही हैं।' कहकर वह चुप हो गई।

वे फिर एक स्वर में बोलीं, 'फिर ?'

'क्या कहूँ, वह पूरे नगर को फूँके डाल रहा है। लंका धू-धू करके जल उठी है। दशानन के बाल मुँडे हैं। वे काले वस्त्र पहने दक्षिण दिशा की ओर अकेले जा रहे हैं। उनकी दोनों बाँहें कट चुकी हैं। मैंने महाराज विभीषण को श्वेत वस्त्र और अंगरखा पहने देखा है। सब उनकी जय-जयकार कर रहे हैं। श्रीराम ने सीता को लेने के लिए अपना चर भेजा है।'

राक्षसियों के चेहरे पर अवसाद आ गया। किसी के मुँह से कुछ देर तक बोल नहीं फूटा। फिर बोलीं, 'तुम हम सबमें बड़ी हो, बुद्धिमान हो। तुम बताओ, हम क्या करें?'

'हम सबका हित सीता जी की सेवा करने में है।'

सब राक्षसियाँ त्रिजटा के साथ सीता जी के पास गईं, विनम्रता के साथ कहा, 'आप हमें अपनी दासियाँ ही समझें और पिछली भूलों के लिए क्षमा कर दें।'

त्रिजटा बोली, 'वैदेही, आप भी अब विश्राम कर लें, ये भी अपने घर सोने जा रही हैं। यहाँ रहेंगी तो आप उद्विग्नता अनुभव करेंगी।'

आंजनेय को हँसी आई, 'रावण अभी सही-सलामत घर गया है, न वानर आया, न लंका में आग लगी...त्रिजटा ने अच्छा रूपक बनाया। क्या सीता माता का कष्ट कम करने के लिए? सम्भवत: सीता को अकेली छोड़ने से बड़ी सेवा दूसरी नहीं थी।'

रात्रि का चतुर्थ प्रहर था। जब से रावण आकर गया था, लगभग चौबीस घंटे होने को आए थे। सीता उसी तरह एक ही आसन पर बैठी थीं। वे त्रिजटा से बोलीं, 'सखी त्रिजटा, बहुत सह चुकी हूँ, अब नहीं सहा जाता। तुम मुझ असहाय की थोड़ी सहायता करने की कृपा और करो।'

सीता माता को एक निशाचरी से इस दयनीय भाव से गिड़गिड़ाते देखकर आंजनेय को पीड़ा हुई। वे प्रतीक्षा में थे कि कब त्रिजटा जाए तो वे सीता माता के सामने प्रकट हों।

वे अनुनय के स्वर में बोलीं, 'मुझे अग्नि ला दो। उस राक्षस की वासनापूर्ण बातें सुनने की शक्ति अब मुझमें नहीं रही। अपने भगवान राम की उपेक्षा भी सही नहीं जाती। प्रभु राम के द्वारा सत्कृत शरीर उस दुष्ट का आहार बने, उससे पूर्व इसे पावन अग्नि को समर्पित कर दूँ। यही एक विकल्प बचा है।'

उनकी बात सुनकर त्रिजटा भी दु:ख के साथ बोली, 'सीते माँ, यह रक्ष-जनों की परम्परा है, वे रात्रि में अग्नि किसी को नहीं देते, अपशकुन मानते हैं। इस समय यह सम्भव नहीं होगा।' उससे वहाँ रुका नहीं गया और प्रणाम करके चली गई।

सीता आर्द्र कंठ से बोलीं, 'मेरा भी क्या भाग्य है, मरने के लिए अग्नि की एक चिंगारी भी उपलब्ध नहीं! क्या मेरे भाग्य में इन राक्षसों का आहार बनना ही लिखा है? फिर एक महीने बाद ही क्यों? उसकी वासना-युक्त बातें सुनकर अपने को

मर्माहत क्यों करें ? वह कब आकर क्या कहना आरम्भ कर दे, पता नहीं ! अग्निदेव मुझे अपनी गोद में न लेकर इस पापी जीवन से मुक्ति नहीं देना चाहते तो मेरी यह दीर्घ वेणी तो है। क्यों न इसे गले से लपेटकर दोनों सद्कार्य कर लूँ—अपनी मुक्ति और वेणी का सदुपयोग ? फिर इस शरीर को कोई भी खाए—पशु-पक्षी या वह राक्षस, मुझे क्या अन्तर पड़ेगा !'

सीताजी उठ खड़ी हुईं। वृक्ष की एक डाल पकड़कर झुकाई। अपनी वेणी उसमें उलझाई और स्वत: बोलीं, 'प्रभो, बिना आपकी अनुमति और चरण-दर्शन के प्राण त्याग रही हूँ, क्षमा करना। अब न विछोह सहा जाता है और न उस राक्षस के व्यसन और विलास में सने बोल सहे जाते हैं। ये दिग्दिगन्त साक्षी हैं, मैं सदा आपकी थी, आपकी ही रहूँगी।'

जब प्राण-त्याग से पहले राम-लक्ष्मण, माताओं और स्वजनों का स्मरण करने लगीं तो उनकी बाईं भुजा और आँख फड़कने लगीं। उनका मन विषाद-मुक्त हो गया। वे चकित थीं—यह कैसे हो गया, शायद प्रभु की कृपा हो !

आंजनेय सीता-प्रलाप और त्रिजटा के स्वप्न की कहानी सुन चुके थे। वे इस बात को सोचकर मन-ही-मन प्रसन्न थे कि जिन सीता माता को लाखों वानरवंशी हर दिशा में खोज रहे हैं, राम की कृपा और विश्वास से उन सीता माता को मैं पा गया। गुप्त रूप से शत्रु के ठिकानों का पता लग गया। उन्हें सांत्वना देने का मन बना लिया था। अगर बिना सिया माँ से मिले लौटूँगा तो प्रभु राम को क्या बताऊँगा ? लेकिन उनके सामने भाषा का सवाल था। किस भाषा में बात करूँ ? अगर संस्कृत में बात करता हूँ तो सीता माता पर, पता नहीं, क्या प्रतिक्रिया हो ! वे समझें कि रावण रूप बदलकर फिर लौट आया है और वे सह न पाएँ। उन्होंने तय किया कि वही भाषा बोलना ठीक होगा जो अयोध्या के आसपास सामान्य जन बोलते हैं। वे जानते थे, वही भाषा जनभाषा है।

उन्होंने बिना कुछ कहे उन तक पहुँचने का एक विकल्प खोज लिया। वे राम-कुल-कथा गाने लगे : एक इक्ष्वाकु वंश था। उसमें एक यशस्वी राजा दशरथ हुए। उनके सुदर्शन चार पुत्र हुए। राक्षसों के दमन के लिए दो पुत्रों को विश्वामित्र दशरथ से माँग ले गए। उन दोनों कुमार ने सहज ही राक्षसों का सफाया कर दिया। ...फिर राम-विवाह का वर्णन किया। सीता जी स्तब्ध-सी खड़ी सुनती रहीं। सब ही सन्दर्भ।... कैकेयी द्वारा दशरथ से वर माँगकर चौदह वर्ष का राम को वनवास दिलाया...फिर सीता-हरण का प्रसंग सुनाया, जटायु के मरने की घटना बताई और अन्त में श्रीराम के आदेश से सीता की खोज के लिए अपने आने की बात बताई। यह भी बताया कि लाखों वानरवंशी हर दिशा में उन्हें खोज रहे हैं...लेकिन उनका सौ योजन आकर सीता माँ तक पहुँचने का संकल्प पूर्ण हो गया।

सीता जी सोचती रहीं—यह प्राणी कौन है जो राम-कुल-कथा इतने सरस भाव से राक्षसों की इस नगरी में गा रहा है—वह भी जनभाषा में? सौ योजन समुद्र पार कर यहाँ तक पहुँचा कैसे होगा? कहीं कोई छल न हो!

तभी लघु रूप में आंजनेय शिंशुपा वृक्ष से उतरकर सामने आकर उपस्थित हो गए। हाथ जोड़कर प्रणाम किया और बोले, 'माता, मैं श्रीरामचन्द्र का दूत आंजनेय हूँ। श्रीराम का सन्देश लाया हूँ। दोनों भाई सकुशल हैं। बस, आपकी कुशलता के प्रति चिन्तित रहते हैं।'

'अगर तुम वास्तव में राम के दूत हो तो मैं तुम्हारे कल्याण की कामना करती हूँ। इस नगरी के प्रभाव से मेरे मन में सन्देह हो रहा है कि कहीं तुम रावण तो नहीं हो, यहाँ छल से रूप बदलकर फिर आ गए हो? मुझे तुम उनके शारीरिक चिह्नों, व्यक्तिगत गुणों तथा शील-स्वभाव के बारे में बताओ।'

आंजनेय ने गुणों का विस्तार से वर्णन किया। उसे सुनकर सीता जी आश्वस्त हो गईं कि वास्तव में वह व्यक्ति राम का ही दूत है।

विश्वास हो जाने के पश्चात् आंजनेय ने विनयपूर्वक कहा, 'देवी, श्रीराम ने इसीलिए राम-नाम अंकित अपनी मुद्रिका भेजी है, पहचान के लिए। अब आपका संशय दूर हो जाएगा। आपके कष्टों का जल्दी से जल्दी निवारण होगा।'

सीता जी ने मुद्रिका लेकर नेत्रों से लगाई और देर तक ध्यान से देखती रहीं। फिर बोलीं, 'तुम रामदूत होने के साथ बलशाली और पराक्रमी हो, वज्रांगी हो, तभी तो भीषण जलचरों से अटे सौ योजन का समुद्र पार करके यहाँ पहुँच सके। तुम निडर हो, तभी तो रावण जैसे क्रूर और विलासी से भयमुक्त हो। मुझे तुम्हारे आने से बल मिला है।' फिर पूछा, 'प्रभु राम मुझे याद तो करते हैं, भूले तो नहीं? क्या वे मुझे स्वयं मुक्त कराने आएँगे?'

आंजनेय ने करबद्ध होकर कहा, 'आपसे सम्पर्क न हो पाने के कारण सीतानाथ दुखी और व्याकुल हैं। उनके अन्दर विरहाग्नि रात-दिन जलती रहती है। वे अनिद्रा और चिन्ता से सन्तप्त हैं। आपको देखने और पाने के लिए अहर्निश प्रयत्नशील रहते हैं।' अपने-आपको सन्तुलित करने का प्रयत्न करते हुए उन्होंने पुनः कहना आरम्भ किया, 'श्रीराम को अभी तक पता नहीं कि आप लंका में बन्दी बनाकर रखी गई हैं। मैं जाकर बताऊँगा तो वे प्रसन्न होकर मुझे गले लगा लेंगे। वानर-वंश और रक्ष-वंश की सेना लेकर आपकी मुक्ति के लिए तत्काल कूच कर देंगे और सागर पर सेतु बनाकर यहाँ पहुँच जाएँगे। उस समय यमराज भी राह में आएगा तो उनकी परवाह नहीं करेंगे।'

आंजनेय की बात सुनकर सीता की आँखों से अश्रुधार बहने लगी। फिर बोलीं, 'वे सुर्यवंशी हैं, स्वयं भी सूर्य सदृश हैं। किरण-रूपी उनके बाण राक्षसों को भस्म कर डालेंगे।'

महाराज राम आएँगे, यह सोचकर उनकी हिचकी बँध गई।

आंजनेय ने ढाँढस बँधाते हुए कहा, 'माते, आप धैर्य न छोड़ें। आपका पता चलते ही विशाल सेना के साथ वे तुरन्त चल देंगे। समय को संकुचित करते हुए वे जल्द से जल्द यहाँ पहुँचेंगे और राक्षस सेना का दमन करके आपको ले जाएँगे।'

सीता माता ने आंजनेय को ऊपर से नीचे देखते हुए पूछा, 'आंजनेय, क्या सेना में सब तुम्हारे जैसे ही हैं? राक्षस तो क्रूर, पर्वताकार, शक्तिशाली होते हैं।'

आंजनेय मुस्कुराए। मन-ही-मन सोचा—अब समय आ गया है कि अपना वास्तविक रूप माता के सामने प्रकट करूँ। इससे उनके मन की शंका का भी समाधान होगा और वानर-वंश की सेना की शक्ति के प्रति भी वे आश्वस्त होंगी। छिपाने से कोई लाभ भी नहीं। उन्होंने अपना वही वास्तविक स्वरूप दिखाया जो रक्षपति जाम्बवान के प्रोत्साहित करने पर प्रकट हुआ था।

उचित व्यक्ति का उचित समय पर प्रोत्साहन, देह का विस्तार करे या न करे, मन को कई गुणा बढ़ा देता है। उनके पास तो देह को इच्छानुसार बढ़ाने की सिद्धि भी थी।

तब हाथ जोड़कर प्रार्थना की, 'माते, आपकी आज्ञा होगी तो मैं वन-उपवन, भवन सहित सम्पूर्ण लंका को ही नहीं, त्रिकूट पर्वत को भी प्रभु के पास ले जाने में समर्थ हूँ। आप मेरे कन्धे पर बैठें तो मैं आपको श्रीराम के पास ले जा सकता हूँ। आपकी और प्रभु राम की कृपा से मुझे रोकने की शक्ति किसी में नहीं। परन्तु मैं जानता हूँ कि आप भी चाहती हैं कि श्रीराम आकर आपको ले जाएँ। वे भी चाहेंगे कि अपने बाहुबल से आपको जीतकर ले जाएँ।'

सीता जी ने स्वस्थ मन और विश्वास के साथ कहा, 'अब मैं समझ गई, तुमने जो कहा, वह सब करने में तुम समर्थ हो। परन्तु जान-बूझकर मैं परपुरुष को स्पर्श नहीं कर सकती। जब रावण मेरा हरण करके ले गया, मैं विवश थी। प्रभु राम के लिए भी यह सुयश की बात होगी कि वे स्वयं आकर देखें और राक्षसों का दलन करके मुझे यहाँ से ले जाएँ।'

उनका उत्तर सुनकर आंजनेय अपने पहले रूप में आ गए। जानकी ने प्रसन्न होकर कहा, 'मैं प्रसन्न हूँ। मेरे पास देने को और कुछ नहीं, बस, वरदान ही दे सकती हूँ। तुम जो चाहे माँग लो।'

'आपने 'वत्स' कहकर मुझे कृतार्थ कर दिया। मैं, आंजनेय, अभी से आपका पुत्र हुआ। वत्स कह देने मात्र से सब कुछ मिल गया। अब कुछ भी अप्राप्य नहीं।'

'अगर सीता ने स्वप्न में भी राम के अतिरिक्त किसी पर-पुरुष के बारे में सोचा न हो तो मैं तुम्हें वरदान देती हूँ, तुम अजर-अमर, निर्विकार तन-मन, बल, अतुलित

पौरुष-पराक्रम के धनी हो। विद्या बुद्धि से अद्वितीय हो। सब सिद्धियों के स्वामी हो। तुम्हारा स्मरण-मात्र हर प्राणी के लिए संकटमोचन बने।' वे गद्‌गद भाव से आशीष दिये जा रही थीं।

आंजनेय उनका दानभाव देखकर अभिभूत थे। माँ देने पर आती है तो सब कुछ लुटा देती है। उन्होंने सीता माता के चरण पकड़ लिये, 'बस, माँ, जितना दिया उतना ही सँभाल सकूँ, यह आशीर्वाद और दे दीजिए।'

'वत्स, आंजनेय, मेरे बच्चे...' कहकर जैसे ही उनके सिर को छुआ, बस, आंजनेय का अश्रु-बाँध टूट पड़ा।

जब कुछ मन स्थिर हुआ तो आंजनेय ने संकोच के साथ कहा, 'माँ, कल सवेरे से उपवासित हूँ। आपकी खोज की चिन्ता में भूख-प्यास सब भूल गया था। कल कुछ फल मिल गए थे।'

सीता माता चिन्तित होकर इधर-उधर देखने लगीं। उनका बच्चा भूखा है और वह कुछ भी दे सकने में असमर्थ हैं।

आंजनेय उनकी चिन्ता समझ गए। बोले, 'आप चिन्ता क्यों करती हैं माँ? इस वाटिका में नाना प्रकार के पके फल लगे हैं। सूर्योदय के समय यहाँ आते समय इन फलों को देखकर मेरी क्षुधा और बढ़ गई। मैं वानरवंशी हूँ, वानरों की सब कलाएँ जानता हूँ, बस, आपकी अनुमति चाहिए।'

सीता जी और चिन्ता में पड़ गईं। उन्हें टोककर कहा, 'वत्स, यह दशानन की प्रिय वाटिका है। इस वाटिका की रक्षा अत्यन्त बलशाली राक्षस करते हैं। यदि उनको पराजित भी कर दोगे तो अस्त्र-शस्त्रों से सुसज्जित हजारों सैनिक और आ जाएँगे।'

'माते, सेना, राक्षसों और रावण की मुझे तनिक भी चिन्ता नहीं है। अब तो मुझे आपने अजर-अमर होने का वरदान दे दिया है। मैं प्रभु राम के सामने प्रस्तुत होने से पूर्व रावण से आमना-सामना करना चाहता हूँ। उसकी सामरिक शक्ति का परिचय प्राप्त कर लेना आवश्यक है। तभी दूत होने की सार्थकता होगी।'

सीता माता मुस्कुरा दीं। उन्हें संकेत मिल गया। दूसरे की वाटिका में फल खाने का मौखिक आदेश कैसे देतीं?

आंजनेय ने नतमस्तक निवेदन किया, 'वानर चंचल होते हैं। कुछ खाते हैं, कुछ गिराते हैं। शान्त बैठकर आहार नहीं कर सकते। उछलना-कूदना उनकी प्रकृति में है। इस कारण वृक्षों की शाखाएँ भी टूटती हैं। आपको कष्ट न हो तो वानर-अवतार में अपना आहार आरम्भ करूँ? इसी बहाने रावण से साक्षात्कार सम्भव हो सकता है।'

'जो भी तुम्हें प्रिय और आवश्यक जान पड़े, करो। अपना हित तुम अच्छी तरह जानते हो। लेकिन रावण बड़ा मायावी है। अपनी सुरक्षा के प्रति सावधान रहना। मेरा स्नेह और आशीष तुम्हारे साथ हैं।'

आंजनेय ने सीता की खोज में पूरी लंका का भ्रमण किया था। लेकिन उस समय रात थी, ध्यान भी सीता की खोज पर केन्द्रित था, नगर की संरचना की ओर ध्यान नहीं दे पाए थे। उनके मस्तिष्क में यह बात काम कर रही थी कि वे श्रीराम के अग्रदूत के रूप में यहाँ आए हैं। उनके पहुँचते ही श्रीराम लंका पर आक्रमण की तैयारी आरम्भ कर देंगे। उसके लिए सारे सूत्र एकत्रित करना आवश्यक है। सेना के लिए लंका-प्रवेश को सुगम करने का भार उन पर है। कुबेर ने लंका को इतना दुर्गम बनाया था जहाँ किसी भी शत्रु-सेना का प्रवेश कठिन ही नहीं, असम्भव है। रावण उसका लाभ उठा रहा है। उन संयंत्रों को ध्वस्त करना होगा जो शक्तिशाली ही नहीं हैं बल्कि संचालन की तकनीक की दृष्टि से, अनजान व्यक्ति के लिए मृत्यु को निमंत्रण देना होगा। उसके योद्धाओं की शक्ति, स्वभाव और दुर्बलताओं को जाने बिना जीत की परिकल्पना करना अनुचित होगा। इन निशाचरों को आतंकित करना और मनोबल गिराना अत्यधिक आवश्यक है। वीथियों, रास्तों, गुप्त मार्गों से परिचित होने के साथ सभी प्रधान नायकों के निवासस्थान, संकट के शरण-स्थलों और शस्त्रागार के ज्ञान के बिना कुछ सम्भव नहीं होगा। मात्र उत्पात ही एक रास्ता है।

इस नीति-नियोजन के बाद आंजनेय ने किलकारी मारी। इस किलकारी से सारी वाटिका गूँज उठी। वानर-अवतार ने वृक्षों पर कूदना और उन्हें इस तरह हिलाना आरम्भ किया, जैसे झंझावात उतर आया हो! वृक्ष टूटने लगे, फल पृथ्वी पर बिछ गए। वे कुछ खा रहे थे, कुछ गिरा रहे थे। फल तोड़-तोड़कर वाटिका-रक्षकों और राक्षसियों को मार रहे थे।

सब तरफ हाहाकार मच गया था। वाटिका में रक्षकों की संख्या पर्याप्त थी। उन्होंने आंजनेय को घेरने और बन्दी बनाकर हत्या करने की योजना बनाई। उनकी योजना पूरी नहीं हो पाई। उन्होंने अपने अतुलित बल का कौतुक दिखाना आरम्भ कर दिया। उन्होंने वृक्ष उखाड़कर उन राक्षसों की तरफ उछालने शुरू कर दिये। रक्षक बन्दी बनाने का संकल्प भूलकर विस्फारित नेत्रों से उनके इस करतब को देखने लगे। कुछ के अंग-भंग हो गए, कुछ वृक्षों के नीचे आने से कुचले गए। कुछ भाग खड़े हुए। रावण का वह प्रिय उपवन पूरी तरह उजड़ गया।

उस अशोकवाटिका को उजाड़कर और रावण के रक्षक सूरमाओं को मारकर वे वाटिका के द्वार पर आ गए। उस समय उनका चेहरा तेज से तमतमा रहा था।

कुछ राक्षसियाँ जो छिप गई थीं, वे सीता जी के पास आईं और विशाल वानर-रूप में आंजनेय को देखकर सीता जी से बोलीं, 'यह कौन है? यह आपसे क्या बात कर रहा था?'

सीता जी ने कहा, 'इच्छा अनुसार रूप धारण करनेवाले राक्षसों को मैं क्या पहचानूँ! तुम लोग ही जानो। मैं स्वयं भयभीत हूँ।'

ये राक्षसियाँ दौड़कर रावण के पास गईं। अशोकवाटिका की दुर्दशा का वर्णन किया। उस विचित्र और भयावह वानरवंशी के बारे में बताया कि वह किस तरह वृक्षों को उखाड़कर वाटिका के रक्षकों को मार रहा है। वह निडर अभी भी वाटिका में मौजूद है।

रावण दावानल की तरह भभक उठा। उसने महाबली किंकर नामधारी राक्षसों की सेना को उस वानर को बन्दी बनाने की आज्ञा दी। वे सब शस्त्रादि से सुसज्जित होकर निकले। ऐसा लगा, जैसे बड़ा युद्ध लड़ने जा रहे हों!

उन्हें आते देखकर उस विशाल वानर ने अपनी पूँछ फटकारी और भयंकर गर्जना करके दिग्दिगंत गुँजा दिये। फिर भगवान राम, उनके भाई लक्ष्मण और अपने स्वामी सुग्रीव का जय-जयकार किया। अपना परिचय दिया, 'मैं वानरवंशी, कौशल नरेश श्रीरामचन्द्र का दास हूँ। मैं आंजनेय हूँ। हनुमान भी कहते हैं मुझे। पिता पवन हैं। सहस्र रावण भी युद्ध में मेरा सामना नहीं कर पाएँगे। मैं वृक्षों और पत्थरों से प्रहार करके लंका को तहस-नहस कर दूँगा। फिर सीता माता को प्रणाम करके राक्षसों के देखते-देखते निकल जाऊँगा।'

उनकी गर्जना से राक्षस स्तब्ध रह गए। राक्षसों ने जब आंजनेय को संध्याकालीन काले मेघ के समान विशालकाय रूप में देखा, तो और डर गए। आंजनेय ने एक विशाल शिला खंड से राक्षस-सेना पर हमला कर दिया। देखते-देखते सेना हताहत हो गई।

रावण को पता चला तो वह क्रोध से पागल हो गया।

किंकरों की सेना के बाद चैत्य प्रासाद को विध्वंस कर दिया। उनकी योजना एक के बाद एक सफल होती जा रही थी। रक्षा कर रही जातुधान सेना भी मार डाली गई। जम्बुमाली ने पहले अपने बाणों से उन्हें भेदने का प्रयत्न किया, किन्तु आंजनेय ने उसी की एक परिध से उसकी हत्या कर दी।

रावण आहत सिंह की तरह गरजा और मंत्री को सातों पुत्रों के साथ जाने का आदेश दिया।

मंत्री विशाल सेना के साथ वहाँ पहुँचे और आते ही उन्हें बाणों से आच्छादित कर दिया। आंजनेय क्रुद्ध होकर उन सातों पर टूट पड़े और सातों को मार डाला। सेना अपने शीर्ष वीरों को मारे जाते देखकर भाग खड़ी हुई।

उनके मारे जाने पर रावण को आशंकाओं ने आ घेरा, पर उसने अपनी मनोदशा को प्रकट नहीं होने दिया। अपनी बुद्धि से सोच-विचारकर अपने पाँच श्रेष्ठ सेनापतियों--विरुपाक्ष, यूपाक्ष, दुर्धर, प्रघस और भासकर्ण—को आंजनेय को पकड़कर लाने के लिए भेजा। उनके जाते समय रावण ने उन्हें समझाया, 'उसके अलौकिक कर्मों को देखकर लगता है, वह सामान्य वानर नहीं है। वह कोई अलौकिक प्राणी जान पड़ता है। तुम लोग योजना बनाकर उसे बलात पकड़ लाओ। इसे वानर ही न समझो, वह अत्यन्त वीर और पराक्रमी है। मैंने बाली, सुग्रीव, नल-नील, द्विविद आदि बड़े-बड़े पराक्रमी वानरवंश देखे हैं। उनका वेग इतना भयंकर नहीं है और न ही उतना तेज है—न पराक्रम, न बुद्धि-बल, न उत्साह लेकिन भिन्न-भिन्न रूप धारण करने की विद्या जानते हैं।'

सबसे पहले दुर्धर ने बाणों से आक्रमण किया। आंजनेय ने अपने शरीर को विस्तार करना आरम्भ कर दिया। वह उनका पीछा करता रहा। उसे पीछा करता देख वे उसके रथ पर कूद गए। रथ, घोड़े, धुरी आदि सब टूट गए। दुर्धर भी दूसरे लोक को सिधार गया।

दुर्धर के मरते ही विरुपाक्ष और यूपाक्ष क्रुद्ध होकर आकाश में उड़े और आंजनेय की छाती पर मुग्दर बरसाने लगे। वे अपने रूप में आ गए। वे दोनों भी नीचे आ गए। उन्होंने वृक्ष उखाड़कर उसके एक ही प्रहार से दोनों को परलोक पहुँचा दिया।

अब प्रघस और भासकर्ण बचे। दोनों ने संयुक्त रूप से पट्टिश और शूल से आक्रमण किया। आंजनेय ने एक शिला उखाड़कर दोनों पर दे मारी। वे वहीं शान्त हो गए। वे द्वार पर आकर और नये जत्थों की प्रतीक्षा करने लगे।

रावण के प्रचंड और विकट सेनापति मारे जा चुके थे। उसके मन की आशंकाएँ बढ़ने लगीं। भय और गहरा होता गया। उसने दरबार में उपस्थित अपने पुत्र अक्षकुमार की तरफ देखा। पिता की आँखों में चिन्ता और अपेक्षा देखकर, अपनी उदात्तता पर गर्व करनेवाला राजकुमार उत्साहित होकर आंजनेय को बन्दी बनाने के लिए उद्यत हो गया। वह अपने दिव्य रथ पर सवार हो गया जिसे उसने तपस्या द्वारा उपलब्ध किया था। साथ में जुझारू सेना थी। उस काल में अस्त्र, शस्त्र, अश्व और रथ, यहाँ तक कि सन्तान और भोजन बनाने के भाँडे भी सामान्यत: तप और साधना से प्राप्त किये जाते थे। तप-साधना उनके लिए वैज्ञानिक प्रक्रिया रही होगी।

वह वाटिका के द्वार पर पहुँचा। वहाँ आंजनेय अपने मूल स्वरूप में उपस्थित थे। उसने आव देखा न ताव, अपने तीक्ष्ण बाणों से हमला कर दिया।

उन दो अद्वितीय योद्धाओं की टक्कर से असुर तो असुर, देवताओं के मन में भी भय की अनुभूति होने लगी। दरअसल ऐसे युद्धों में देवता स्वतः पर्यवेक्षक बनकर, अपने-अपने विमानों पर आरूढ़ होकर आकाश में अदृश्य रूप में आ खड़े होते थे। भूतल के जिन प्राणियों को देखने का अवसर मिला, वे चीख पड़े। अक्ष के प्रहारों ने आखिर आंजनेय को उत्तेजित कर दिया। उन्होंने अपने शरीर को पुनः विस्तार देना शुरू कर दिया। आंजनेय ने हर्ष और उल्लास से भर भयंकर गर्जना की। अक्ष और उत्तेजित हो गया। आंजनेय उसके युद्ध-कौशल की मन-ही-मन प्रशंसा कर रहे थे। उनकी अक्षकुमार को मारने की इच्छा नहीं हो रही थी। कम उम्र में इतनी अच्छी युद्ध-योजना से वे प्रभावित थे। जब उन्होंने देखा कि उसकी शक्ति और पराक्रम बढ़ता ही जा रहा है तो उन्होंने निश्चय किया कि उसे मारना ही उचित होगा। अग्नि को आरम्भ में ही नहीं रोका जाए तो वह दावानल बन जाती है। सबसे पहले उन्होंने उस दिव्य रथ को तोड़कर अश्वों को यमलोक पहुँचाया। अक्षकुमार अन्तरिक्ष में पहुँचकर बाणों से आक्रमण करने लगा। तब आंजनेय उसके निकट पहुँचे और दोनों पैर दृढ़ता से पकड़कर, जोर से बार-बार घुमाकर पृथ्वी पर दे मारा। उसके अंग-अंग बिखर गए। रक्तधार हुमक के बहने लगी। बीभत्स दृश्य था। सेना अक्षकुमार की मृत्यु से आतंकित होकर भाग खड़ी हुई।

रावण इस बार इतना भयभीत हो गया कि उसके मुख पर भय छलक आया। एक-एक कर सब वीर एक तथाकथित वानर द्वारा मारे जा चुके थे। अब?

मेघनाद को बुलाया। देखते ही अपने पिता की मनःस्थिति उसकी समझ में आ गई। अपने अनुज के मारे जाने के समाचार से वह क्रोधित हो उठा। पिता को प्रणाम किया और बोला, 'मैं उस वानर को आग्नेयास्त्र से भस्म करके चैन लूँगा।'

रावण तनिक भी उत्तेजित नहीं था। शान्त और संयत स्वर में बोला, 'वत्स, कथित वानर को मारना नहीं, बन्दी बनाकर ले आना। अगर वह मर गया तो हमें कुछ भी पता नहीं चल पाएगा, कौन है, कहाँ से आया, किसने इतने आक्रामक वानर को भेजा। वानर है या देवताओं का कोई षड्यंत्र है? तुम उसे अवश्य बन्दी बना लोगे। तुम्हारा तपोबल और युद्ध-सम्बन्धी पराक्रम मेरे ही समान है। तुम इस बात को भी ध्यान में रखना कि अग्नि की सी प्रखरता रखनेवाला तेजस्वी वह अलौकिक वानर किसी भी साधन से मारा नहीं जा सकता। तुम उसे अपने समान पराक्रमी मानकर और अपनी दिव्य शक्तियों को ध्यान में रखकर आगे बढ़ना। तुम्हारा पराक्रम किसी भी स्थिति में व्यर्थ नहीं जाना चाहिए।'

मेघनाद ने पिता के परामर्श के अनुसार अपना मन बनाया, अपने पिता की परिक्रमा की, और रथ पर आरूढ़ होकर चल पड़ा। युद्ध में जाने से पूर्व पिता को शक्तिदाता मानकर परिक्रमा की जाती थी।

आंजनेय को सामने देखकर मेघनाद ने गर्जना की। उसका सिंहनाद सुनकर आंजनेय लौह स्तम्भ उखाड़कर आकाश में उड़ चले। एक व्यक्ति की गर्जना ही तब लोक कँपाने के लिए काफी होती थी। तब ध्वनि-प्रदूषण की चिन्ता उतनी नहीं होती होगी। जाते ही मेघनाद ने आंजनेय को बाणों से बींध दिया। दोनों रोमांचकारी युद्ध करने लगे। मेघनाद के बाण भी विफल होकर गिरने लगे। उसे चिन्ता हुई। उसे पिता की बात याद आई। उसे लगा, वह दिव्य है तो हो सकता है, अवध्य भी हो। उसने पिता के आदेशानुसार बन्दी बनाने का निश्चय किया।

मेघनाद को ब्रह्मा जी की कृपा से ब्रह्मास्त्र प्राप्त था। मेघनाद ने उन पर बह्मास्त्र सन्धान किया। वह अग्नि-राशि की तरह आता शर आंजनेय को स्पर्श करता हुआ आकाश-मार्ग से चला गया। वे मूर्च्छित होकर गिर पड़े। अनेक सैनिक उनके नीचे आकर कुचले गए, या अंग-भंग हो गए।

आंजनेय को भी ब्रह्मा द्वारा ही ब्रह्मास्त्र के प्रभाव से मुक्ति मिली हुई थी। यह तो ब्रह्मा की इच्छा रही होगी, किसे प्रसन्न होकर अस्त्र दें और किसे उसकी मारक शक्ति से मुक्ति दें। लेकिन आंजनेय ने मर्यादा को ध्यान में रखते हुए उसके प्रभाव को स्वीकार कर लिया।

मेघनाद ब्रह्मास्त्र के छूकर निकल जाने से ही समझ गया था कि उनकी मूर्च्छा जल्दी ही समाप्त हो जाएगी। उसने उन्हें तुरन्त ब्रह्मपाश में बाँध लिया। आंजनेय जानते थे कि ब्रह्मपाश निष्प्रभावी हो चुका है। फिर भी ब्रह्मपाश के सम्मान में वे शान्त बने रहे।

वास्तव में अपने इस बन्धन में रहते हुए उन्हें अपनी कई योजनाएँ पूरी करनी थीं। रावण की सभा देखनी थी। वे बन्दी के रूप में मार्गों को देख रहे थे। मस्तिष्क में वीथियों का नक्शा बना रहे थे। वे प्रतिष्ठान देख रहे थे जहाँ से तकनीकी व्यवस्था चालू होती थी। आंजनेय को अन्तःपुर के मार्ग से न निकालकर उपवन के मार्ग से निकाला गया था। अतः उन्हें मुख्य केन्द्रों को देखने का अवसर मिल गया था। बन्दी बनकर उन्होंने काफी कुछ जान लिया था।

4

मेघनाद ने रावण की सभा में पहुँचकर निवेदन किया, 'पिताजी, मैं आपके आदेशानुसार, उत्पाती वानर को बन्दी बना लाया हूँ।'

आंजनेय हाथ बाँधे शान्त भाव से खड़े हो गए। वे राजसभा को ध्यान से देख रहे थे। बन्दर की तरह ही आँखें मटकाकर और गर्दन घुमाकर चारों तरफ देख रहे थे। वे उस अद्‌भुत सभा को देखकर चकित थे। वैसी सभा न बाली की थी और न सुग्रीव की। लोग उस सभा को इन्द्रसभा से भी श्रेष्ठ बता रहे थे। ऐसी सभा उन्होंने देखी नहीं थी।

रावण के दाएँ और बाएँ दो आसन रिक्त थे। बाएँ आसन पर प्रणाम करके मेघनाद बैठ गया। कुछ देर बाद विभीषण आए, वे दाएँ हाथ वाले आसन पर बैठ गए। दोनों आसन रत्नजड़ित और भव्य थे।

आंजनेय ने रावण को निहारा। वह काला था, विशाल भाल था, बड़े नेत्र, प्रचंड आजानु भुजदंड, पुष्ट अंग, बलिष्ठ शरीर...। सब तरफ तेज फैला था। उसके बारे में आंजनेय सुन चुके थे, वह शास्त्रों का पंडित है। सिंहासन रत्नों से चित्रित था, स्फटिक मणि से बना था। स्वर्णमुकुट में भी एक से एक सुन्दर मणियाँ जड़ी थीं। मुकुट दिप-दिप कर रहा था।

दशानन आंजनेय को देखकर गुस्से से लाल हो गया। उसने अपने मंत्री प्रहस्त से कहा, 'इस वानर से पूछो, कहाँ से आया है, कौन है, आने का उद्‌देश्य क्या है? मेरी प्रिय वाटिका क्यों नष्ट कर डाली? मेरे पुत्र की हत्या क्यों की?'

प्रहस्त ने धीरज बँधाते हुए, रावण द्वारा पूछे वे सब सवाल यथावत पूछ लिये। यह भी कहा, 'सच-सच बता दोगे तो मैं तुम्हें बचा लूँगा।'

आंजनेय ने माँ सीता के आशीर्वचन का ध्यान और श्रीराम के द्वारा सौंपे कार्य का स्मरण करते हुए कहा, 'लंकाधिपति, मैं उन्हीं श्रीरामचन्द्र का दूत हूँ जो राक्षसों को दंडित करने के लिए पृथ्वी पर आए हैं। क्या तुम भूल गए कि उन्हीं दशरथ-पुत्र राम ने शिव के उस धनुष को कमल नाल की तरह तोड़ दिया था जिसके नीचे तुम दब गए थे और तुम हिल भी नहीं पाए थे। क्या खर-दूषण और त्रिशिरा को

चौदह हजार राक्षसों के साथ अकेले मार देनेवाले राम भी तुम्हें स्मरण नहीं रहे? तुमको छः मास तक अपनी काँख में दबाये रखनेवाले अपने मित्र बाली की याद नहीं? उन्होंने उसे एक बाण से मार डाला था। तुम कितना भी भूलने का स्वाँग कर लो पर जिनकी पत्नी सती-साध्वी सीता का तुम चोर की तरह हरण करके लाए थे, उन्हें तुम कैसे भूल सकते हो? तुम देख लो, समझ लो, मैं उन्हीं श्रीराम का दूत हूँ। मैं सीता माता के दर्शन करने आया था, तुम्हारी सारी सतर्कता और सुरक्षा के होते हुए भी मैंने उनका दर्शन कर लिया। दर्शन करके लौट रहा था कि तुम्हारे मूर्ख सेनापतियों और पुत्रों आदि ने मुझ पर आक्रमण कर दिया।'

इधर-उधर देखते हुए आँखें मटकाकर आंजनेय आगे बोले, 'मैं क्या करता, जब माता के दर्शन करने गया, दो दिन का भूखा था। पके-पके सुस्वादु फल लगे थे। मैं वानरवंशी, अपनी वृत्ति के अनुसार फल तोड़कर फल खाने लगा। उसमें वृक्ष और डालें टूटने लगीं। इतने शक्तिशाली राजा, वृक्ष इतने काजू बोजू लगाए कि स्वतः टूटते गए। तुम्हारे प्रहरियों और सैनिकों ने मुझ पर आक्रमण कर दिया। अपना शरीर किसको प्यारा नहीं होता! जिन्होंने मुझे मारा, मैंने उन्हें मार डाला। इसमें मेरा क्या दोष? वे भी कितने कमजोर थे! तुम्हारे दोनों पुत्रों ने मुझे सताना शुरू कर दिया। मैं अक्षकुमार को मारना नहीं चाहता था, वह बहुत अच्छी तरह लड़ रहा था। पर मैं क्या करता? यदि वह मुझे मार डालता तो? यह तुम्हारा पुत्र मेघनाद मुझे बन्दी बना लाया, मेरे ऊपर ब्रह्मास्त्र छोड़ा, वह निकल गया। मूर्च्छा की स्थिति में मेघनाद ने मुझे ब्रह्मपाश में बाँध लिया। मैं बँध गया। चाहता तो मैं मुक्त हो जाता, पर ब्रह्मा जी के सम्मान में मैंने समर्पण कर दिया—नहीं तो कैसे आपकी राजसभा देखता, आपको देखता, सुन्दर नगर को देखता?'

रावण आंजनेय की बात सुनकर गुस्से से लाल होकर दाँत पीसने लगा, लेकिन वे शान्तिपूर्वक अपनी बात कहते रहे, जैसे उपदेश दे रहे हों, 'मैंने सुना है कि तुम ब्रह्मा जी के वंशज हो, पुलस्त्यनन्दन विश्रवा के पुत्र और कुबेर के भाई हो। इससे पता चलता है, तुम न देह से, न आत्मा से और न बुद्धि से—किसी भी तरह से राक्षस नहीं हो, फिर राक्षस कैसे बन गए? श्रीराम की पत्नी देवी सीता का तुमने किन संस्कारों से प्रेरित होकर अपहरण किया? मैं एक सलाह देता हूँ कि माता सीता को आगे करके, सब बन्धु-बान्धुओं के साथ श्रीराम के शरणागत हो जाओ। इतना करने मात्र से, तुम अपने अन्दर के भय से छूट जाओगे। अन्दर का भय तुमसे भी बड़ा राक्षस है। मैं तुमसे करबद्ध प्रार्थना करता हूँ, तुम राम की शरण में जाकर अपना अपराध स्वीकार कर लो, वे तुम्हें क्षमा कर देंगे। फिर तुम लंका में निष्कंटक राज करना। तुम धन्य हो जाओगे।'

दशानन आपे से बाहर हो गया। उसके दशों शीश के होंठ फड़कने लगे। वह गरजन के स्वर में बोला, 'अरे मूर्ख वानर, तेरा यह साहस कि दशानन के सामने

निर्भय होकर अनर्गल प्रलाप करे? तू भूल गया कि लोक-परलोक, देव-गन्धर्व सब मेरे द्वार पर हाथ बाँधे खड़े रहते हैं? जिस सुग्रीव और राम का तू गुणगान कर रहा है, वे क्लीव हैं। सुग्रीव भाई से डरकर भागा फिर रहा था, फिर धोखे से राम द्वारा भाई का वध कराकर राज्य और उसकी भार्या को हड़प लिया।' फिर उपहास उड़ाते हुए कहा, 'जिन दो पुत्रों को राजा दशरथ ने अयोग्य समझकर वनवास दे दिया, वे प्रशंसनीय कब से हो गए? पहले मैं तेरा वध किये देता हूँ, फिर झगड़े की जड़ उस सीता को निकाल फेंकूँगा। अन्त में सेनासहित राम और सुग्रीव को ठिकाने लगा दूँगा।'

राम, सीता माता और सुग्रीव के बारे में इस तरह के वचन सुनकर शान्तिप्रिय आंजनेय ने दाँत किटकिटाते हुए कहा, 'तू कहाँ का वीर बना घूमता है राक्षसराज! मैं देख रहा हूँ, मृत्यु तुझे ललचाई नजरों से देख रही है। इसीलिए तू अनाप-शनाप बक रहा है। सेवक के लिए अपने स्वामी के विरुद्ध अपशब्द सुनना पाप है। श्रीराम की शक्ति को तू बाद में देखना, तू तो उनके इस सेवक की शक्ति की कल्पना भी नहीं कर सकता। तेरे जैसे अनेक पापात्माओं का अन्त करने में मैं समर्थ हूँ...'

आंजनेय का वाक्य पूरा होने से पहले ही रावण ने अपने अंगरक्षकों को आदेश दिया, 'इस दुष्ट का तत्काल अन्त कर दो।'

आज्ञा पाते ही अनेक हृष्ट-पुष्ट दुर्धर्ष राक्षस झपटे।

विभीषण ने पहली बार मौन तोड़ा और अपने बड़े भाई से नम्रतापूर्वक समझाते हुए कहा, 'आप तीनों लोकों में सबसे अधिक शक्तिशाली हैं। आचार-संहिता को आपसे अधिक कौन समझता है! प्रभो, आप क्रोध को त्यागकर विचार करें। दूत अच्छा हो या बुरा, वह किसी स्थिति में वध्य नहीं होता। स्वभावत: वह अपने स्वामी के पक्ष की बात करेगा। उसे मृत्युदंड देना आपकी प्रतिष्ठा के विरुद्ध होगा। मृत्यु के अतिरिक्त और भी बहुत से दंड दिये जा सकते हैं।'

विभीषण की बात सुनकर रावण ने एक क्षण सोचा, फिर कहा, 'विभीषण, तुमने ठीक कहा, दूत वास्तव में अवध्य होता है। वानर को अपनी पूँछ प्यारी होती है। इसकी पूँछ में पर्याप्त कपड़ा, रुई आदि लपेटकर, उसे तेल से भिगोकर, उसमें आग लगाकर पूरे नगर में घुमाया जाए। जिनके स्वजनों की इस वानर के द्वारा हत्या की गई, उसे जलते देखकर उन्हें प्रसन्नता होगी कि उनके अपराधी को भीषण दंड दिया गया। फिर यह दुम-जला बन्दर अपने स्वामी राम को स्वयं काल के मुँह में खींच लाएगा।'

रावण द्वारा घोषित दंड-योजना सुनकर विभीषण ने कातर दृष्टि से आंजनेय की ओर देखा। उन्होंने इशारे से उन्हें निश्चिन्त रहने के लिए कहा। वे चाहते तो अपना रूप बदल सकते थे।

रावण आदेश देकर उठ गया। उसके उठने के ही साथ दरबार समाप्त हो गया। मेघनाद खुशी-खुशी रावण के पीछे चला गया। प्रहस्त रह गया। वह उन राक्षसों के साथ चला गया जो राक्षस आंजनेय को लेकर राजसभा से बाहर निकले थे। प्रहस्त के पुत्र की हत्या वाटिका में हुई थी। वह तब तक उन लोगों के साथ बना रहा जब तक आंजनेय की पूँछ में आग नहीं लगा दी गई।

विभीषण दुखी मन से अपने भवन में लौटे। आंजनेय उन्हें संकेत द्वारा अपने मन की बात बताने में असमर्थ थे, लेकिन वे यह बात सोचकर प्रसन्न थे कि उनके मन के अनुसार रावण की जिह्वा से उनका मनचाहा आदेश उद्‌गमित हुआ है। अवश्य ही उनके पक्ष में, माँ सरस्वती रावण की जिह्वा पर आ बैठी होंगी। नगर और प्रमुख प्रतिष्ठानों का निरीक्षण करने का अनमोल अवसर मिल जाएगा।

आंजनेय की पूँछ प्रज्वलित करने को नगर भर में उत्सव की तरह मनाया जा रहा था। प्रहस्त स्वयं उसका निर्देशन कर रहा था। राक्षस नगरवासियों से सूती कपड़े, रुई आदि मँगाकर पूँछ पर लपेटने में आनन्द ले रहे थे। हर घर से तेल, घृत-गोघृत, अजाघृत आदि जो उपलब्ध था, मँगवा लिया गया था। जब कपड़ा, रुई, तेल और सभी तरह के घृत आदि प्राप्त हो गए, तब जाकर पूँछ को कपड़े, घृत आदि से सुसज्जित करने का उत्सव भी समाप्त हुआ।

उसके बाद निशाचरों ने आंजनेय की शोभा-यात्रा आरम्भ की।

नगरवासी दौड़कर आते और पदाघात करते। अपशब्द कहते। राक्षस अपनी मानसिकता का परिचय दे रहे थे। आंजनेय अपनी पूँछ कपड़ा आदि बाँधते समय धीरे-धीरे लम्बी करते गए थे। राक्षसों को पता ही नहीं चला था। अब वह इतनी विशाल हो गई थी कि वहाँ उपस्थित सभी राक्षसों को लपेट सकती थी, पर उनका उद्‌देश्य सर्वथा भिन्न था। राक्षस उन विशाल पूँछ को कन्धों पर उठाये चल रहे थे। कुछ राक्षस ढोल, शंख, भेरी, शृंग बजाते चल रहे थे और आंजनेय पर लगे आरोपों की घोषणा कर रहे थे। जो खाली थे, वे तालियाँ बजाते और बीच-बीच में अट्‌टहास कर रहे थे। बालक पत्थर फेंक रहे थे और डंडों से मार रहे थे। राक्षसियाँ झरोखों से या द्वार पर खड़े होकर उस उत्सव का आनन्द ले रही थीं।

आंजनेय श्वास साधकर उन सब प्रहारों के प्रति तटस्थ थे। उन्हें लंका के अन्वेषण का पूरा अवसर मिल रहा था। उन्होंने सब सैनिकों और सामान्य लोगों की प्रवृत्तियों का मोटा-मोटा आकलन कर लिया था। यही नहीं, राजपथ, प्रमुख भवनों, शस्त्रागार, भंडार गृहों, सैनिक शिविरों, तकनीकी नियंत्रण केन्द्रों को ध्यानपूर्वक देख लिया था। जल-संस्थानों, आवास-द्रूमों, चौराहों, वीथियों को मन में उतार लिया था, जिससे कोई भ्रम न रहे, यानी लंका का पूरा मानचित्र उन्होंने हृदयंगम कर लिया था।

उन्हें पूरी लंका में घुमाया गया। अन्त में रावण के राजभवन के सामने लाकर उनकी पूँछ में कई राक्षसों ने एक साथ आग लगाई। वह राक्षसों के लिए सबसे अधिक आह्लाद और मनोरंजन का क्षण था। वे इस प्रतीक्षा में थे कि कब आंजनेय चीख-चिल्लाकर अपने प्राणों की भीख माँगें।

राक्षस स्वभावत: पूँछ में आग लगाकर सुरक्षित स्थान पर चले गए। आंजनेय ने अपना आकार लघुमा विद्या से छोटा कर लिया, पूँछ उतनी ही बड़ी रहने दी। शरीर संकुचित करते ही जिस पाश में बँधे थे, वह ढीला होकर नीचे गिर गया। पाश-मुक्त होते ही फिर शरीर का विस्तार करके विशालकाय बना लिया। यह सब इतनी जल्दी में हुआ कि राक्षसों को जानने और समझने का तनिक भी अवसर नहीं मिला। वे अपनी जलती पूँछ से वहाँ पर एकत्रित राक्षसों पर प्रहार करने लगे। वे एक दूसरे के साथ धक्का-मुक्की करके भागने लगे। उसका नतीजा यह हुआ कि वे एक दूसरे को कुचले जा रहे थे। पूँछ की मार से कम, अपनों के द्वारा कुचले जाने पर अधिक मर रहे थे। जो हाथ लग जाता था, उसे जलती पूँछ में लपेटकर फेंक देते थे। वे या तो जल जाते थे या बुरी तरह झुलस जाते थे। पूरी लंका में हाहाकार मच गया था। प्रहस्त पूँछ में आग लगते ही वहाँ से रफू चक्कर हो गया था। उसे लगा था, यह वानर सबसे पहले उसी पर हमला करेगा।

राक्षसों को निबटाकर आंजनेय छलाँग लगाकर एक भवन पर जा चढ़े। पूँछ को चारों तरफ घुमाने लगे। आसपास के भवनों को आग पकड़ने लगी। वातायन, गवाक्ष, द्वार, जहाँ से पूँछ प्रवेश कर पाती, वहीं से ज्वाला घरों को जलाने लगती। वे जलाते-फूँकते रावण के महल तक पहुँच गए।

रावण ने सब लोकपालों को भेजा, पर वे कुछ नहीं कर पाए। तब यम को आदेश दिया, 'इस बहुरुपिये वानर का तुम तत्काल वध कर दो।'

यमराज रावण की आज्ञा से जब आंजनेय के पास पहुँचे तो उन्होंने उसे उठाकर अपने मुँह में रख लिया। लोकपाल पहले ही लंका त्याग अपने-अपने लोकों को भाग चुके थे। लोकपाल चाहते ही थे कि राक्षसों का नाश हो जाए। यमराज के उनके मुँह में जाते ही सृष्टि की व्यवस्था चरमराने लगी। ब्रह्मा जी को स्वयं आना पड़ा। ब्रह्मा को आते देखकर आंजनेय ने उन्हें प्रणाम किया। ब्रह्मा जी ने संकेत किया कि यमराज को मुक्त कर दो। उन्होंने मुँह से यमराज को निकाल दिया। धृष्टता के लिए क्षमा-याचना करते हुए आंजनेय ने कहा, 'आपकी और अपनी, दोनों की सुरक्षा इसी में थी, भगवन्। आप मुझे मृत्युपाश में बाँधते तो मुझे समर्पण करना पड़ता। नहीं बाँधते तो रावण के अधीन होने का दंड भोगना पड़ता।'

यमराज ने कहा, 'तुम हम सबका भला कर रहे हो। तुम्हें कौन बन्दी बना सकता है! पवनदेव और अग्नि तुम्हारे साथ हैं। मैं भाई शनि से कहे जाता हूँ कि जैसे ही

तुम्हारा काम समाप्त हो जाए, मेरा भाई शनि अपनी दृष्टि से इस सोने की लंका को दग्ध करके भस्म कर दे।'

'नहीं, मैं यह काम स्वयं करने में समर्थ हूँ।'

आंजनेय ने इतने ही समय में सारे प्रतिष्ठान, महायंत्रों को दग्ध कर दिया था। वीथिकाएँ, सैन्य शिविर, शस्त्रागार, वस्तु भंडार जला डाले थे।

रावण ने मेघों को अग्नि बुझाने का आदेश दिया। समुद्र पास था, वे जल भर-भर कर अग्नि बुझाने लगे। जैसे-जैसे वर्षा का जल बरसता था, अग्नि और प्रबल होने लगती थी। हारकर रावण को मेघों को लौटने के आदेश देने पड़े। रावण विज्ञान के सिद्धान्तों को समझ रहा था कि अग्नि उस तापमान पर पहुँच गई है जहाँ जल दो भागों में विभक्त होकर एक भाग अग्नि को प्रचंड करने में सहायता करता है। रावण के आदेश पर मेघ सिर झुकाकर चले गए। रावण इस विध्वंस से चिन्तित होकर भूगर्भ में चला गया।

लंका में जगह-जगह विस्फोट हो रहे थे। जगह-जगह सोना पिघलकर बह रहा था। लपटों का प्रकाश इतना तेज था कि आँखों के लिए सहना असम्भव था। राक्षस और राक्षसियाँ भूगर्भ में शरण लेने के लिए दौड़ रहे थे। बहुत से जलस्त्रोतों के पास जमा हो गए थे। जैसे ही वह पूँछ उधर लपकती थी, वे जल में डुबकी लगा जाते थे। वे जान रहे थे कि जिस भूगर्भ में जाएँगे, वहाँ पृथ्वी और बाहरी अग्नि के ताप से अधभुने हो जाएँगे। महाराज रावण के गर्भ-गृह की तरह सब गर्भ-गृह शीतोष्ण-नियंत्रित तो नहीं थे।

आंजनेय ने अपनी पूँछ को विभीषण के भवन की ओर नहीं घूमने दिया था। उसका भवन, मन्दिर और उद्यान पूरी तरह सुरक्षित थे। वायु उनकी इच्छित दिशा में बह रही थी।

कुम्भकर्ण सोया हुआ था। जब आंजनेय उस भवन के पास पहुँचे तो उसकी पत्नी बाल खोले, दीन भाव से प्रांगण में आकर बोली, 'हे कपिवर...'

'कपिवर' सुनकर आंजनेय मुस्कुराए। वह कह रही थी, 'मेरे पति सो रहे हैं, वे निरपराध हैं। उन्होंने तुम्हारी या तुम्हारे स्वामी की कभी कोई हानि नहीं की। आप मुझे विधवा न बनाएँ। इस भवन पर उसी तरह दया करो, जैसे उनके भाई विभीषण के भवन पर दया की। मैं तुम्हें तुम्हारे स्वामी की सौगन्ध देती हूँ।'

आंजनेय ने क्षण भर सोचा और बोले, 'देवी, मैं जानता हूँ, तुम्हारे पति ने मेरी या मेरे स्वामी की कोई हानि नहीं की। तुमने भी राक्षसी की तरह व्यवहार नहीं किया। मैं एक स्त्री के सम्मान के रक्षार्थ ही सौ योजन का सागर लाँघकर आया हूँ। तुम्हारे पति ने जो भी किया, अपनी क्षुधा शान्त करने के लिए किया। दावानल तो पूरे जंगल को घेरता है, जठराग्नि एक उदर में केन्द्रित हो जाती है, उसे बुझाना

प्रथम दायित्व है। मैं एक पतिव्रता की बात को टाल नहीं सकता।' कहकर वे वहाँ से हट गए।

पहले जो राक्षस और राक्षसियाँ आंजनेय को दोषी मानकर उनपर पत्थर फेंक रहे थे, अपशब्द कह रहे थे, पदाघात कर रहे थे, वे अब रावण को कोस रहे थे, 'अपने को विश्वविजेता कहनेवाला, ज्ञान-विज्ञान और धर्म-अधर्म का ज्ञाता मानने वाला क्या इतना नहीं समझ सका कि इतनी रानियों के होते हुए, सीता जी को लाकर कितना बड़ा पाप कर रहा है? उस सती का शाप ही वानर बनकर आया है और सोने की लंका भस्म कर रहा है। लंका अनाथ सम्पत्ति की तरह जल रही है और वह चूहे की तरह गर्भ-गृह में छिपा है।

भयभीत राक्षस चिल्ला-चिल्लाकर कह रहे थे कि वह प्रलयंकर रुद्र के रूप में प्रकट हुआ है।

जब आंजनेय पूरी तरह आश्वस्त हो गए, सम्पूर्ण लंका जल चुकी है तो वे समुद्र में कूद गए। उनका अपना शरीर अप्रत्यक्ष रूप से ताप का समुच्य बना हुआ था, सागर में पहुँचकर धीरे-धीरे शान्त हो गया तो एक अन्तर-ताप उदय होकर क्षण-क्षण जलाने लगा : मैंने लंका को जलाकर कैसा बीभत्स कर्म कर डाला! क्रोध कितना असंयमित होता है! कुछ भी करा डालता है। कौन कहता है, मैं योद्धा हूँ, बल-बुद्धि निधान हूँ? मैं महाकायर हूँ। मैं इतना क्रोधांध हो गया कि जिस माता सीता की खोज में यहाँ आया था, यही भूल गया कि वह जनकनन्दिनी रावण सदन से लगी अशोकवाटिका में विराज रही हैं। मेरे प्रमाद से वे मेरे इस मूर्खतापूर्ण कर्म का शिकार हो गई होंगी! मेरे जैसा अधम और मातृहंता कोई नहीं होगा। मेरा तो एक रोम नहीं झुलसा। मैं उस विशाल अग्निकांड में स्वयं भस्म हो गया होता तो इतनी मरणांतक पीड़ा न हुई होती। हे प्रभु राम, यह कैसा अनर्थ हो गया? मातृहंता होने से बड़ा दूसरा पाप नहीं।

सारी लंका भस्मीभूत हो चुकी थी। सोने की लंका काल-दर्शन की तरह लग रही थी। कोई सोच भी नहीं सकता था कि यहाँ स्वर्णपुरी लंका थी। क्या फिर कभी सोने का नगर बन सकेगा? कौन बनाएगा? ऐसी अनुपम कृति को नष्ट करना भी ऐसे भव्य लोक को नष्ट करना है जिसे कोई कभी नहीं बना सकता।

उनको सूझा कि अशोकवाटिका चलकर सीता माता को तलाशना ही एकमात्र रास्ता है। वे राम-राम करते वहाँ पहुँचे। सीता माता को देखकर उनका सारा पश्चात्ताप छूह हो गया। आंजनेय ने जैसे ही जाकर सीता माता को प्रणाम किया, सब राक्षसियाँ भाग खड़ी हुईं। अब तो सम्भवतः रावण भी उनके सामने आने का साहस नहीं कर पाता।

सीता जी ने आंजनेय के सिर पर अपना हाथ रखकर पूछा, 'वत्स, तुम्हें सकुशल देखकर मन की चिन्ता मिट गई। कहीं किसी अंग में जलन तो अनुभव नहीं हो रहा?'

'नहीं माते, आपका वरदान मेरे साथ था। आपका आशीर्वाद मुझे अग्नि की लपटों के ताप से अधिक शीतलता प्रदान कर रहा था।'

'एक राक्षसी ने जब मुझे आकर बताया कि जो वानर वाटिका में आकर मुझसे मिला था, उसे इन्द्रजीत बन्दी बनाकर दरबार ले गया है और उसकी पूँछ में बहुत-सा कपड़ा बाँधकर और तेल से भिगोकर अपमानजनक ढंग से गलियों में घुमाया जा रहा है, तो यह समाचार सुनकर मेरा हृदय काँप गया था। मैंने जब राजसदन की ओर से उठती हुई ज्वाला देखी तो मन-ही-मन में संकल्प किया—सीता अगर सती है तो अग्निदेव को उसके पतिव्रत की सौगन्ध, वे अपनी ज्वाला आंजनेय के लिए शीतल कर दें। मैं बार-बार यही सोच रही थी, तुम्हारा बाल भी बाँका न हो।'

आंजनेय को पहली बार समझ में आया कि अग्नि के इतने घनघोर घटाटोप के बीच होते हुए भी ताप क्यों नहीं व्याप रहा था। वे गद्‌गद भाव से झुके और माँ के चरण आँसुओं से भिगो दिये। बड़ी कठिनाई से कह पाए, 'उस धू-धू जल रही अग्नि के बीच मेरे पास माँ थी।' कुछ देर बाद प्रकृतिस्थ होने के बाद बालक की तरह बोले, 'माँ, मैंने सम्पूर्ण लंका देख ली। इस दुर्ग के द्वार, गोपनीय मार्गों के रहस्य, केन्द्रीय संस्थान—सब देख लिये। प्रभु राम के प्रवेश का पथ प्रशस्त हो गया। आप मुझे प्रभु राम के पास जाने की आज्ञा प्रदान करें।'

सीता जी ने आर्द्र कंठ से अपने मन की बात कही, 'वत्स, तुम्हारे आ जाने से सहारा मिला था, अब तुम जा रहे हो! तुम्हारे जाने से वह सहारा समाप्त हो जाएगा। मेरे रात-दिन कैसे कटेंगे? तुम थक गए हो। लंका की परिक्रमा ही अपने में असम्भव है, तुमने तो उसका आकलन भी किया और उसे जलाया भी। किसी गुप्त स्थान पर एक दिन आराम कर लो। कल चले जाना।'

आंजनेय ने अत्यन्त श्रद्धा और भक्ति-भाव से कहा, 'माते, बिना राम काज किये कहाँ विश्राम! मैं अब दुगुनी शक्ति से वापस जाऊँगा। एक, आपका आशीर्वाद दूसरा, आपका समाचार और तीसरा, प्रभु तक उसे पहुँचाने का उतावलापन—जिस गति से आया था, लौटते समय कहीं गतिरोध नहीं मिलेगा इसलिए तीव्र गति से जाऊँगा। सबको आते समय निबटा आया था। वहाँ कोटि-कोटि वानर और रक्षवंशी सैनिक मेरे लौटने की प्रतीक्षा कर रहे हैं। आपके सुरक्षित होने का समाचार उनके गले में अटके प्राण लौटा लाएगा। फिर प्रभु अद्‌भुत सेना लेकर आएँगे और आपको ले जाएँगे।'

'वत्स, आंजनेय, मन में एक संशय है। सौ योजन का सागर तीन ही व्यक्ति लाँघ सकते हैं : तुम, गरुड़ और पवनदेव। सुग्रीव, वानर और रक्षवंशियों की सेना इस अलंघ्य सागर को कैसे पार करेगी? प्रभु राम और उनके अनुज को भी तो लाँघना होगा... ?'

'हम वानरवंशियों का क्या—यहाँ से कूदे वहाँ, वहाँ से कूदे यहाँ। प्रभु राम में तो अत्यन्त तेज और शक्ति है। सागर स्वयं पथ देगा। यदि उसने प्रमाद किया तो परम पराक्रमी लक्ष्मण का एक बाण जल सोखने के लिए पर्याप्त है। हमारे महाराज सुग्रीव तो सर्वसाधन-सम्पन्न हैं। प्रभु राम तो हैं ही, उनके सहारे वे भी भवसागर पार कर लेंगे। स्वामी यथाशीघ्र आपको ले जाएँगे।'

सीता जी का मन आंजनेय के उत्तर से शान्त हो गया, वे बोलीं, 'पुत्र, प्रभु को मेरा प्रणाम कहना। मेरी दयनीय स्थिति से उन्हें अवगत कराना। उनसे कहना, मैं मर-मरकर जी रही हूँ। वे तुरन्त आएँ और मरणांतक यातना से मुक्त कराएँ। मैं उन्हीं की प्रतीक्षा में जीवित हूँ। सहने की सीमा समाप्त होने पर मेरे प्राण नहीं टिक पाएँगे।'

उनके नेत्रों से आँसू गिर रहे थे, बार-बार अपने को सँभालना पड़ता था। वे सँभलकर फिर कहना आरम्भ करती थीं, 'मेरे प्रिय और आज्ञाकारी देवर लक्ष्मण से कहना, मुझसे अपराध हो गया कि मैंने लक्ष्मण-रेखा पार करने की धृष्टता तो की ही, पर्ण कुटी में मुझे छोड़कर, स्वर्ण मृग का वध करने जाने से मना करने पर, उन्हें अपशब्द भी कहे। मेरी ओर से क्षमा माँग लेना। उसी का दंड भोग रही हूँ। सुग्रीव, जाम्बवान, युवराज अंगद को आशीर्वाद देना। सबसे कहना, मैं उनके और अपने प्रभु के आगमन की प्रतीक्षा में पल-पल जी रही हूँ।'

उनकी असहाय अवस्था देखकर आंजनेय भी भावुक हो गए और नेत्रों से जल बहने लगा। बड़ी कठिनाई से ढाढ़स बाँध पाए, 'माँ, आप धैर्य धारण करें। मैं शपथ खाकर कहता हूँ कि प्रभु राम जल्दी ही आएँगे।'

आंजनेय ने विदा होते समय बहुत झिझकते हुए कहा, 'माते, श्रीराम ने जैसे आपके लिए अपनी मुद्रिका भेजी थी, उसी प्रकार यदि आप भी मुझे प्रभु के लिए अपना स्मृतिचिह्न दे दें तो मैं उन्हें दिखाकर उन्हें सांत्वना दे सकूँगा।'

सीता जी ने बालों से चूड़ामणि निकाला और आंजनेय को दिया। फिर उन्होंने कहा, 'अगर प्रभु चूड़ामणि से आश्वस्त न हों तो मैं तुम्हें एक निजी घटना बताए देती हूँ। चित्रकूट पर्वत पर एक दिन एकान्त में प्रभु राम मेरी गोद में सिर रखे सो रहे थे। उसी समय इन्द्र का पुत्र जयन्त काक वेश में आया और चोंच मारकर मुझे घायल कर दिया। मैं अपनी पीड़ा इसलिए व्यक्त नहीं कर पाई कि श्रीराम की निद्रा भंग हो जाएगी। वह बार-बार चोंच मारता रहा। निद्रा से उठते ही प्रभु ने रक्त बहता देखा तो व्याकुल होकर पूछा—प्रिय, मुझे बताओ, तुम्हें लहूलुहान किसने किया? तभी

वह काक रक्त-सनी चोंच लिये मेरी ओर आता दिखाई पड़ा। प्रभु ने एक तिनका उठाया और अभिमंत्रित करके उसकी ओर फेंक दिया। वह दिव्यास्त्र की तरह उसका पीछा करने लगा। जयन्त सब लोकों में घूम आया पर इन्द्र, ब्रह्मादि किसी ने आश्रय नहीं दिया। अन्त में नारद के कहने पर वह लौटकर प्रभु की शरण में आया और क्षमा-याचना करते हुए उनके चरणों में गिर गया। प्रभु ने कहा कि यह दिव्य अस्त्र विफल तो नहीं हो सकता, बस, एक ही विकल्प है। जिन आँखों से तूने देवी सीता पर कुदृष्टि डाली थी, उनमें से एक नेत्र देना होगा, जिससे किसी भी महिला पर दृष्टि डालते हुए तुझे यह घटना याद आ जाए। वह बाईं आँख दिव्यास्त्र को देकर चला गया।' फिर सीता माता ने आर्द्र भाव से आंजनेय से कहा, 'वत्स, प्रभु से कहना, वे शीघ्रातिशीघ्र पधारें...।'

आंजनेय ने चरणों में शीश नवाया।

माता ने भरे हृदय से कहा, 'तुम्हारा मंगल हो।'

5

आंजनेय जब समुद्रतट पर पहुँचे, वहाँ वानर और रक्षवंशी सैनिक उनकी पल-पल प्रतीक्षा कर रहे थे। सबको समझने में देर नहीं लगी, आंजनेय सीता माता के दर्शन कर लौट आए हैं। वे उछलने-कूदने लगे। उत्सवरत हो गए। उन्हें वानर और रक्षवंशियों ने घेर लिया। जैसे ही रक्षराज जाम्बवान आंजनेय के सामने आए तो आंजनेय दौड़कर गए और चरण छुए। उन्होंने उन्हें गले लगा लिया और धीरे से कहा, 'महामना, माता सीता के दुर्लभ चरणों के दर्शन करने का सौभाग्य प्राप्त हो गया।'

'वत्स, आंजनेय, तुमने हम सबके प्राणों की रक्षा कर ली।'

आंजनेय से अशोकवाटिका-विध्वंस, राक्षसों का संहार, लंका-दहन और उससे पहले रावण से हुए संवाद का समाचार सुनने के बाद युवराज अंगद आह्लादित हो उठे और गले लगाकर बोले, 'आंजनेय, बल एवं पराक्रम में तुम्हारे समान दूसरा कोई नहीं। तुम सौ योजन समुद्र लाँघकर गए भी और सब कुछ संहार करके तथा माता सीता का आशीर्वाद लेकर लौट भी आए। तुम हम सबके जीवनदाता हो। अब हम तुम्हारे कारण ही श्रीरामचन्द्र और महाराज सुग्रीव के समक्ष जाने योग्य हुए हैं। सफलता के सामने विलम्ब का दोष गुण हो जाता है।'

जाम्बवान ने आंजनेय के लंका से लौटते ही सन्देश भेज दिया था कि जिन सैनिकों को अन्य दिशाओं में सीता की खोज में भेजा गया है, उन्हें वापस बुलवा लिया जाए।

सुग्रीव ने उनकी सलाह के अनुसार सबको निर्देश भेज दिये थे। वे सब वापस आने आरम्भ हो गए थे। जिसे पता चलता था कि आंजनेय सीता माता से मिलकर आए हैं, वही खुशी से नाचने लगता था।

सब वानरवंशी और रक्षवंशी यूथपति आंजनेय को आगे करके श्रीराम के दर्शनार्थ चले। रास्ते में मधुबन पड़ा। मधुबन की रक्षा अंगद के मामा दधिमुख करते थे। मधुबन के पास पहुँचकर वे सब मधुपान और फलाहार के लिए लालायित हो उठे। उन्होंने युवराज अंगद से अनुमति माँगी। उन्होंने जाम्बवान और आंजनेय

से परामर्श करके आज्ञा दे दी। वे सब मधुवन में आ गए और मधुपान करके मदमस्त हो गए। दधिमुख ने सुग्रीव से जाकर कहा कि किस प्रकार युवराज अंगद ने आदेश दिया और अब सब वानरवंशियों और रक्षवंशियों ने मधुबन में उत्पात मचाया है।

सुग्रीव ने दधिमुख से कहा, 'ऐसा लगता है कि आंजनेय सीता माता का दर्शन कर आए हैं अन्यथा सैनिक मधुबन में प्रवेश करने का साहस नहीं कर सकते थे। वह वाटिका युवराज अंगद की है, अवश्य ही देवी सीता का शुभ समाचार लाए होंगे, इसी खुशी में युवराज ने अनुमति दे दी होगी। मामा, आप अंगद और सब यूथपतियों को क्षमा कर दो।'

श्रीराम के कान में सीता का नाम पड़ा तो उन्होंने पूछा, 'राजन, तुम सीता के सम्बन्ध में क्या कह रहे थे?'

सुग्रीव ने नम्रतापूर्वक कहा, 'लगता है, आंजनेय सीता माता का दर्शन करके वापस लौट आए हैं। तभी तो हमारे सैनिकों ने मधुबन में मधु और फल ग्रहण करके उसे तहस-नहस कर डाला। अन्यथा ऐसा करने का साहस कभी न करते।

दधिमुख से कहा, 'आप जाकर उन सबसे कह दो, वे माता सीता का समाचार सुनाने के लिए प्रभु की सेवा में अविलम्ब उपस्थित हों।'

सुग्रीव का आदेश सुनकर आंजनेय, अंगद एवं जाम्बवान अपने साथियों के साथ आकाश-मार्ग से चल दिये। उस समय श्रीराम प्रसवण गिरि के एक शिखर पर बनी अपनी पर्णकुटी के बाहर स्फटिक शिला पर लक्ष्मण के साथ बैठे प्रकृति का अवलोकन कर रहे थे। पास ही सुग्रीव भी बैठे थे। दूर से आकाश-मार्ग से वानर-वंशियों को आते देख सुग्रीव ने श्रीराम से कहा, 'निःसन्देह आंजनेय ने माता सीता का पता लगा लिया है, अन्यथा अवधि समाप्त हो जाने पर भी युवराज उल्लसित न लौटते। आंजनेय के अतिरिक्त इस दुर्गम कार्य को करने में कोई समर्थ ही नहीं है। उन्हीं में कार्य-सिद्धि की शक्ति और बुद्धि है। वे शास्त्र ज्ञान, नीति और राजनय के ज्ञाता हैं।'

सुग्रीव श्रीराम को धैर्य भी बँधा रहे थे और सम्भावना से भी अवगत करा रहे थे, उसी समय आंजनेय और अंगद को आगे करके, हर्षातिरेक से तुमुलनाद करता उल्लसित समुदाय निकट आ गया। सबने श्रीराम, लक्ष्मण और अपने राजा सुग्रीव को प्रणाम किया। आंजनेय अपने स्वामी राम को सामने खड़े देखकर अपने को रोक नहीं सके और उनके चरणों में बिछड़े बालक की तरह लोट गए। उनके मुख से एक ही वाक्य निकला, 'माँ सीता आपकी प्रतीक्षा में पतिव्रत धर्म का कठोरता से पालन कर रही हैं। क्षीण हो गईं पर आपके निरन्तर स्मरण से अन्तरशक्ति को बनाये रखा है। मैं उनका दर्शन करके कृतार्थ हो गया।'

राम और लक्ष्मण के नेत्रों से जल की धार निकल आई। सम्भावनाविहीन कार्य सम्पन्न हो जाए तो उसे विश्वसनीयता प्राप्त करने में समय लगता है। जिसे सम्भावना लगती है, वह अपने को सफलता की सीढ़ियों के डंडे पकड़कर खड़ा हुआ महसूस करता है। सुग्रीव सफलता के उसी डंडे को पकड़े खड़े थे।

राम और लक्ष्मण दोहरी मानसिकता में थे : विछोह के आँसू और सीता से मिलन की सम्भावना की मुस्कान एक ही बिन्दु पर ठहर गए थे। श्रीराम ने प्यार-भरी दृष्टि से आंजनेय को देखा। वे कृतकृत्य हो गए।

श्रीराम ने कहा, 'आंजनेय, अब तो बताओ, प्रिय सीता कहाँ है? कैसी है? अपने प्राणों की रक्षा उन सबके बीच कैसे कर रही है? मेरे सन्दर्भ में यह तो नहीं सोचती, मैं अकर्मण्य बना विरह को झेल रहा हूँ? तुम जानकी का सब समाचार सुनाओ, मैं जानने को उत्सुक हूँ।'

आंजनेय ने दक्षिण दिशा की ओर देखकर शीश नवाया फिर अत्यन्त भावपूर्ण रूप में कहना आरम्भ किया, 'प्रभो, सौ योजन प्रसार वाले सागर के पार, रावणासुर की नगरी लंका समुद्र-तट पर, त्रिकूट पर्वत पर बसी है। उस राक्षस के राजप्रासाद में स्थित, मनोरम अशोकवाटिका में, एक वृक्ष के नीचे अत्यन्त दुखी अवस्था में आपका नाम जपते हुए समय व्यतीत कर रही हैं। वे आपके वियोग में रात-दिन डूबी इस प्रतीक्षा में हैं कि कब आप वहाँ जाकर उन्हें मुक्त कराएँगे। उनका एक-एक क्षण आपके वियोग में कल्पों के समान बीत रहा है।'

श्रीराम आंजनेय की बात से व्यथित हो गए और नेत्रों से पुनः जलधार बह निकली।

आंजनेय अपने को सन्तुलित रखते हुए आगे का वृत्तान्त कहने लगे, 'माता को दुष्ट दशानन ने अशोकवाटिका में बन्दी बनाकर रखा है। क्रूर राक्षस दासियाँ रात-दिन पहरा देती हैं, रावण का गुण-गान करती हैं, और डराने के लिए उसके अत्याचार की कथाएँ सुनाती हैं। उनके शरीर पर एक मैली-सी साड़ी थी। केश उलझकर जटाएँ हो गए थे। पृथ्वी पर ही सो जाती हैं। अन्न त्याग देने के कारण कृश-गात हो गई हैं। बस, राम ही राम का उच्चारण करती रहती हैं।'

श्रीराम की मानसिक विकलता और अधीरता देखकर आंजनेय रुक गए। राम ने देखा, वे कुछ और कहना चाहते हैं। उन्होंने कहते रहने का संकेत किया।

'प्रभो, माता ने चलते समय विश्वास की पुष्टि के लिए अपनी चूड़ामणि दी है। साथ ही (संकोच के साथ कहा) उन्होंने चित्रकूट में जयन्त के द्वारा उनको आहत करके पीड़ा पहुँचाने की घटना का स्मरण कराते हुए कहा है, मेरे स्वामी परम शक्तिशाली होते हुए भी चुप क्यों हैं? मेरा अपराध क्षमा करके मेरा उद्धार जल्दी करें।'

दोनों भाई सीता जी की करुण पुकार, आंजनेय के मुख से सुनकर भाव-विह्वल हो गए। सुग्रीव को चूड़ामणि दिखाते हुए श्रीराम बोले, 'मित्र, यह चूड़ामणि जल से प्रकट हुई थी और राजा इन्द्र ने महाराज जनक को उपहारस्वरूप दी थी। जनक जी ने सीता को दे दी थी जो सदा उनके केशों में सुशोभित रहती थी। आज यह अलग होकर मेरे पास यह याद दिलाने आई है कि मैं उनको मुक्त कराने का अपना दायित्व निबाहूँ।'

श्रीराम उठे और आंजनेय को दोनों भुजाओं में लेकर हृदय से लगा लिया और बोले, 'आंजनेय, मैं तुम्हारे इस उपकार से कभी उऋण नहीं हो सकता। तुम मेरे परम प्रिय भक्त ही नहीं, मित्र भी हो। अब तुम रावण के दुर्ग और उसकी सामरिक शक्ति के बारे में बताओ।'

आंजनेय ने कहा, 'प्रभो, मैं तो अज्ञानी, वानर-वंश से हूँ तो वानर ही हुआ न! मैं अपने बारे में ही कुछ नहीं जानता-समझता था अगर महाराज जाम्बवान न चेताते और मेरा मार्गदर्शन न करते...' यह कहकर वे श्रीराम के चरणों की ओर झुके।

राम ने उन्हें हाथों पर रोककर कहा, 'आंजनेय, तुम न तो वानर हो, न अज्ञानी हो, तुम जैसा नीति को जाननेवाला, राजनय को समझनेवाला, समय को समझकर उसका सदुपयोग करनेवाला बुद्धिमान कोई दूसरा नहीं। तुम शान्ति-वार्ता और जन-युद्ध में पारंगत हो। रावण जैसा ज्ञानी और शक्तिशाली व्यक्ति भी तुम्हारी नीति को नहीं समझ सका। वानर-वंश से होने से कोई वानर नहीं हो जाता। रघुवंशी होने के कारण मैं न राजा रघु हूँ और न इक्ष्वाकु हूँ। तुम सब लोग वनवासी हो, और देवत्व प्राप्त कर चुके हो। यह मुझसे छिपा नहीं।'

श्रीराम की वाणी सुनकर सब वानरवंशियों और रक्षवंशियों में नया उत्साह और आत्मविश्वास का संचार होने लगा। वे जय-जयकार करने लगे।

तब सुग्रीव ने आंजनेय से कहा, 'प्रभु ने तुमसे लंका के बारे में विस्तार से बताने के लिए कहा था, वे प्रतीक्षा कर रहे हैं।'

आंजनेय को अपनी भूल की अनुभूति हुई। उन्होंने कहना आरम्भ किया, 'भगवन, लंकानगरी को जिस भव्यता में मैंने देखा है, दहन के बाद उसे उस रूप में कभी कोई नहीं देख पाएगा। वैसे तो सामरिक दृष्टि से लंका-प्रवेश के बाद ही वास्तविकता से साक्षात्कार हो पाएगा। प्रभो, मैंने त्रिकूट पर्वत पर स्थित लंकानगरी को देखा। उस नगरी के चार विशालकाय द्वार हैं। उनमें अत्यन्त कुलिश किवाड़ लगे हैं और मोटी-मोटी स्वर्ण अर्गलाएँ लगी हैं। वे द्वार स्वसंचालित हैं। उनमें ऐसे यंत्र लगे हैं जो एक कल दबाने से भारी-भारी पत्थरों की वर्षा करने लगते हैं। उनके कारण लंका में प्रवेश करना अत्यन्त कठिन है। नगर के चारों ओर सोने का परकोटा था जो सम्भवत: लंका-दहन में पिघलकर बह गया होगा। उस परकोटे में मणि,

माणिक, मोती का काम किया हुआ था। परकोटे के चारों ओर ग्राहों और मछलियों से भरी खाइयाँ हैं, जिन्हें पार करके परकोटे के पास पहुँचना कठिन होता है। उन खाइयों पर सुदृढ़ सेतु बने हैं जो हो सकता है, जल गए हों। उन पुलों पर चढ़कर जानेवाला अगर शत्रु हो तो यंत्रों द्वारा खाइयों में फेंक दिया जाता है। फिर वह साही और मछलियों का भोजन बन जाता है।'

सब लोग बहुत ध्यान से सुन रहे थे। कुछ सैनिकों के चेहरे भयार्द्र लगने लगे थे।

आंजनेय ने बात को बढ़ाते हुए कहा, 'भगवन, लंका के पूर्व द्वार की सहस्त्र राक्षस रक्षा करते हैं। वे देवताओं से भी टकराने का साहस रखते हैं। दक्षिण द्वार, चतुरंगिणी सेना और उसके साथ एक लाख अद्वितीय माने जानेवाले राक्षस सतर्कता से पहरा देते हैं। पश्चिम द्वार दस लाख राक्षसों से और उत्तर द्वार दस करोड़ वीर निशाचरों से संरक्षित हैं। मध्य छावनी में सहस्त्रों दुर्धर्ष राक्षस प्रतीक्षारत रहते हैं। लेकिन प्रभो, मैंने अपनी पूँछ में मनो घी और लंका का समस्त गूदड़ बँधवाकर अपना अग्निदहन कराना इसीलिए स्वीकार किया था कि मैं रावण की सामरिक तैयारियों को ध्वस्त कर सकूँ। सारा सैन्य बल और यान्त्रिक संरक्षण लंका-दहन में नष्ट हो गया। रावण के मन में तो आपका भय व्याप्त हुआ ही, सैनिकों का मनोबल भी तार-तार हो गया। शत्रु के मन में भय उत्पन्न हो और सैनिकों का मनोबल गिरे, यही रणनीति है। मैंने माता सीता से यह करने का प्रण किया था जो फलीभूत हो गया।'

इस पूरे वृत्तांत को सुनने के पश्चात् श्रीराम को लगा कि आंजनेय ने तो रावण की आधी सामरिक शक्ति का ही विध्वंस कर दिया। वे बोले, 'आंजनेय, पृथ्वी पर ऐसा कौन है जो सौ योजन समुद्र लाँघकर जाए और रावण की लंका के सुरक्षित तंत्र को ध्वस्त करके सुरक्षित लौट आए? ऐसा न कभी हुआ है, और न होगा। तुमने जानकी जी का पता लगाकर सम्पूर्ण रघुवंश को उपकृत किया है।'

तत्पश्चात् सुग्रीव को निर्देश दिया, 'महाराज सुग्रीव, विजय नामक नक्षत्र समाप्त होनेवाला है। अब समय आ गया कि हमारी सेना लंका की तरफ कूच करे। इस नक्षत्र में यात्रा करेंगे तो रावण को पराजित करके हम महारानी सीता को सकुशल ला सकेंगे।'

तत्काल सुग्रीव सक्रिय हो गए। यूथपतियों को बुलाकर सम्पूर्ण सेना के कूच का आदेश दे दिया।

आंजनेय ने प्रभु राम से आकर विनती की, 'लंका योजनों दूर है, हम लोगों को शीघ्रातिशीघ्र पहुँचना है, अतः आप मेरे कन्धे को सुशोभित करें।'

उनकी प्रार्थना स्वीकृत हो गई।

अंगद ने लक्ष्मण को कन्धे पर बैठाया। सुग्रीव के साथ गज, गवाक्ष, मैन्द, द्विविद, नल, नील, सुषेण और जाम्बवान थे और अन्य सेनापति अपनी-अपनी गण सेना का निरीक्षण करते चल रहे थे। सैनिक यद्यपि उछलते-कूदते, आनन्द मनाते चल रहे थे, रास्ते में फलादि जो मिलते, खाते जा रहे थे। ऐसा ही रास्ता चुना था जिस पर बगीचे और वन हों। लेकिन सब अनुशासित थे। उनकी यात्रा में नैरन्तर्य था। जब राम और लक्ष्मण सवेरे स्नान आदि करके संध्या-पूजा करते थे तब विराम होता था। वे लोग श्रीराम और लक्ष्मण के साथ मलयाचल और सहयाद्री पर्वतों के मनोरम दृश्यों का आनन्द उठाते हुए सागर तट पर जा पहुँचे। सेना ने वहाँ पहुँचकर ऐसी गर्जना की कि महासागर की गर्जना भी मन्द पड़ गई।

रावण अपनी लंका की यह दुर्दशा देखकर बहुत आहत था। जिस लंका को उसने इतना सहेजा था, उस लंका को वानर-वंश का एक आदिवासी भस्मीभूत कर गया था। इतने पराक्रम और दुर्दांत सेना के रहते हुए वह कुछ नहीं कर पाया था। बाहर से वह पूर्ववत् वीर और निर्द्वन्द्व बने रहने का प्रयत्न करता था। लेकिन चिड़चिड़ा हो गया था। अन्दर-ही-अन्दर लंका की यह दुर्दशा आहत करती रहती थी। कैसे उस मानसिकता से निकले? उसी समय उसके गुप्तचरों ने आकर सूचना दी कि राम की सेना सागर तट पर पहुँच गई है। इस समाचार से दरबार में खलबली मच गई। जब एक वानर कहलाने वाला सैनिक आकर लंका पर इतनी बड़ी तबाही ढा सकता है तो वानर और रक्षवंशियों की इतनी बड़ी सेना पता नहीं क्या कर डाले! यह प्रश्न दशानन के मन में भी था पर वह बाहर से निश्चिन्तता की चादर लपेटे था।

उसने राजसभा में उपस्थित सामंतों से कहा, 'मुझे ज्ञात हुआ है कि वनवासी राम की वानर सेना समुद्र तट पर पहुँच चुकी है। अब आप सबको यह तय करना है कि इन लोगों का हम कैसे स्वागत करें, उन तुच्छ प्राणियों को कैसे दंडित किया जाए!'

दशानन की बात सुनकर चाटुकार सभासद रावण की शब्द-परिक्रमा करने लगे, 'आंजनेय तो आपकी उदारता के कारण बच गया। ये सब तो हमारा सुस्वादु भोजन बनकर आ रहे हैं। नर मांस तो, सुना है, बहुत स्वादिष्ट होता है। आप आज्ञा दें तो सागर के उस तट पर जाकर ही सबका संहार कर डालें। आपकी एक दहाड़ से ही उनके प्राण-पखेरू उड़ जाएँगे। आपका चन्द्रहास वज्र के समान है। जब घूमेगा तो रणक्षेत्र शत्रु-मुक्त हो जाएगा।'

विभीषण चाटुकार मंत्रियों और सम्बन्धियों की लंतरानी सुनकर क्षुब्ध हो गए। रावण की बिना अनुमति लिये उन्होंने नम्रतापूर्वक कहा, 'मैं इस बात से अनभिज्ञ नहीं, आप बड़े शूरवीर हैं। लेकिन आप जिसे वानर कह रहे हैं, वह यहाँ आपके घर में आया। उसने लंका को जला डाला, आप सब सोते रहे क्यों?'

माल्यवान, जो रावण के नाना के बड़े भाई थे, खड़े होकर कहा, 'आप सब कहाँ थे जो वह तथाकथित वानर लंका को जला रहा था? दशानन, विभीषण की बात सुनो और ध्यान दो।'

विभीषण ने बिना रावण के उत्तर की प्रतीक्षा किए कहा, 'भ्राता, आप नीतिज्ञ भी हैं और वीर भी। आप जानते हैं, चाटुकारी कितना भयानक विष होता है। वह विष की लहर की तरह चढ़कर मस्तिष्क तक पहुँचता है। आंजनेय ने आपकी प्रिय वाटिका उजाड़ी, अनुचरों और राजकुमार अक्ष की हत्या कर डाली। लंकापुरी जलाकर खाक कर गया। जाते हुए गर्जना करके चुनौती दे गया। तब उसे पकड़ने का साहस किसी ने नहीं दिखाया। आप इन लोगों को समुद्र पार जाने का आदेश देकर देख लें। जिस बाली को श्रीराम ने एक ही बाण में समाप्त कर दिया, वे सामान्य व्यक्ति नहीं।' फिर रुककर कहा, 'महाराज, अपने कुलगुरु पुलस्त्य ने अपने शिष्य द्वारा सन्देश भेजा है कि सीता को लौटाकर श्रीराम से संधि कर लें, नहीं तो राक्षस-वंश समाप्त हो जाएगा।'

माल्यवान विभीषण की बात समाप्त होते ही बोले, 'विभीषण बुद्धिमान हैं, धर्म और नीति जानते हैं। आपके हितैषी हैं। आप इनके परामर्श पर ध्यान दें। राम से संधि कर लेना ही उपयुक्त होगा।'

रावण ने गर्जना करते हुआ कहा, 'ये दोनों शत्रु के प्रशंसक हैं, मूर्ख हैं। इन्हें तत्काल सभा से निकाल दिया जाए।'

माल्यवान उठकर यह कहते हुए चले गए, 'रावण, तेरी बुद्धि भ्रष्ट हो गई। तू समस्त राक्षस-वंश का काल बनने वाला है।'

विभीषण का अपमान करने का साहस किसी में नहीं था। राजसभा से निकालने के लिए कोई सामने नहीं आया। विभीषण स्वयं उठे और प्रणाम किया और कहा, 'मैं आपका अनुज हूँ। मेरी इतनी बात मान लें कि आप सीता को लेकर सागर तट पर चलें, मैं भी आपके साथ चलूँगा। अगर उनकी भार्या लौटाकर क्षमा-याचना करेंगे तो वे जरूर मान जाएँगे। न मानें तो युद्ध करना उचित होगा।'

रावण विभीषण के इस परामर्श से इतना असन्तुलित हो गया कि उसने उठकर उनके वक्ष पर पदाघात किया और कहा, 'कुलकलंक, तेरी शत्रु के साथ सहानुभूति है। तेरा यह साहस कि तू दशानन से एक सामान्य मानव से क्षमा माँगने के लिए कहे? तू अनुज है इसलिए तेरा शीश धड़ से अलग नहीं कर रहा हूँ। जा, तू उन निर्वासित तपस्वी के पास जा...जो सलाह देनी है, उन्हीं को दे, मैं तुझे लंका से निष्कासित करता हूँ।'

विभीषण ने प्रणाम किया और सभा का परित्याग कर दिया। आकाश में पहुँचकर कहा, 'आप मेरे पितृ तुल्य हैं। आपने मुझ पर पदाघात किया है, इसका मुझे

दुःख नहीं। मुझे दुःख इस बात का है कि आपकी अदूरदर्शिता के कारण आपके ये सभी आश्रित कालकवलित होनेवाले हैं। मुझे दोष न देना। मैं आपके आदेशानुसार श्रीराम की शरण में जा रहा हूँ।'

उनके साथी चार मंत्री और साथ आ गए।

आकाश-मार्ग से जब वे सागर तट पर उतरे तो पहरेदार वानरवंशियों ने उन्हें पहचानने में कोई भूल नहीं की। वे राजकीय वेश में थे। दूत का सम्मान करना भली भाँति जानते थे। उन्हें रावण का दूत ही समझा।

विभीषण मन-ही-मन प्रसन्न थे कि वे श्रीराम के दर्शन करने जा रहे हैं। जब शिविर के द्वार पर पहुँचे तो द्वारपालों ने उन्हें रोक दिया और जाकर महाराज सुग्रीव से कहा, 'प्रभो, रावण के अनुज अपने चार साथियों के साथ प्रभु राम से मिलने आए हैं।'

सुग्रीव ने विनम्रतापूर्वक श्रीराम से निवेदन किया कि दशानन के भाई विभीषण उनसे मिलने की आज्ञा चाहते हैं।

राम ने सुग्रीव से ही पूछा, 'इस विषय में आपकी क्या राय है?'

सुग्रीव ने राजनय को ध्यान में रखकर उत्तर दिया, 'प्रभो, राक्षस अत्यन्त मायावी होते हैं। उनमें अन्तर्ध्यान होने की अपरिमित शक्ति होती है। विभीषण अत्यन्त क्रूर रावण का अनुज है। पता नहीं, किस कूट अभिप्राय से आया है। मेरी सम्मति है कि उसे संग्राम की समाप्ति तक बन्दी बनाकर रखना उचित होगा।'

आंजनेय सुग्रीव के इस परामर्श से असहज हो गए। अगर सुग्रीव की बात मान ली गई तो विभीषण के द्वारा की गई सहायता के भार से मैं कैसे उऋण होऊँगा? उन्होंने देवी सीता का पता बताया था कि वे अशोकवाटिका में हैं। राजसभा में जब रावण ने उनकी हत्या की आज्ञा दी थी तो विभीषण ने ही उनका पक्ष लिया था। राम के प्रति उनकी भक्ति को भी उन्होंने स्वयं देखा था। जब विभीषण ने पूछा था कि क्या श्रीराम उन्हें स्वीकार करेंगे तो उन्होंने आश्वासन दिया था। महाराज सुग्रीव ने यह वचन कहकर अनर्थ कर दिया।

श्रीराम आंजनेय का असहज होना भी देख-समझ रहे थे और सुग्रीव की आपत्ति पर भी विचार कर रहे थे। श्रीराम ने सुग्रीव से कहा, 'मित्र सुग्रीव, तुम्हारी कही नीति की बात बहुत सुन्दर है। शत्रु दुखी हो या अभिमानी, यदि वह अपने विपक्षी की शरण में आता है तो शुद्ध और सरल हृदय वाले सज्जन पुरुष को अपने प्राणों का मोह छोड़कर उसकी रक्षा करनी चाहिए। शरणागत का त्याग सुयश और स्वर्ग की प्राप्ति को शून्य कर देता है। बल-वीर्य को भी नष्ट कर देता है। अतएव यदि हजारों ब्रह्म-हत्याओं का दोषी भी मेरी शरण में आ जाए तो मैं उसका परित्याग नहीं कर सकता। मैं इच्छा मात्र से लोकपालों सहित सम्पूर्ण ब्रह्मांड का ध्वंस करके

उन्हें पुनः रच सकता हूँ और भाई लक्ष्मण पृथ्वी के सारे राक्षसों को क्षण भर में नष्ट कर सकते हैं।'

प्रभु राम का स्पष्टीकरण सुनकर आंजनेय के आनन्द का ठिकाना नहीं रहा। वे उठे और विभीषण को सम्मानपूर्वक शिविर में ले आए।

विभीषण कुछ देर तक श्याम वर्ण राम और गौर वर्ण लक्ष्मण को एकटक देखते रहे। जब सुध आई तो साष्टांग प्रणाम किया और बोले, 'प्रभो, मैं आपकी भार्या देवी सीता को हरण करनेवाले लंकेश का छोटा भाई विभीषण हूँ। तामसिक प्रवृत्तियों वाला अधम राक्षस। मैंने अपने भाई लंकेश से अनुनय-विनय की थी कि देवी सीता को आपके पास भेज दें। किन्तु उसने काल के प्रभाव में कुपित होकर पदाघात किया और मुझे भी उन तपस्वियों के पास चले जाने को कहा। मैं अपनी पत्नी और पुत्रों को छोड़कर अपने मंत्रियों के साथ आपकी शरण में आ गया। आप कृपालु हैं, मुझे अपनी शरण में ले लें।'

श्रीराम ने विशाल हाथों से उठाकर उन्हें हृदय से लगा लिया। विभीषण लक्ष्मण के ही नहीं, सुग्रीव के चरणों की ओर झुके। लक्ष्मण ने उन्हें गले लगा लिया और बीच ही में रोककर सुग्रीव उनसे गले मिले। विभीषण वहाँ उपस्थित सभी के चरण छूने को उद्यत थे, पर श्रीराम ने उन्हें पकड़कर अपने निकट बैठा लिया।

राम ने पूछा, 'लंकेश, किसी सैनिक ने अशिष्टता तो नहीं की?'

प्रभु राम के 'लंकेश' कहने मात्र से विभीषण की जैसे समस्त सांसारिक इच्छाएँ पूरी हो गईं।

श्रीराम ने लक्ष्मण से कहा, 'सौमित्र, मैंने विभीषण को 'लंकेश' कहा है। वह तो यथासमय तुम्हारे हाथों लंका में ही होगा, जैसे तुमने सुग्रीव का किया था। पर मैं इसी क्षण अभिषेक करना चाहता हूँ। तुम जाकर समुद्र-जल ले आओ।'

विभीषण कुछ कह नहीं पाए। केवल इतना ही कह पाए, 'प्रभो, जब आप मिल गए तो और कुछ नहीं चाहिए। मेरे अन्दर छिपी इच्छा थी, पर जब आप मिल गए तो सब कुछ मिल गया।'

लक्ष्मण तत्क्षण आज्ञा-पालन के लिए निकल गए। जो कुछ रावण ने विशद तपस्या से पाया था, वह आंजनेय के अनुग्रह से राम ने संकोच के साथ दिया। उसी क्षण से रावण का पराभव आरम्भ हो गया। विभीषण राम के अनन्य सहयोगी बन गए। आंजनेय की लंका में हुई वार्ता का लाभ अब मिला। सुग्रीव की पूरी छावनी प्रसन्नता से नाच उठी।

अब वानर और रक्ष-सेना के सामने सौ योजन के समुद्र को पार करने की समस्या थी। राम ने अपनी सभा के सदस्यों के समक्ष यह प्रश्न रखा। लक्ष्मण की सम्मति

थी कि शर-सन्धान करके जल को सुखा देना चाहिए। विभीषण का मत था कि 'सागर को सगर पुत्रों ने अभिबद्ध किया था। वे आपके आदिपुरुष हैं। आपके प्रार्थना करने पर सागर पथ दे देगा।'

राम ने विभीषण के परामर्श को मानकर कुशासन ग्रहण किया, जल-भोजन त्यागकर समुद्र के किनारे विनय करते रहे। समुद्र की उत्ताल तरंगें और अधिक आक्रामक हो गईं। चौथे दिन श्रीराम उठे, स्नान-संध्या करके लक्ष्मण से धनुष मँगाया। उन्होंने ब्रह्मास्त्र की तरह बाण को अभिमंत्रित करके धनुष पर चढ़ाकर सब दिशाओं को जाग्रत करते हुए कहा, 'आज समस्त देव-किन्नर, गन्धर्व और प्राणी रघुकुल में जन्मे राम का पराक्रम देख लें—समुद्र को सुखा कर, सेना पैदल लंका जाएगी।'

सम्पूर्ण धरती पर हलचल मच गई। सूर्य की उपस्थिति में भी अँधेरा छाने लगा। जलचर तक उस बाण के तेज से व्याकुल हो उठे। तब समुद्र अपनी पूरी सजधज के साथ अपने अन्तरस्थल से हीरे-मोती और मणियाँ उपहारस्वरूप लेकर श्रीराम के समक्ष उपस्थित हुआ और विनय भाव से कहा, 'मैं तो जड़ हूँ, मेरी जड़ता को ध्यान में रखते हुए क्षमा प्रदान करें। आपकी सेना में समस्त कलाओं के ज्ञाता नल और नील दो भ्राता हैं, उन्हें ऋषियों का आशीर्वाद प्राप्त है कि वे बड़े से बड़े पत्थर को छूकर समुद्र में डाल दें तो वह तैरने लगेगा। वे दोनों भाई सुदृढ़ पुल बनाने में निपुण हैं।'

राम ने समुद्र की बात मान ली और उसे क्षमा कर दिया।

आंजनेय स्वयं नल और नील की सहायता में जुट गए। उनके लग जाने से पूरा वानर और रक्ष-वंश राम-सीता और सुग्रीव की जय-जयकार करते हुए पेड़ और पत्थर ढोने में लग गया। वे ला-लाकर नल-नील को देते थे। वे एक योग्य वास्तुकार की तरह यथास्थान बहा देते थे। श्रीराम देख रहे थे, बड़े-बड़े वृक्ष और शिलाखंड बिना डूबे जगह-जगह रुककर, पुल का आधार बना रहे थे। राम उठे और एकान्त में जाकर उन्होंने यह देखने के लिए कि उनके हाथ से छोड़ा पत्थर डूबेगा या तैरेगा, बड़ा सा पत्थर समुद्र में छोड़ दिया। कुछ दूर तक तो वह दिखाई दिया फिर डूब गया। उन्होंने इधर-उधर देखा, कोई देख तो नहीं रहा? पीछे आंजनेय खड़े मुस्कुरा रहे थे। राम सकुचा गए, जैसे बच्चा चोरी करते पकड़ जाए, बोले, 'मैं देख रहा था, पत्थर वास्तव में तैरेगा या नहीं। मेरा डाला पत्थर तो डूब गया। किसी से कहना मत। लोग हँसेंगे।'

आंजनेय हँसकर बोले, 'यह बात तो मैं गा-बजाकर कहूँगा कि प्रभु राम जिसको छोड़ दें, उसका डूबना अवश्यंभावी है। नल-नील छोड़ दें, कोई फर्क नहीं पड़ता—डूबे या तैरे।'

राम हँस दिये।

आंजनेय के प्रोत्साहन से पहली पारी में सेतु इक्कीस योजन बना। आंजनेय उस प्रगति से सन्तुष्ट नहीं हुए। उन्होंने वनों और पर्वतों से सामग्री लिवाकर लाने की अपनी और वानरवंशियों की गति और बढ़ा दी।

अगले दिन सेतु चौबीस योजन और तैयार हो गया। आंजनेय के सामने माता सीता के पास श्रीराम और लक्ष्मण को ले जाने का उतावलापन था। श्रीराम बार-बार पूछ रहे थे—कितना समय और लगेगा। उन्होंने वानर और रक्षवंशियों को प्रोत्साहित करने के लिए कहा, 'यह हम सबका सौभाग्य है कि माता जानकी के पास जल्दी से जल्दी दोनों भाइयों को पहुँचाने हेतु सेतु का निर्माण करने में नल-नील की सहायता कर रहे हैं। यह अवसर देवताओं को भी दुर्लभ होता है। यह सेतु केवल तेईस योजन शेष है। माँ जानकी के नाम पर यह सेतु, लंका तट तक, हमें आज हर हालत में पूरा करना है।'

सब और शक्ति के साथ लग गए। राम आंजनेय के चातुर्य की मन-ही-मन प्रशंसा कर रहे थे।

सेतु-निर्माण में दक्षिण में स्थित सभी पर्वतों के पत्थर लगभग समाप्त हो गए थे। तेईस योजन सेतु बनना शेष था। पूरी सेना उनका आदेश मानने के लिए तत्पर थी। अत: उन्होंने चारों तरफ दृष्टि दौड़ाई तो उन्हें इस काम के लिए द्रोणाचल का सात कोस में फैला सुविस्तृत शिखर सेतु-निर्माण के लिए उपयुक्त लगा। वे श्रीराम का नाम लेकर उड़े और द्रोणाचल की ओर चल दिये। पहले तो पर्वत आंजनेय से उठाये नहीं उठे। उन्होंने विनयपूर्वक कहा, 'मैं तुम्हें भगवान श्रीराम के समक्ष प्रस्तुत करना चाहता हूँ। वे आपके ऊपर चलकर सागर पार करेंगे।'

पर्वतराज यह सुनकर तत्काल राजी हो गए और कहा, 'मैं आपकी इस कृपा को कभी नहीं भूलूँगा।'

पाँचवें दिन सौ योजन लम्बे और दस योजन चौड़े सेतु का तेईस योजन बचा हुआ भाग पूरा हो गया। अत: श्रीराम की जब यह आज्ञा प्रसारित हुई, 'सेतु-निर्माण पूरा हो गया', तो वानर वंशी जहाँ था, वह सब कुछ, वृक्ष या पत्थर जो भी जिसके हाथ में था, वहीं छोड़कर चला आया।

आंजनेय उस पर्वत को लेकर ब्रजभूमि के पास तक ही पहुँचे थे। उन्हें श्रीराम के आदेश का पता चला तो उन्होंने पर्वत को वहीं स्थापित कर दिया। वह गोवर्धन पर्वत था। गोवर्धन यह सुनकर कि श्रीराम के दर्शन नहीं हो सकेंगे तो उदास हो गया। आंजनेय ने ढाढ़स बँधाया, 'आप चिन्ता न करें, मेरे स्वामी राम, मेरे वचन की रक्षा अवश्य करेंगे।'

उन्होंने पूरी बात बताते हुए प्रभु राम से निवेदन किया कि 'मैं गिरिराज गोवर्धन को सेतु–निर्माण के लिए लेकर आ रहा था, जब आपके आदेश का पता चला तो उन्हें ब्रजभूमि में ही स्थापित कर आया। वे आपसे मिलने के लिए लालायित थे। आप आज्ञा करें, मैं क्या करूँ? मैं उन्हें आपकी तरफ से आश्वासन भी दे आया हूँ।'

श्रीराम ने कहा, 'तुम्हारा वचन सो मेरा वचन। वे ब्रजभूमि के ही वासी हैं। तुम उनको मेरी प्रेरणा से वहाँ ले गए थे। वे द्वापर युग में ब्रजभूमि में उसी रूप में मुझे प्राप्त करेंगे जिस रूप में वे मुझे देखना चाहते हैं। मैं इन्द्र की सत्ता के विरुद्ध शस्त्र के रूप में गोवर्धन का उपयोग करूँगा, यह तुम उनसे कह दो।'

आंजनेय तत्काल श्रीराम का सन्देश देने के लिए द्रुतगति से लौट पड़े और जाकर श्रीराम का सन्देश दिया। उस युग में धैर्य बड़ी चीज थी। सद्कर्म के लिए धैर्य ही एकमात्र सेतु होता है। गोवर्धन मुदित भाव से बोले, 'मैं उनकी प्रतीक्षा तब तक करता रहूँगा जब तक वे आएँगे। आपने यह सन्देश देकर मेरे प्राणों में आशा का संचार कर दिया।'

श्रीराम अपनी वानर और रक्षवंशी सेना, सब यूथपतियों के साथ उस सेतु से गुजरे तो सब ओर आनन्द छा गया। यह नई तकनीक से बना संसार का पहला सेतु था। सागर अपने आश्वासन के अनुसार उन पेड़ों को सँभाले था जिन पर पत्थरों ने टिककर सुन्दर पथ निर्मित किया था। वृक्ष जो किनारे लगे थे, वे फूल बरसा रहे थे।

प्रभु राम की पर्णकुटी सुबल पर्वत पर बनाई गई। यह काम भाई लक्ष्मण ने किया। कोमल पत्तों की सेज लगाकर उस पर सुन्दर मृगचर्म बिछा दी। प्रभु राम लेटे हुए विभीषण से परामर्श कर रहे थे। लक्ष्मण सिरहाने वीरासन पर बैठे थे। सुग्रीव ने उनका शीश अपनी गोदी में रख लिया था। आंजनेय और अंगद चरण दबा रहे थे।

6

एक दिन तो सबने थकान उतारा। दूसरे दिन श्रीराम ने अपने विश्वसनीय एवं सर्वाधिक अनुभवी सचिव जाम्बवान से परामर्श करके, शान्ति बनाये रखने के लिए, रावण को समझाने का अन्तिम प्रयत्न करने हेतु अंगद को रावण के दरबार में भेजा। लेकिन रावण सम्भवत: अपनी नियति समझ गया था। वह किसी प्रस्ताव पर सहमत नहीं हुआ। अंगद ने अनायास एक चुनौती दी, 'मैं अपना पाँव जमाता हूँ। अगर दरबार में कोई मेरा पाँव टस से मस कर देगा तो हम सीता हार जाएँगे।'

कोई नीतिज्ञ ऐसा निर्णय सम्भवत: कभी न करता। पहले सीता से अनुमति की आवश्यकता थी, दूसरी सहमति श्रीराम की चाहिए थी। उसने चुनौती से पहले किसी से नहीं पूछा था। रावण राम की भार्या का हरण कर लाया था—अंगद ने पुन: उनकी मर्यादा को दाँव पर लगा दिया था। रावण और दरबारी प्रसन्न हो गए कि इस शर्त को तो पहली ही बार में खंडित करके सीता को रावण के रनिवास में पहुँचा दिया जाएगा। सब सूरमा अपने स्थान से उठ-उठकर आए। अंगद के पाँव से जूझे। लेकिन कोई भी टस से मस नहीं कर पाया। सिर लटकाकर उसी तरह वापस चले गए, जैसे सीता स्वयंवर के समय अपना-सा मुँह लेकर सब राजकुमार शिव धनुष को बिना हिलाए लौटे थे। अन्त में दशानन स्वयं उठकर आया। जैसे ही वह अंगद के पाँव की तरफ झुका, अंगद ने अपना पग पीछे हटा लिया और कहा, 'नहीं, आप राजा हैं, मेरी चुनौती दरबारियों तक सीमित थी। मैंने सबको परख लिया। जब आपके योद्धा मेरा पाँव नहीं डिगा पाए तो प्रभु राम का क्या बिगाड़ पाएँगे!'

रावण ने व्यंग्य किया, 'युवराज, तुमने यह चुनौती देने से पूर्व किससे पूछा था, राम से या सीता से? मैं तुम्हें अपने स्वर्गीय मित्र बाली के पुत्र होने के नाते परामर्श देता हूँ, किसी की भार्या का अपहरण अनैतिक शक्ति-प्रदर्शन भले ही हो, पर उसे अनधिकारिक रूप से दाँव पर लगाना उस स्त्री का अपमान और घोर अधर्म है। तुम ने अच्छा किया, मेरे झुकने से पहले अपना पाँव पीछे हटा लिया, नहीं तो आज युद्ध प्रहसन में बदल गया होता। बिना युद्ध किए राम युद्ध हार जाते।'

अंगद द्वारा लंका में सीता को हार-जीत की बलिवेदी पर चढ़ाने के बावजूद वह रावण को युद्ध से विमुख नहीं कर पाया तो अन्तिम विकल्प युद्ध ही बचा था। अतः युद्ध प्रारम्भ होना था सो हो गया।

असुर भिन्दीपाल खड्ग, शूल, धनुष बाण, परशु, तोमर, और गदा आदि से युद्ध कर रहे थे। वीर और पराक्रमी तो थे ही वे, मायावी भी थे। पराजय की स्थिति आते ही वे अन्तर्ध्यान हो जाते थे और आकाश से धूल, रक्त और अस्थियों की वर्षा करने लगते थे। ऐसे में अपनी सेना को किंकर्तव्यविमूढ़ होते देख राम को उनकी माया का भंजन करना पड़ता था। उसके बाद राम की सेना के वानर और रक्षवंशी अधिक उत्साह और साहस से लड़ने लगते थे।

आंजनेय राक्षसों को काल की तरह लगते थे। लंका-दहन वे भूले नहीं थे। राक्षसों में भागदड़ के लिए कई बार यह कहना ही काफी था कि आंजनेय युद्ध मैदान में आ रहे हैं। कितना भी घोर युद्ध हो रहा हो, आंजनेय का वहाँ पहुँच जाना राक्षस-संहार के लिए पर्याप्त था। कुछ भयभीत होकर भाग खड़े होते थे, तो कुछ एक मुष्टिका से रक्त वमन करने लगते थे। जहाँ राम सेना पर राक्षस सेना का दबाव बढ़ता देखते थे, वहीं 'जय श्रीराम' की धोक लगाकर आंजनेय घुस पड़ते थे। वे एक ही स्थान पर स्थिर होकर नहीं रहते थे। जहाँ संकट, वहाँ आंजनेय। वे अश्वों, रथों, सारथियों, हाथियों को ऐसे घुमाकर फेंकते थे कि चक्कर खाते हुए या तो पृथ्वी पर गिरकर दम तोड़ देते थे या फिर समुद्र के अथाह जल में खो जाते थे। जब ज्यादा संकट देखा तो पर्वत लाकर राक्षसों पर दे मारते थे।

वे स्वयं हत्या कम करते थे। हाथी से हाथी को, घोड़े को घोड़े से लड़ा देते थे। रथों को आपस में टकराकर तोड़ देना उनके लिए बाएँ हाथ का खेल था। अपने ऊपर होनेवाले वारों को वे कई बार लघु रूप धारण करके व्यर्थ कर देते थे। उन्होंने रावण के कई योद्धाओं, जैसे—धूम्राक्ष, अवनि, अकम्पन, अतिकाय, और त्रिशिरा को इसी तरह निबटा दिया था।

दशानन लंका-दहन से भी अधिक इन क्षत्रपों के मरने से चिन्तित हो उठा तो इन्द्रजित ने समझाया, 'पिताजी हमारे रहते हुए चिन्तित न हों।'

इन्द्रजित आंजनेय के युद्ध-कौशल, पराक्रम और वीरता से मन-ही-मन चिन्तित रहता था। एक दिन उसने रण-क्षेत्र में भीषण युद्ध किया। उसके शरों से और सैनिक तो मरे सो मरे, सुग्रीव, अंगद, शरभ, नल, नील, गन्धमादन, जाम्बवान, सुषेण वेगदर्शी, मैन्द, ज्योतिर्मुख तथा द्विद आदि शीर्ष योद्धा भी घायल हो गए। यहाँ तक कि इसके ब्रह्मास्त्र से राम और लक्ष्मण भी मूर्च्छित हो गए। अपने घायल साथियों को देखते हुए विभीषण जाम्बवान के पास पहुँचे तो उनकी हालत देखकर वे उनके जीवन के बारे में शंकित हो उठे। उनके शरीर को सहलाने लगे तो जाम्बवान ने पूछा, 'लंकेश,

मेरे सब अंग-प्रत्यंग तीक्ष्ण बाणों से बिंधे हुए हैं। मैं आँखों से देख भी नहीं पा रहा हूँ। तुम मुझे इतना बता दो कि आंजनेय जीवित हैं या नहीं?'

विभीषण ने चकित होकर पूछा, 'रक्षराज, आपने सुग्रीव, युवराज अंगद की बात तो दूर रही, श्रीराम और सौमित्र लक्ष्मण तक के बारे में नहीं पूछा कि वे कैसे हैं, क्या आंजनेय आपको सबसे अधिक प्रिय हैं?'

जाम्बवान ने बड़ी कठिनाई से उत्तर दिया, 'महाराज विभीषण, अगर आंजनेय जीवित हैं तो हमारी पूरी सेना जीवित है। अगर वे नहीं रहे होंगे तो सब जीवित भी मृतक के समान हैं :

अस्मिजीवति वीरे तु हतमप्यहतं बलम्।
हनुमत्युज्झितप्राणे जीवन्तोअपि मृत वयम्॥ 22॥'

[वाल्मीकि रामायण, लंका कांड]

उसी समया आंजनेय आ गए। उन्होंने जाम्बवान के चरणों को स्पर्श किया। उनके चरण छूने मात्र से वृद्ध और आहत जाम्बवान का मुख चमक उठा। वे बोले, 'वत्स, जाओ, सम्पूर्ण वानर और रक्षवंशी सेना की रक्षा करो। तुम्हारे अतिरिक्त इस पराक्रमपूर्ण कार्य को कोई नहीं कर पाएगा।'

कुम्भकर्ण छः महीने सोता था। छः महीने जागता था। उसे बड़ी कठिनाई से जगाया गया। रावण के आदेश पर वह बड़े बेमन से युद्धभूमि में आया। आधी नींद से जगाए गए बच्चे की सी हालत थी। उस पर शिलाखंडों से प्रहार किया गया, लेकिन वह अविचलित बना रहा। जो कोई निकट आता था, उसे ही उदरस्थ कर लेता था। सेना भागने लगी। आंजनेय सेना को प्रोत्साहित करते हुए उसके पास पहुँचे। उन्होंने कुम्भकर्ण को मुष्टिका से प्रहार किया। वह विचलित होकर गिर पड़ा। सेना में जैसे साहस पुनर्जाग्रत हो गया। लेकिन वह एक दिन से अधिक रणक्षेत्र में नहीं ठहर पाया। श्रीराम के एक बाण से वह परलोक सिधार गया।

मेघनाद के कारण युद्ध गहन-गम्भीर होता जा रहा था। उसके बाणों से वानर-वंश की सेना बुरी तरह आहत हो गई थी। सब ओर हाहाकार मचा था। अपना विशाल धनुष धारण किये लक्ष्मण उसके समक्ष आ खड़े हुए। दोनों के बीच भयानक संग्राम हुआ। आंजनेय ने एक शिलाखंड उखाड़कर मेघनाद पर फेंका। वह प्राण बचाने के लिए आकाश में चला गया। वे बार-बार मेघनाद को ललकारते थे पर वह उनसे भिड़ने से बचता रहता था। वह जानता था, आंजनेय से भिड़कर बचना कठिन होगा। वह लक्ष्मण पर निरन्तर प्रहार कर रहा था। हर शस्त्र प्रयोग करता था। लक्ष्मण हर शस्त्र नाकाम कर देते थे। इन्द्रजित दूरी से हमले पर हमला कर रहा था। वह छल-कपट का निरन्तर प्रयोग कर रहा था। लक्ष्मण उसकी हर चाल को विफल कर

देते थे। उन्होंने अपनी बाण-वृष्टि से मेघनाद के रथ को तोड़ डाला था और सारथि को मार डाला था। मेघनाद क्रुद्ध होकर लक्ष्मण को मारने के लिए बार-बार आक्रमण कर रहा था, लेकिन हर बार निष्फल हो जाता था। लक्ष्मण अपनी निपुणता से उसे संकट में डाल देते थे। अन्त में हारकर, मेघनाद ने अपनी जीत निश्चित करने के लिए, ब्रह्मा के द्वारा दी गई अमोघ शक्ति छोड़ी। वह शक्ति इतनी तीव्र और घातक थी कि लक्ष्मण के विशाल वक्ष में प्रविष्ट हो गई। वे अचेत होकर गिर पड़े। रक्त बहने लगा। हर तरफ हाहाकार मच गया। मूर्च्छित लक्ष्मण को उठाकर ले जाने के लिए सब वीर राक्षस दौड़ पड़े लेकिन वे सब वीर उनकी देह को हिला नहीं पाए। सब राक्षस अपना-सा मुँह लेकर लौट गए।

जब आंजनेय को पता चला कि लक्ष्मण को शक्ति लग गई है तो वे अपने रण को छोड़कर दौड़ पड़े। लक्ष्मण को मूर्च्छित और आहत देखकर वे साक्षात् काल हो गए। जो राक्षस सामने आया, उसी का संहार करने लगे। कुछ राक्षस भागने में सफल हो गए। आंजनेय लक्ष्मण को सहज ही गोद में उठाकर श्रीराम के पास ले गए।

राम लक्ष्मण की ही चिन्ता कर रहे थे। जिसने सुना, वह भी चिन्तित हो गया— यह क्या हो गया? जिसने देखा, उसके नेत्रों से अश्रुधार बहने लगी। श्रीराम अधीर होकर 'लक्ष्मण-लक्ष्मण' पुकारकर रोने लगे।

आंजनेय यद्यपि भावविह्वल थे, पर वे अपने कर्तव्य से रंच मात्र भी विचलित नहीं हुए। उन्होंने सेना को उत्प्रेरित करते हुए कहा, 'जब तक राजकुमार लक्ष्मण की चेतना वापस नहीं आती तब तक हमें निरन्तर शत्रु को यह भान नहीं होने देना है कि हमारे सेनापति मूर्च्छित हैं। युद्ध में शिथिलता नहीं आनी चाहिए।'

ज्यों-ज्यों मूर्च्छा गहरी होती जा रही थी, आंजनेय रौद्र रूप धारण करते जा रहे थे। विभीषण की सम्मति से जाम्बवान ने उन्हें समझाया, 'वत्स, आंजनेय, निःसन्देह ऐसा कोई काम नहीं जो तुम न कर सको। सामान्य बने रहकर तुम्हें लंका जाना होगा। तुम लंका से पूरी तरह परिचित हो। रावण का राज-चिकित्सक सुषेण बहुत योग्य है। तुम उसे अविलम्ब लेकर आओ। उसके इलाज से लक्ष्मण स्वस्थ होकर पूर्ववत हो जाएँगे।'

विभीषण ने आंजनेय को सुषेण का पता भी बता दिया। वे अत्यन्त लघु रूप धारण करके लंका में प्रविष्ट हो गए। सुषेण के द्वार पर पहुँचकर उन्होंने सोचा, अगर रावण के भय से सुषेण ने शत्रु शिविर में जाने से मना कर दिया तो क्या होगा? वे सुषेण को घर समेत उठाकर ले आए। सुषेण घर से निकले तो अपने को राम सेना के बीच देखकर चकित रह गए। उन्होंने लक्ष्मण की नाड़ी और सीने पर लगे घाव का निरीक्षण किया और बताया, 'अगर संजीवनी बूटी सूर्योदय से पहले आ जाए तो लक्ष्मण जी उठेंगे। शक्ति भी लौट आएगी।'

सुषेण ने देखा कि उनकी बात सुनकर आंजनेय चिन्तित हो गए हैं। वे लंका-दहन के समय से उनकी दैवी शक्ति से परिचित होने के कारण बोले, 'आपको पवनपुत्र कहा जाता है। आप ही इस काम को कर सकते हैं। तुरन्त हिमालय पर्वत पर चले जाएँ। वहाँ पहुँचकर आपको अत्यन्त ऊँचाई पर सुवर्णमय पर्वत ऋषभ और कैलाश शिखर का दर्शन होगा। उन दोनों के बीच अत्यन्त दिप-दिप करनेवाली औषधियों का पर्वत द्रोणगिरि मिलेगा। वहीं चार औषधियाँ संजीवनी, विपल्यकरणी, सुवर्णकरणी एवं संघनी प्रकाश बिखेरती मिलेंगी। वे औषधियाँ सूर्योदय के बाद प्रभावविहीन हो जाएँगी। सूर्योदय के बाद राजकुमार लक्ष्मण के प्राण बचाना भी सम्भव नहीं होगा।'

आंजनेय जब वैद्यराज सुषेण के द्वारा बताए द्रोणगिरि पर्वत पर पहुँचे तो हरित नीला दिव्य प्रकाश जगमगा रहा था। दिव्य गन्ध सब तरफ व्याप्त थी। जैसे ही उन्होंने सुषेण द्वारा बताई पहचान के अनुसार संजीवनी लेने के लिए हाथ बढ़ाया, वैसे ही अँधेरा घुप्प हो गया। दिव्य गन्ध भी लुप्त हो गई। उनकी समझ में नहीं आया, वे क्या करें। समय गति से भाग रहा था। तभी एक गहन गम्भीर ध्वनि सुनाई पड़ी।

'रुक जाइए आंजनेय, संजीवनियों को हाथ मत लगाइए।'

आंजनेय ने नम्रता और चकित भाव से कहा, 'संजीवनी-रूपा शक्तियो! मैं अपने या अपने स्वजन के लिए आपकी कामना नहीं करता, वरन् श्रीराम के छोटे भाई लक्ष्मण की रक्षा के लिए, त्वरित सूर्योदय से पूर्व लेकर पहुँचना है।'

'आपकी आवश्यकता होती तो हम सहर्ष आपके साथ चलतीं; किन्तु लक्ष्मण को जीवन देने के प्रति हमारी कोई रुचि नहीं है। हमारी इच्छा के विपरीत हमें कोई यहाँ से नहीं ले जा सकता।'

आंजनेय ने उस चुनौती की ओर ध्यान न देते हुए कहा, 'देवियो, आप दयामयी तो हैं ही, संसार के कल्याण के लिए आपका जीवन समर्पित है। फिर संसार का भार ग्रहण करनेवाले शेषनाग के अवतार लक्ष्मण जी के प्रति इस उपेक्षा का कारण क्या है? यदि जानने का अधिकारी समझती हों तो बताने की कृपा करें।'

'कारण है। पहला है—लक्ष्मण ने श्रद्धा, भक्ति, आस्था, विश्वास आदि सात्त्विक गुणों का हनन किया है।'

'ऐसा आप किस आधार पर कह रही हैं?'

पूरी गम्भीरता और दृढ़ता के साथ वही वाणी सुनाई पड़ी, 'केसरीनन्दन, यह विश्व जिन तत्त्वों से बना है तथा जिस आधार पर इसकी स्थिरता बनी है, उनमें समर्पण, श्रद्धा, भक्ति, विश्वास का ही योगदान है...'

बीच में ही उन्होंने पूछा, 'आपका यह सिद्धान्त तो अटल है, पर इसमें लक्ष्मण जी कहाँ से आ गए?'

'वह सन्दर्भ आप जानते हैं। शबरी वनवासी थी। उसने राम के आने का समाचार सुनकर मीठे-मीठे बेर चखकर रखे थे। जब प्रभु आएँगे तो मीठे बेर खिलाऊँगी। कोई कड़ुवा बेर न उनके मुँह में चला जाए। जब आए तो शबरी ने मीठे बेरों का दोना उन्हें समर्पित किया। साथ में भाई लक्ष्मण थे, एक दोना उन्हीं बेरों का उन्हें दिया। राम तो रुच-रुचकर खाने लगे। लक्ष्मण ने देखा, बेर जूठे हैं तो उनको घिन आई। लक्ष्मण दिखाने के लिए बेर होंठों तक ले जाते और पीछे फेंक देते। सारा दोना खाली हो गया। आप ही बताइए, शबरी की, जो आपकी तरह वनवासी थी, श्रद्धा, भक्ति, उसके समर्पण का अनादर हुआ या नहीं?'

'और दूसरा कारण?' बिन पहले कारण के बारे में कुछ कहे आंजनेय ने पूछा।

संजीवनियों ने स्वाभिमान के साथ कहा, 'लक्ष्मण ने हम सबका भी तिरस्कार और अपमान किया है।'

'वह कैसे?'

'बेर हमारी तरह जंगली वनस्पति है। भले ही अतिसाधारण फल हो, है तो वनस्पति ही। हमारी सजातीय। सब सजातीय समान हैं। न कोई छोटा है, न बड़ा। बेर का तिरस्कार हम सबका तिरस्कार है। जिसने हमारा अनादर किया हो, उसे हम प्राणदान क्यों दें?'

आंजनेय वार्ताकार तो थे ही, कुशाग्र बुद्धि के भी थे। वे बोले, 'दिव्य शक्तियो, श्रद्धा, भक्ति, विश्वास और आस्था महान गुण हैं। परन्तु क्षमा का महत्त्व इन सब से कम नहीं। माताओं में तो क्षमा कूट-कूटकर भरी होती है। और आप मातृ तुल्य हैं। मेरा निवेदन है कि आप लक्ष्मण का अपराध क्षमा करके उन्हें जीवन देने की बात पर विचार करें।'

इस बार संजीवनियों के स्वर में मधुरता और सौम्यता थी। वे बोलीं, 'महावीर आंजनेय, आप ज्ञानियों में शीर्ष हैं, गुणनिधान हैं। आपकी बात का उत्तर हमारे पास नहीं है। हमारे आत्मसन्तोष के लिए एक काम करना होगा।'

'अवश्य करूँगा, आप अविलम्ब बताइए।'

'आप शबरी आश्रम जाइए, वहाँ बहुत-सी बेरियाँ उग आई हैं, जिनमें से कुछ की पत्तियाँ चिकनी और कुछ की खुरदुरी दिखाई पड़ेंगी। वे सब श्रीराम के द्वारा फेंकी गुठलियों और लक्ष्मण द्वारा फेंके बेरों से उगी हैं। चिकनापन और खुरदुरापन मानसिक स्थिति की भिन्नता से पैदा हुआ है। आप जाकर दोनों तरह की खूब सारी पत्तियाँ लाकर उसके रस से हम सबको स्नान करा दीजिए, हम प्रकट होकर आपके सामने आ जाएँगी। हाँ, एक बात और है।'

‘आज्ञा कीजिए।’

‘जब लक्ष्मण सचेत हो जाएँ तो उनसे यह अवश्य कह दीजिए कि जिन जंगली बेरों की उन्होंने अवमानना की थी, उनकी गुठलियों से उगी बेरियों की पत्तियों का भी उन्हें चेतना प्रदान करने में किंचित सहयोग है।’

‘अवश्य कहूँगा। अब मुझे आज्ञा दीजिए, चलूँ।’

‘आपका कल्याण हो।’ वनस्पतियों ने आशीर्वाद दिया।

आंजनेय वायुवेग से गए। पलक झपकते ही शबरी के आश्रम पहुँचकर शीश झुकाया। बेरियों को छूकर पत्तियों की पहचान की। फिर गिनकर चौरासी चिकनी पत्तियाँ और तैंतीस खुरदरी पत्तियाँ तोड़ीं। शायद इसीलिए प्राणियों की चौरासी लाख योनियाँ बताई गई हैं और तैंतीस करोड़ देवता बताए गए हैं। जिस गति से आए थे, उसी गति से एक सौ सत्रह पत्तियाँ लेकर लौट गए।

आंजनेय ने लंका में यह समझ लिया था कि रावण परम योद्धा होने के साथ प्रकांड शास्त्रविद् भी है। इसी के बल पर कहा जाता है कि समस्त देवताओं को उसने अपने अधिकार में कर रखा था। इसी कारण रावण की सब युक्तियों को काटने के लिए अंक ज्योतिष का प्रयोग किया। अंकों में सबसे बड़ा अंक एक सौ सत्रह का योग भी नौ होता है। स्वभावत: आंजनेय ज्ञानी थे। उन्होंने नौ अंक को साधकर रावण के तंत्र पर प्रहार किया था।

संजीवनियाँ रस-सिंचन पाकर बड़ी प्रसन्न हुईं। उनकी स्नेह-सिक्त वाणी ध्वनित हुई, ‘अंजनी पुत्र, आपके इस कृत्य से हम सब पूर्णतया सन्तुष्ट हैं।’

‘यह मेरा सौभाग्य है। अब आज्ञा दीजिए, मैं आपको ग्रहण करूँ, विलम्ब करना उचित नहीं।’

‘एक क्षण...हमारे मन की एक अभिलाषा है... हम तो चार बहनें हैं, हमारी और बहनें भी श्रीराम के दर्शन के लिए लालायित हैं। आपके लिए सबको हाथों में सँभालना कठिन होगा। आप महाबली हैं, हमारा निवेदन है, समूचे पर्वत-खंड को ले चलें।’

‘मेरे लिए यह तनिक भी कठिन नहीं होगा।’

‘हम आपकी शक्ति के बारे में जानती हैं, लेकिन वायुमंडल में तीव्र गति से भार लेकर उड़ने से घर्षण होता है। उससे असन्तुलन की सम्भावना रहती है। ऐसे में भारयुक्त होने से गुरुत्वाकर्षण की शक्ति का प्रभाव नहीं पड़ता। आपसे अधिक कौन जान सकता है! आप अणिमा-गरिमा आदि आठों सिद्धों के स्वामी हैं। तभी तो लंका से उड़कर यहाँ पहुँचे हैं। हम सब भी भार-मुक्त हो जाती हैं।’

‘आप सब जानती हैं तो शीघ्रताशीघ्र भार-मुक्त हो जाइए।’

कुछ समय शान्ति रही। आंजनेय ने पूछा, 'आपने उत्तर नहीं दिया!'

'अतुल बलधामा आंजनेय, हमने पर्वतसहित अपने को भारमुक्त कर लिया है। अब आप हम सबको श्रीराम के दर्शन हेतु ले चलें।'

आंजनेय ने संजीवनी की मय पर्वत-खंड की परम्परा के अनुसार परिक्रमा की। जैसे ही वे उसे उठाने के लिए झुके, वैसे ही धरा ने उसे अपने बन्धन से मुक्त कर दिया। वे पर्वत-खंड को बाएँ हाथ पर और गदा को दाएँ कन्धे पर जमाकर आकाश की ओर उठे तो सम्पूर्ण वायुमंडल दिव्य गन्ध से पूर्ण हो गया।

जब वे वायु के अड़तालीस स्वरूपों को पार करके उन्चासवें स्वरूप में पहुँचे, जहाँ से सभी दिशाओं की सभी वस्तुएँ संकल्प मात्र से ही दृष्टिगोचर होने लगती हैं, सहसा अयोध्यापुरी देखकर उनकी इच्छा हुई, श्रीराम की नगरी और उनके स्वजनों के दर्शन किए जाएँ। पर्वत को वायुदेव के उन्चासवें स्वरूप में स्थापित करके सूक्ष्म और अदृश्य रूप में नीचे उतरे। अयोध्या को 'रा' बीज मंत्र से रक्षित देखकर उन्हें रोमांच हो आया। सबसे पहले आंजनेय ने हाथ जोड़कर नन्दीग्राम सहित पूरी अयोध्या नगरी की परिक्रमा की। फिर नन्दीग्राम की एक कुटी की खिड़की से झाँककर देखा तो चकित रह गए। श्रीराम यहाँ कैसे और किसका ध्यान कर रहे हैं? सिंहासन पर स्थापित चरण-पादुका पर उनकी नजर पड़ी तो समझ में आया कि ये राम नहीं, भरत हैं जिनके शील-गुण की प्रशंसा राम अक्सर करते हैं। वे रूप-रंग में उन्हीं के समान हैं। उन्हें मस्तक नवाया और राजप्रासाद की ओर चल दिये, जहाँ माताएँ और रानियाँ शयन कर रही थीं। माता कौशल्या के मुख पर सोते हुए भी पुत्र-वियोग की वेदना की झलक थी। उन्हें अपनी माता अंजनी का ध्यान हो आया, और नेत्र सजल हो गए। लेकिन उसी समय उनका ध्यान एक विशेष बात की ओर गया। माँ कौशल्या के पायँत भरत की पत्नी मांडवी ऐसे लेटी थी, जैसे चरण दबाते हुए नींद आ गई हो! इसी प्रकार शत्रुघ्न की पत्नी श्रुतकीर्ति माता सुमित्रा के पलंग पर थी। केवल माता कैकेयी अपने पलंग पर अकेली थीं। उनके मन में तत्काल प्रश्न उठा—क्या माता कैकेयी की उपेक्षा हो रही है? उन्होंने ध्यान लगाकर देखा तो पूर्व-घटित संवाद उनके सामने प्रकट हो गया।

भरत मांडवी से कह रहे थे, 'प्रिय, मेरी बात को अन्यथा न लेना। मैं प्रभु के आने तक नन्दीग्राम में कुटी बनवाकर तपस्वी जीवन व्यतीत करूँगा। तुम्हारा वहाँ आना मुझे स्वीकार्य नहीं होगा। मेरी सफलता चाहती हो तो वहाँ मत आना।'

'आप निश्चिन्त रहें, मैं सारे समय बड़ी माँ कौशल्या की सेवा करूँगी। सास-ससुर की सेवा पति-सेवा से भी पुनीत होती है।'

यह बात मांडवी ने कैकेयी को बताई तो कैकेयी ने उसे आशीष दिया और कहा, 'मैंने भी भरत की तरह पुत्र राम के आने तक किसी की सेवा न लेकर आत्मग्लानि का सामना करने का संकल्प लिया है। मेरी आज्ञा और इच्छा है कि तुम बड़ी माँ की सेवा, मेरी सेवा समझकर करो।'

यही प्रश्न शत्रुघ्न ने श्रुतकीर्ति से पूछा, 'भाभी मांडवी और भाई भरत ने जो संकल्प लिया है, तुम विवेकशील हो, तुम उस सन्दर्भ में सोचकर बताओ, हमें क्या करना चाहिए?'

श्रुतकीर्ति का उत्तर था, 'हमें किसी को यह कहने का अवसर नहीं देना चाहिए कि दो बड़े भाई पत्नी-सुख छोड़कर सेवा-साधना में लगे हैं और आप पत्नी-सुख भोग रहे हैं। मुझे भी आज्ञा दीजिए, मैं माँ सुमित्रा की सेवा करूँ।'

शत्रुघ्न ने पत्नी के इस निर्णय पर प्रसन्नता व्यक्त की।

उर्मिला को जब श्रुतकीर्ति ने बताया तो वह बोली, 'ईश्वर जो करते हैं, अच्छा ही करते हैं। मैंने सोचा था, पति के चौदह वर्ष के वनवास का समय मैं गहन साधना में व्यतीत करूँगी। फिर सोचा, माता की सेवा भी अपने में साधना ही है। लेकिन बड़ी माँ की सेवा मांडवी दीदी कर रही हैं। मँझली माँ की सेवा तुम कर रही हो, छोटी माँ ने सेवा लेने से मना कर दिया। मुझे साधना का अवसर ईश्वर ने दिया है, मैं उसका लाभ उठाऊँगी।'

आंजनेय सोचने लगे कि राम-लक्ष्मण के वियोग का प्रभाव सब पर अपनी-अपनी तरह पड़ा है। सब उसका उपयोग आत्मोन्नति के लिए अपने ढंग से कर रहे हैं।

आंजनेय ने सोचा—दोनों गृहिणियों के बारे में तो पता चल गया। उन दोनों ने अपने-अपने आत्मोत्थान का ढंग चुन लिया। चलकर देखें, देवी उर्मिला की साधना कहाँ तक पहुँची। वे उर्मिला के भवन की ओर चल पड़े।

भवन का द्वार बन्द था। दो दासियाँ पहरे पर थीं। वे सूक्ष्म रूप में भीतर प्रवेश कर गए। जब वे गर्भ-गृह में पहुँचे तो देखा कि एक पीठासन पर दिव्य दीपक जल रहा है। उसके नीचे कलात्मक ढंग से तह की हुई एक दिव्य चुनरी रखी है। जैसी सुंगध संजीवनी पर्वत पर थी, वैसी ही सुगन्ध पूरे गर्भ-गृह को सुवासित कर रही है। एकाएक एक नारी-कंठ से आई ध्वनि सुनाई पड़ी, 'आइए, अंजनी कुमार, आपका स्वागत है।'

वे तत्काल समझ गए कि यह स्वर देवी उर्मिला का ही है। वे विनम्रता से बोले, 'मैं समझ गया, आपकी साधना पूर्णरूपेण सफल हो गई, तभी आपने मुझे अदृश्य रूप में भी देखकर पहचान लिया।'

'आप मुझे 'आप' न कहें, आप माता सीता की लघु भगिनी हुईं न, वे मुझे वत्स या पुत्र कहती हैं। आप भी उसी रूप में मुझे बुलाएँ। दूसरी प्रार्थना है कि दर्शन देकर मुझे कृतार्थ करें।'

'वत्स, मुझे तुम्हारे सामने आने में कोई आपति नहीं।'

एक विचित्र अनुभव हुआ। बगल के कक्ष का द्वार खुला। जो दीपक वहाँ जल रहा था, उसकी लौ बढ़कर उस कमरे के द्वार तक गई। उर्मिला का मुख आलोकित करती हुई वह उनके साथ चलती गई। जब देवी उर्मिला दीपक के पास आकर खड़ी हो गईं तो वह ज्योति दीपक की लौ में समाहित हो गई। आंजनेय रोमांचित हो गए और बोले, 'माते, आप जैसी तपस्विनी का दर्शन पाकर मैं धन्य हो गया। अयोध्या आना सार्थक हो गया। अब आप आज्ञा दें, मुझे लंका जल्दी पहुँचना है।'

उर्मिला ने गम्भीरता से कहा, 'मुझे ज्ञात है। मेघनाद द्वारा चलाई शक्ति से मेरे पति मूर्च्छित हैं। उन्होंने शबरी के जूठे बेरों की उपेक्षा की थी, जो प्रेम से अर्पित किये गए थे। उन्हीं बेरों के रस से आपके द्वारा सिंचित संजीवनी, उनकी मूर्च्छा दूर करेगी। यही उनका प्रायश्चित्त होगा। तुमने बेरियों से 84 और 33 पत्ते तोड़कर तांत्रिक प्रयोग किया है। रावण के समस्त तांत्रिक प्रयोगों को ध्वस्त कर दिया है। यह काम कोई नहीं कर सकता था।'

'यह सब प्रभु राम और सीता माता के वरदान से हुआ।'

'यह तुम्हारी नम्रता है। तुम सामान्य व्यक्ति नहीं हो। तुम भगवान शंकर के ग्यारहवें रुद्र अवतार हो। तुम सदा दीन-दुखियों के संकटमोचक बने रहोगे। आगे का कार्य निर्विघ्न समाप्त करो, यही मेरा आशीर्वाद है।'

आंजनेय ने प्रसन्नतापूर्वक कहा, 'मैं जानता हूँ, आपका आशीर्वाद अवश्य फलीभूत होगा। आपने अपनी साधना से सर्वज्ञता प्राप्त कर ली है। अच्छा, माते, आज्ञा प्रदान करें।'

उर्मिला ने अभयदान की मुद्रा में हाथ उठाया। आंजनेय ने 'जय श्रीराम' कहा और अन्तर्ध्यान हो गए। भवन से बाहर आकर उन्होंने छलाँग लगाई और आकाश में बहुत ऊपर चले गए।

उन्होंने पवनदेव के उन्चासवें स्वरूप से संजीवनी शिला-खंड उठाकर पुनः अपने बाएँ हाथ पर धारण किया और लंका की तरफ बढ़ गए।

अयोध्या नगरी में उनका मन इतना बसा था कि वे पुनः दर्शन करने के लालच में नीचे उड़ने लगे। प्रेमातिरेक के कारण उनकी गति भी धीमी थी। इसका नतीजा यह हुआ कि वैज्ञानिकों द्वारा स्थापित नभ-छाया-ग्राही यंत्र पर उनकी परछाईं स्पष्ट

दिखने लगी। यंत्र के निरीक्षक समझ नहीं पाए कि पर्वत उठाए उड़ा जा रहा यह विशालकाय प्राणी कौन है। सूचना पाकर महामंत्री, रक्षामंत्री, सेनापति और शत्रुघ्न भी पहुँच गए। सब लोग अपने-अपने सुझाव देने लगे। रक्षामंत्री उसे गिरा देने के पक्ष में थे। लेकिन सुमन्त महामंत्री सहमत नहीं हुए। जब तक निश्चय न हो जाए कि यह शत्रु है या मित्र, ऐसा करना उचित नहीं होगा। महामंत्री का सुझाव था कि गुरु वसिष्ठ को सूचित करना उचित होगा। शत्रुघ्न का मत था कि उनकी साधना या विश्राम में विक्षेप करना उचित नहीं, हमें ही सोचना होगा। वे बोले, 'रघुकुल शिरोमणि राम यहाँ के राजा हैं। भरत भैया पर प्रशासन का भार है, उन्हें ही सूचना देनी चाहिए।'

सबने उनकी बातँ का समर्थन किया।

भरत अपना जाप पूरा करके खुली हवा में टहलने के लिए निकले थे। उन्हें अयोध्या की तरफ से आती टापों की आवाज सुनाई पड़ी। कुछ ही देर में चारों अति विशिष्ट व्यक्तियों को सामने देखकर वे चकित हुए। शत्रुघ्न ने पहले आकाश में उड़ती विशाल छाया की बात से अवगत कराया। फिर उन तीनों की राय उनके सामने रखी और आदेश के लिए निवेदन किया।

इतने में आंजनेय की इच्छा हुई कि भरत जी की कुटिया की एक बार फिर परिक्रमा कर ली जाए। वे नन्दीग्राम की ओर मुड़ गए। शत्रुघ्न की दृष्टि पड़ी तो उन्होंने भरत जी का उस ओर ध्यान आकृष्ट किया, 'देखो भैया, वह विशालकाय प्राणी पर्वत-खंड उठाये हमारी तरफ ही आ रहा है। हम ही उसका लक्ष्य हैं।'

भरत जी रक्षा मंत्री से सहमत थे कि इस आक्रमणकारी को मार गिराना उचित होगा, पर वे महामंत्री के अनुसार यह निश्चित कर लेना चाहते थे कि वह शत्रु है या मित्र। वे कुटी के अन्दर गए। पादुका-मंच के सामने बैठकर प्रणाम किया। फिर अपना धनुष उठाया। तूणीर में से एक बाण निकालकर उसका फलक अलग करके पादुकाओं के सम्मुख रख दिया। प्रणाम करके वे शीघ्रता से बाहर आ गए।

आंजनेय इस बात से मन-ही-मन प्रसन्न थे कि पुण्यात्मा भरत के दर्शन हो गए। लेकिन जब उन्होंने भरत जी को अपनी ओर लक्ष्य साधते हुए देखा तो स्थिति बदल गई। उन्होंने निश्चय किया कि मैं भरत जी के लक्ष्य को व्यर्थ नहीं करूँगा। जब राक्षस द्वारा ब्रह्मा जी के अस्त्र को सहन किया, ये तो श्रीराम के छोटे भाई हैं। उनके बाण से गिरकर अचेत होने का नाटक भी करूँगा। उन्होंने संजीवनी पर्वत को झंझट में डालना उचित न समझकर पर्वत को उछाला और पवनदेव के उन्चासवें स्वरूप में स्थापित कर दिया।

उधर उन्होंने पर्वत उछाला, इधर भरत का बाण सनसनाता हुआ उनके पास आया। जैसे ही भरत का बाण उनके पास पहुँचा, उन्होंने दोनों हाथों में लेकर उसे

मस्तक से लगा लिया, प्रणाम किया। फिर उन्हें ध्यान आया कि अभी तो बहुत-सी लीला सम्भाव्य है इसलिए उन्होंने बाण को जाँघ में घुसाकर रक्त की बूँदें टपका दीं। फिर कुटी के सामने धड़ाम से गिरकर अचेत हो गए।

उनके गिरते ही पाँचों महानुभाव उनके निकट पहुँचे। सेनापति ने भरत के लक्ष्य-भेद की प्रशंसा करते हुए कहा, 'आपने जीवित ही उसे गिरा लिया! देखिए, उसके होंठ हिल रहे हैं!'

शत्रुघ्न के मुँह से निकला, 'वह पर्वत कहाँ गया?'

सुमंत की राय थी, कोई महा तपस्वी है। जब सचेत होगा तभी वास्तविकता का पता चलेगा।

भरत जी ने कान मुँह के पास ले जाकर सुना, अचेतावस्था में भी वे 'श्रीराम-श्रीराम' का उच्चारण कर रहे थे। भरत दुखी होकर बोले, 'यह तो कोई राम का अनुरागी है, यह मुझसे क्या हो गया?'

शत्रुघ्न से पानी के लिए कहा। वे तत्काल पानी लेकर आ गए। भरत ने पानी के छींटे दिये। आंजनेय जान रहे थे कि भरत दुखी हो रहे हैं, पर उन्हें उनकी गोद में लेटे रहना भा रहा था। वे अर्धचेतन बने लेटे रहे।

जब वे चेतना में नहीं लौटे तो भरत ने अपनी समस्त भक्ति दाँव पर लगा दी, 'यदि मन-वचन-कर्म से मैं श्रीराम को प्रेम करता हूँ तो इस वानरवंशी की पीड़ा दूर हो जाए।'

आंजनेय को लगा कि श्री भरत ने अपनी समस्त भक्ति दाँव पर लगा दी है, अब तो चेतना ही पड़ेगा। वे 'श्रीराम' कहकर उठ बैठे। भरत ने कहा, 'मैं आपका अपराधी हूँ। इसके लिए आप मुझे जो भी दंड देंगे, मुझे स्वीकार्य है।'

आंजनेय ने भरत के जुड़े हुए हाथ खोलकर कहा, 'आप मेरे अपराधी नहीं, स्वामी हैं। मैं श्रीराम का तुच्छ सेवक हूँ। आप उनके छोटे भाई हैं तो आप भी मेरे स्वामी हुए।'

ऐसा कहकर वे भरत के चरण छूने को हुए तो भरत ने उन्हें हाथों पर थामकर गले लगा लिया। आंजनेय को आनन्द आ रहा था, अत: उन्होंने अलग होने का प्रयत्न नहीं किया। यही आनन्द उन्हें श्रीराम के आलिंगन में मिला था।

भरत ने आंजनेय से सम्मानपूर्वक पूछा, 'आप अपना परिचय देने की कृपा करें। आपकी भैया से कैसे और कहाँ भेंट हुई?'

शत्रुघ्न पर्वत के बारे में जानने को उत्सुक थे। उसके बारे में पूछने के लिए भरत जी के कान में फुसफुसाए।

भरत जी ने हँसकर पूछा, 'जिस पर्वत को देखकर मैंने आपको गिराया, वह कहाँ विलीन हो गया?'

आंजनेय भी मुस्कुराए, 'उसे तो मैंने उछालकर अन्तरिक्ष में स्थापित कर दिया। अगर पर्वत समेत गिरता तो सारे वृक्ष टूट गए होते। वह मुझे अभीष्ट नहीं था। अब मैं लौटते हुए उसे लेकर कर्तव्य–मार्ग पर निकल जाऊँगा।'

चकित भाव से भरत ने कहा, 'आप या तो कोई पूर्ण सिद्ध महात्मा हैं या देव पुरुष। आपके दर्शन पाकर हम धन्य हो गए।'

बाकी चारों के हाथ भी स्वत: जुड़ गए।

'धन्य आप हुए या मैं, यह तो मेरे सर्वज्ञ प्रभु जानते हैं या मेरा हृदय। अच्छा, आप अब जिसे महात्मा या देवता समझते हैं, उसके मुख से अप्रिय समाचार सुनने के लिए तैयार हो जाइए।'

तत्पश्चात् आंजनेय ने किष्किन्धा से लेकर लक्ष्मण को शक्ति लगने के सब प्रसंग संक्षेप में सुना दिये। भरत भावविह्वल होकर रोने लगे। शेष सभी लोग भी दुखी हो गए। तभी अयोध्या की ओर से एक रथ आता दिखाई पड़ा। सब उस ओर चल दिये।

जैसे ही आंजनेय पृथ्वी पर तीर खाकर गिरे थे, उर्मिला को पता चल गया था। उसने दासी को भेजकर रथ मँगवाया और दो दासियों के साथ नन्दीग्राम की ओर चल दीं। अपने साथ दीपक के पास रखी सिद्ध चुनरी ले ली। शत्रुघ्न के निकट पहुँचने पर रथ रुक गया। उर्मिला के रथ से उतरते ही उसने कहा, 'पर्वत लेकर आकाश में उड़ने वाले ये भैया, भैया राम के परम भक्त आंजनेय हैं।'

'मैं जानती हूँ।'

'इन्होंने भैया राम, भाई लक्ष्मण और पूज्य भाभी के सम्बध में अप्रिय समाचार सुनाया।'

'वह भी पहले से मुझे मालूम है।'

'आपने हम लोगों को क्यों नहीं बताया?'

'मैं भविष्य भी जानती हूँ, इसलिए आवश्यकता नहीं समझी। व्यर्थ में आप सब चिन्तित हो जाते।'

'इस समय यहाँ पधारने का कारण?'

'बाद में बताऊँगी।'

वे आगे कुछ नहीं कह सके। भाभी को यथास्थान पर बैठाकर सेवा में खड़े हो गए।

उधर भरत अपने को दोष दे रहे थे कि 'अयोध्या की राजरानी के हरण के लिए मैं ही दोषी हूँ। प्रभु राम को उसी कारण लंका पर आक्रमण करना पड़ा। भाई

लक्ष्मण रणभूमि में अचेत पड़े हैं। संजीवनी ले जानेवाले को मैंने बाण से बेधकर गिरा दिया। सहायता तो क्या करता, बाधक बन गया। मेरे होने न होने का कोई अर्थ नहीं...।'

आंजनेय ने धैर्य बँधाते हुए निवेदन किया, 'आप अधीर न हों। जो काम आपने नहीं किया, उसके लिए अपने को दोषी मानकर ग्लानि करना रोग बन जाता है। श्रीराम को आपसे अधिक प्रिय कोई दूसरा नहीं है। जो स्वयं दूसरों का संकट दूर करता हो, वह स्वयं संकट में कैसे पड़ सकता है?'

उनकी बातों से भरत का मन हल्का हुआ। तत्काल उनके मन में अपने कर्तव्य का ध्यान आया।

सेनापति को निर्देश दिया—अयोध्या राज की चतुरंगिणी सेना को सुसज्जित किया जाए। सुमंत से कहा, 'महामंत्री जी, मित्र राजाओं के पास तत्काल द्रुत सन्देश भेजें कि अपनी सेनाएँ लेकर अविलम्ब अयोध्या पहुँच जाएँ। हम लंका पर आक्रमण करेंगे। रावण को श्रीराम की शक्ति का अन्दाज करा देंगे। त्रैलोक्य की शक्ति उनके पीछे है।'

आंजनेय ने विनीत होकर कहा, 'आपको ससैन्य वहाँ जाने की आवश्यकता नहीं पड़ेगी। अगर आप सेना लेकर लंका चले गए तो अयोध्या असुरक्षित हो जाएगी। वैसे वानर और रक्षवंशियों में ऐसे विकट योद्धा हैं जो श्रीराम का आदेश मिलने पर एक ठोकर से लंका को नष्ट-भ्रष्ट कर सकते हैं। दूसरा कारण है कि या तो श्रीराम की अपार शक्ति का आपको ज्ञान नहीं है, और अगर है तो विश्वास नहीं है, तभी आप सेना लेकर जा रहे हैं। तीसरी बात, अगर श्रीराम अपने बल पर रावण को मारकर माता सीता को लेकर आएँगे तो चारों लोकों में उनकी जय-जयकार होगी। सेनासहित आपके जाने पर यह कहा जाएगा कि अगर भरत न जाते तो माता सीता की मुक्ति न होती। तब आपकी कीर्ति फैलेगी।'

भरत तत्काल बोले, 'ऐसा न कहिए आंजनेय! मुझे कीर्ति नहीं चाहिए, कदापि नहीं! अपने भैया राम की शक्ति का मुझे ज्ञान है, विश्वास भी। मैं नहीं जाऊँगा। किन्तु आपको मेरी एक बात माननी पड़ेगी।'

'आज्ञा कीजिए।'

'आप मेरे बाण पर पर्वतसहित बैठकर चले जाइए, क्षण मात्र में आप लंका पहुँच जाएँगे।'

'आप चिन्ता न कीजिए, पवनदेव मेरे पिता-तुल्य हैं, मैं आपके बाण की गति से ही लंका पहुँचूँगा। मेरी गति को अवरुद्ध करना किसी के बस में नहीं।'

'आप शक्ति और ज्ञान के पुंज हैं, आपके अकाट्य तर्क के सामने मैं अनुत्तरित हो जाता हूँ।'

'ऐसा न कहें, मैं तो एक शाखा से दूसरी शाखा पर छलाँग लगानेवाला शाखामृग हूँ।' आंजनेय ने हाथ जोड़कर कहा।

'आंजनेय, मेरे मन में एक दुविधा है। मेरे भाई लक्ष्मण को संजीवनी से जीवन मिला या नहीं, यह हम यहाँ बैठे कैसे जान पाएँगे?'

अब तक शान्त बैठी सबकी बातें सुन रही उर्मिला ने शत्रुघ्न से कहा, 'देवर जी, आप ज्येष्ठ जी से कह दीजिए कि यह प्रबन्ध हो जाएगा।'

7

युद्ध बन्द हो चुका था। चारों तरफ घनघोर शान्ति थी। रात्रि के समय शत्रु को युद्ध काल में भी किसी तरह की हानि पहुँचाना युद्ध-संहिता के विरुद्ध माना जाता था। राम व्याकुल भाव से टहल रहे थे, आंजनेय संजीवनी लेकर अभी तक नहीं आए थे। विभीषण, सुग्रीव, जाम्बवान, अंगद आदि सभी योद्धा बार-बार आकाश की ओर देख रहे थे, आंजनेय कहीं नजर नहीं आ रहे थे। उधर रात का चौथा पहर चल रहा था। आंजनेय क्यों नहीं आए?—यह प्रश्न अनेक आशंकाओं के साथ सबके मन में था।

केवल जाम्बवान सबको धैर्य बँधा रहे थे कि वे सूर्य उदय से पूर्व अवश्य आ जाएँगे। आंजनेय की न कोई गति को रोक सकता है, न संकल्प को तोड़ सकता है। सुषेण निरन्तर लक्ष्मण की स्थिति पर ध्यान रखे थे।

शत्रु के शिविर में जैसे-जैसे सूर्योदय का समय निकट आ रहा था, वैसे-वैसे उल्लास-भरी ध्वनियाँ सुनाई पड़ रही थीं। उसका श्रीराम के शिविर में अवसादात्मक प्रभाव पड़ रहा था। सुषेण के चेहरे पर भी निराशा की परत दृष्टिगोचर होने लगी थी।

श्रीराम जब अधीर होने लगे तो उन्होंने लक्ष्मण का सिर अपनी गोदी में रख लिया और अश्रुपूर्ण नेत्रों से बोले, 'भैया लक्ष्मण, तुम पर मेरा दुःख देखा नहीं जाता था, मुझसे पहले तुम चिन्तित हो जाते थे। सब कुछ छोड़कर मेरे साथ वन में चले आए। वनवास तो मुझे मिला था, न जानकी को मिला था और न तुम्हें। तुम दोनों ही सबसे अधिक दुःख भोग रहे हो। आज तुम्हें क्या हो गया कि मेरे दुःख को तुम आँख उठाकर देख तक नहीं रहे हो? मैं किस मुँह से अयोध्या जाऊँगा? मँझली माँ को क्या जवाब दूँगा? माँ को तो दे भी लूँगा पर उर्मिला जिसने तुम्हारी तरह ही महल में रहते हुए वनवास जिया है, वह तो कुछ भी नहीं पूछेगी, पर मेरा दायित्व है, उसे कुछ कहूँ...वह मेरे भाई की भार्या सीता की बहन भी है, सीता की तरह वह भी वनवासिनी बनी रही। मुझे पता होता तो मैं पिता की आज्ञा के उल्लंघन का अपयश ओट लेता। तुम्हारे बिना मैं कैसे जीवित रहूँगा?'

उनकी दु:ख-भरी बातें सुनकर वहाँ उपस्थित सभी का हृदय भर आया। तभी जाम्बवान ने देखा, उत्तर दिशा की ओर से एक विशाल पर्वत-खंड चला आ रहा है। वे मन-ही-मन समझ गए कि यह कोई नहीं, आंजनेय ही हैं।

लेकिन दूसरे योद्धा चिन्तित हो गए—यह नया सकट कहाँ से आ गया! कहीं रावण का कोई षड्यंत्र तो नहीं! सब अपनी-अपनी जगह पर अपने-अपने अस्त्र-शस्त्रों के साथ उठ खड़े हुए।

जाम्बवान ने समझाया, 'आप चिन्तित न हों, आंजनेय संजीवनी के साथ पर्वत-खंड लिये चले आ रहे हैं।'

संजीवनियों के साथ पर्वत-खंड भी दीप्तिमान हो रहा था। जब सबने उधर गौर से देखा तो आंजनेय पर्वत लेकर आते दिखाई दिये। सबके चेहरे खिल उठे। शत्रु शिविर में आवाजें मद्धिम पड़ गईं।

सबके देखते-देखते आंजनेय उतरे और पर्वत को पृथ्वी पर स्थापित कर दिया, और विनीत भाव से श्रीराम के समीप हाथ जोड़कर खड़े हो गए। सुषेण उनकी ओर देखकर मुस्कुराए। आंजनेय उनके मन की बात समझ गए कि ये पूछ रहे हैं कि मैंने संजीवनियाँ लाने को कहा था, तुम पूरा पहाड़ ही उठा लाए, अत: बोले, 'क्या करता वैद्य जी, वहाँ तो सजीवनियों के साथ घास-पत्तियाँ भी चमक रही थीं। मैंने सोचा, तोड़ने में समय लगेगा, पर्वत ही उठा लिया जाए। हाँ, आपका कार्य-भार बढ़ गया।'

सर्वप्रथम सुषेण ने वेदों के आराध्य धन्वन्तरी को प्रणाम किया। फिर पर्वत-खंड के सम्मुख खड़े होकर वैदिक मन्त्रों से चारों सजीवनियों का आह्वान किया। सजीवनियाँ प्रकट हो गईं जिनका सुषेण ने मानसिक रूप से दर्शन किया। तब भक्तिपूर्वक प्रार्थना की, 'यदि आप मुझ पर प्रसन्न हैं तो मुझे स्वीकृति प्रदान करें जिससे दशरथ-पुत्र लक्ष्मण पर आपका प्रयोग कर सकूँ।'

संजीवनियों ने संकेत द्वारा सहमति दे दी।

सुषेण आनन्द-विभोर हो गए। उन्होंने दूसरी प्रार्थना करके कहा, 'आप चार पात्रों में आने की कृपा करें।'

वे पहले लुप्त हो गईं, फिर अपनी-अपनी टहनी से पृथक् होकर चारों पात्रों में भर गईं। संजीवनी का प्रयोग करते ही लक्ष्मण मूर्च्छा-मुक्त होकर आवेश में बोले, 'कहाँ है मेघनाद? ठहर जा, अभी तेरा वध करता हूँ।'

लक्ष्मण को इस तरह सम्भाषण करते हुए देखकर श्रीराम गद्गद हो गए। उन्होंने एक हाथ से लक्ष्मण को, दूसरे हाथ से आंजनेय को गले से लगा लिया। पूरी सेना हर्ष से उछल पड़ी।

रात भर शत्रु-शिविर में जो शोर मच रहा था, वह सन्नाटे में बदल गया था। जब रावण को पता चला कि लक्ष्मण की मूर्च्छा समाप्त हो गई तो वह निराश तो हुआ ही, सिर पकड़कर बैठ गया। मेघनाद जो विजेता की तरह घूम रहा था, वह सिर छिपाता घूमने लगा।

आंजनेय ने राम को सारी स्थिति समझा दी थी। लक्ष्मण को भी संजीवनियों का सन्देश देकर अपनी जिम्मेदारी से मुक्त हो गए थे। उन्होंने स्पष्ट कहा था, 'वीरवर लक्ष्मण, संजीवनियाँ आपसे अप्रसन्न थीं। आपने शबरी के द्वारा सम्मान और प्रेम के साथ भेंट किये गए बेरों को फेंककर वनस्पति का अनादर किया था, जबकि आपके बड़े भ्राता ने उन्हें प्रेम से सराहकर खाया था। वे आपके उपचार के लिए आने के नाम पर लोप हो गई थीं। मेरे बहुत अनुनय-विनय और उनके द्वारा बताई गई विधि-पालन करने पर ही आने को मानीं। उन्हीं के प्रयोग से आपको जीवन मिला।'

लक्ष्मण जी शबरी सन्दर्भ को पुन: याद करके बोले, 'उस समय मेरे द्वारा किये गए अनुचित व्यवहार का मुझे दु:ख और पश्चात्ताप है। मैं अपनी उस भूल के लिए समस्त वनस्पतियों से क्षमा माँगता हूँ।' यह कहकर लक्ष्मण जी पर्वत-खंड के पास गए। दोनों हाथ जोड़कर क्षमा-याचना की।

उनके प्रणाम करते ही समस्त वनस्पतियाँ हरहरा उठीं और सम्मिलित ध्वनि सुनाई पड़ी, 'शक्तिमान लक्ष्मण की जय!'

वह ध्वनि लंका में भी अनुगूँजित हुई। उसे सुनकर लंकावासी अनिष्ट की आशंका से भयभीत हो गए।

श्रीराम जान चुके थे, अगर आंजनेय अनुनय-विनय करके संजीवनियों को न मनाते और शबरी आश्रम जाकर, बेरियों की पत्तियाँ लाकर, उनके रस से संजीवनियों का सिंचन न करते तो लक्ष्मण का जीवन बचाना कठिन हो जाता। उन्होंने आंजनेय से कृतज्ञता के भाव से कहा, 'हे आंजनेय, तुम्हारे किस-किस उपकार का स्मरण करूँ! अगर उनको स्मरण करूँ तो मुझे यही कहने का मन चाहता है कि तुम ही मेरे संकट-मोचन हो। तुम्हारे बिना मैं असहाय हूँ।'

अचानक श्रीराम के मुख से यह सब सुनकर आंजनेय विस्मित हो गए। कंठ अवरुद्ध हो गया, बोल नहीं सके। अपलक उनके मुख को एकटक देखते रहे। वह शायद यह कहने का उपक्रम कर रहे थे कि प्रभो, आप यह क्या कह रहे हैं!

आंजनेय की दृष्टि का अर्थ समझे बिना वे कहते जा रहे थे, 'तुम यह न समझो, मेरे ऊपर उपकार करने का क्रम समाप्त हो गया। तुम्हारी आवश्यकता पग-पग पर पड़ेगी।'

आंजनेय से और अधिक नहीं सुना गया। वे कातर स्वर में बोले, 'बस कीजिए प्रभो, मेरा गुण-गान बन्द कर दीजिए। मुझे मानसिक वेदना हो रही है। आपने मुझ नगण्य को हृदय से लगाकर जो अलौकिक आनन्द और सम्मान दिया है, उसके सामने ये पत्थर, पहाड़ ढोना धुरी के समान भी नहीं है।'

'मैंने जो कहा, क्या वह असत्य है?'

'मैं अज्ञानी, आप जैसे सर्वगुण-निधान से तर्क करने योग्य नहीं, प्रभो। आप को स्मरण है कि महर्षि वाल्मीकि ने आपसे कहा था कि आप अपनी भगवत्ता भूलकर संसारी व्यक्ति की तरह बात और कर्म करते हैं। आपकी वही नीति है— नाटक में जो भूमिका मिले, उसी के अनुसार अभिनय करने और संवाद बोलने वाला ही वास्तविक कलाकार होता है।'

श्रीराम ने मुस्कुराते हुए कहा, 'अच्छा, केसरीनन्दन, अब मैं तुम्हारे गुणों का वर्णन न करके मन में ही रखूँगा, पर तुम्हें मेरे कई काम करने पड़ेंगे।'

'आज्ञा करें भगवन!'

'पहला काम इस पर्वत-खंड को तुम वहीं स्थापित कर आओ जहाँ से लाए हो। दूसरा काम है वैद्यराज सुषेण को घर समेत, सुखपूर्वक लंका पहुँचा दो। उन्हें कोई कष्ट न हो।'

'और तीसरा काम?'

'तीसरा काम यह है कि पहले दोनों काम करते हुए तुम सदैव मेरे पास रहोगे।'

'ये सब कार्य करते हुए, एक ही समय में... ?'

'तुम्हारे लिए क्या कठिन है! 'एकोहम् बहुस्यामः' संकल्प याद करो। तीन क्या, तीन कोटि काम एक साथ हो सकते हैं। तुम एक होकर भी अनेक हो।'

'आपके आदेश का अक्षरशः पालन होगा प्रभो! आपने फिर मेरा गुणगान किया।'

'भूल हो गई, अब ऐसा नहीं होगा। कई बार गुणगान उत्प्रेरक का काम करता है। महात्मा जाम्बवान ने भी यही किया तब तुमने समुद्र लाँघा।'

आंजनेय ने 'जय श्रीराम' कहा और अन्तर्ध्यान हो गए। अन्तरिक्ष में पहुँचकर वे तीन रूपों में प्रकट हुए। एक रूप ने संजीवनी पर्वत उठाकर आकाश में गमन किया। दूसरे ने सुषेण से शैया पर लेट जाने की प्रार्थना की और लेट जाने पर, सावधानी से घर उठाकर, वह लंका में उनके निवास की ओर उड़ चला। तीसरा रूप श्रीराम के समक्ष दास की भाँति हाथ जोड़कर सेवा में खड़ा हो गया।

8

उर्मिला ने जब शत्रुघ्न से कहा था कि लक्ष्मण को चेतना आई या नहीं, उसको दिखाने का प्रबन्ध मैं करूँगी तो शत्रुघ्न ने जानना चाहा कि हमारे विज्ञान-भवन में तो कोई ऐसा उपकरण नहीं है जो दिखा सके कि लंका में क्या हो रहा है, तो उन्होंने उत्तर दिया कि उसके लिए किसी उपकरण की आवश्यकता नहीं होगी।

'सच भाभी?'

'मैं झूठ क्यों बोलूँगी? मेरे यहाँ आने का उद्देश्य यही है। यह मैंने पहले बताना आवश्यक नहीं समझा था।'

शत्रुघ्न ने भरत को जाकर बताया। भरत ने चकित भाव से कहा, 'यह तो चमत्कार हो जाएगा। क्या यह सम्भव है?'

आंजनेय उस वार्तालाप को चुपचाप सुन रहे थे, बोले, 'आप देवी उर्मिला की बात पर सन्देह न कीजिए, साधना सब उपलब्धियों की खान है।'

'आप कहते हैं तो मान लेता हूँ, किन्तु आप संजीवनी लेकर लंका के लिए प्रस्थान करें।'

आंजनेय ने स-भक्ति प्रणाम किया और 'जय श्रीराम' का उद्घोष करते हुए ऊपर उठ गए। संकल्प मात्र से वे पवनदेव के उनचासवें स्वरूप में आए और संजीवनी पर्वत लेकर लंका की ओर उड़ चले।

उनके प्रस्थान के साथ देवी उर्मिला ने अपनी सिद्ध चुनरी निकाली और शत्रुघ्न को देते हुए कहा, 'देवर जी, पहले आदरपूर्वक मस्तक से लगाइए फिर इसका एक पल्ला उस वृक्ष के तने से पाँच हाथ ऊपर लपेट दीजिए।'

'फिर?'

उर्मिला ने मुस्कुराते हुए कहा, 'फिर देखिए, क्या होता है।'

शत्रुघ्न ने निर्देशानुसार चुनरी वृक्ष से बाँध दी। उस चुनरी का दूसरा छोर तीव्र गति से आकाश में उड़ने लगा। उसका जुड़ाव वृक्ष में बँधी चुनरी से यथावत था।

आंजनेय ने पीछे उड़ते आ रहे चुनरी के सिरे को देखा तो समझ गए, यह देवी उर्मिला की साधना का फल है।

नन्दीग्राम में जिस वृक्ष से चुनरी का छोर लिपटा हुआ था, उससे पाँच हाथ की दूरी पर सलवटहीन सपाट पटल बन गया जिस पर वहाँ बैठे हुए लोगों को आंजनेय आकाश में उड़ते हुए स्पष्ट दिखाई पड़ रहे थे। उसे देखकर भरत जी, शत्रुघ्न और मंत्री लोग अवाक् रह गए।

आंजनेय जिस पथ से उड़कर जा रहे थे, सहसा उन्होंने देखा, सूर्यदेव बारहों ग्रहों सहित सामने आ गए।

सामने सूर्यदेव को देखकर आंजनेय क्षण भर के लिए अस्थिर हो गए। फिर तुरन्त ही सँभलकर प्रणाम किया।

सूर्यदेव मुस्कुराकर बोले, 'आज हम आपका प्रणाम स्वीकार करने नहीं आए, हम सब आपका पूजन करने आए हैं।'

उन्होंने अनुनय की, 'भगवन, ऐसा न करें, आप मेरे गुरु हैं, मैं शिष्य हूँ।'

'वसिष्ठ जी भी श्रीराम के गुरु हैं, किन्तु एकान्त में उनकी वंदना करते हैं, सतत भक्ति का आशीर्वाद लेते हैं। सबके सामने श्रीराम का प्रणाम ग्रहण करके आशीर्वाद देते हैं। यहाँ भी एकान्त ही है, ये सब ग्रह मेरे अंग हैं।'

'आपका कथन सत्य है, पर मैं अत्यन्त आवश्यक कार्य से जा रहा हूँ। समय से नहीं पहुँचा तो अनर्थ हो जाएगा।'

इस पर चन्द्रमा बोले, 'आप हमें न बहलाएँ, हम जानते हैं, आप रुद्रावतार हैं, कालातीत हैं, महाकाल हैं। काल की क्या मजाल जो महाकाल की योजना में बाधा पहुँचाए!'

मंगल ने भी अपनी तरह वन्दना×भाव से अपनी बात कही, 'आपके लिए लंका की दूरी क्या है! आप चाहें तो एक पग यहाँ और दूसरा पग लंका में रख दें।'

चन्द्रदेव ने राम-जन्म की घटना का उल्लेख किया, 'राम-जन्म के समाचार पाकर अवध की सारी प्रजा झूम उठी थी, घर-घर में उत्सव मनाये जा रहे थे। भगवान भास्कर आनन्दोत्सव देखकर चकित रह गए। तब उनकी आधी यात्रा ही समाप्त हुई थी। वे मुग्ध भाव से उत्सव देखते रहे। एक मास बीत गया। अयोध्या की जनता को भी आभास नहीं हुआ। एक दिन एक मास के बराबर हो गया। वही सूर्यदेव आपसे रुकने की प्रार्थना कर रहे हैं, और आप हमें समयाभाव का पाठ पढ़ा रहे हैं?'

बुध ने देवताओं पर किये गए उपकार का स्मरण कराया। वे चौंके। पूछा, 'मैंने आप पर कौन-सा उपकार किया?'

बुध बोले, 'हम सबको क्रूर रावण ने तांत्रिक शक्ति से बन्दी बनाया हुआ था। हम बिना आज्ञा के हिल-डुल तक नहीं सकते थे। आपने शबरी के आश्रम से

गुठलियों से उत्पन्न बेरियों के एक सौ सत्रह पत्तियों के रस से संजीवनियों का सिंचन करके उसके तांत्रिक बन्धन को तोड़कर हम सबको मुक्त करा दिया। यह उपकार नहीं तो क्या है?'

देव-गुरु बृहस्पति ने कहा, 'आपका पूजन-वन्दन करके हम सब अपनी कृतज्ञता प्रकट करना चाहते हैं।'

विनम्रता से उन्होंने अपना शीश झुका लिया। सूर्यदेव समझ गए कि आंजनेय ने आग्रह स्वीकार्य कर लिया है। संकल्प के साथ ही पूजन की दिव्य सामग्रियों से भरा थाल उनके हाथ में आ गया। सबने विधिवत् पूजा की। दिव्य सुगन्धित पुष्पों की वर्षा की। परिक्रमा की, प्रणाम किया।

शनिदेव ने घोषणा की कि जिस व्यक्ति के प्रति एक या अनेक ग्रहों की प्रतिकूलता हो और वह आपका भक्त हो तो सारी प्रतिकूलता अनुकूलता में बदल जाएगी।

सब ग्रहों ने शनि की घोषणा को सहर्ष स्वीकार किया।

सूर्यदेव ने कहा, 'मैं आपको सोना बनाने की क्रिया देता हूँ। आपको उसकी आवश्यकता नहीं। मेरी किरणों में सोने बनाने की क्षमता है। उसके लिए ज्ञान और विधि जानना आवश्यक है। वह विधि आपको अर्पित है। जो भक्त अपनी उपासना से प्रसन्न कर लेगा, यह विधि उसे स्वतः मिल जाएगी।'

आंजनेय लंका की तरफ उड़ चले।

जब आंजनेय सुषेण का घर लंका में प्रस्थापित करके चले तो सुषेण ने उनसे अपनी कुटिया पवित्र करने का आग्रह किया। उन्होंने सुषेण से श्रीराम के आदेशानुसार दक्षिणा लेने का आग्रह किया। सुषेण ने कहा कि श्री लक्ष्मण का स्वस्थ होना ही उनकी दक्षिणा है। उनके आग्रह पर सुषेण ने कहा, 'मेरे मन में कुछ जिज्ञासाएँ हैं, यदि आप उन्हें शान्त करने की कृपा करें तो मैं समझूँगा, मुझे अमूल्य दक्षिणा मिल गई।'

आंजनेय ने स्वीकृति दे दी।

सुषेण ने पूरा विवरण देते हुए कि कैसे वे संजीवनी लेने गए, कैसे कालनेमि ने उन्हें भरमाना चाहा, उसे मारा, संजीवनियों से विवाद हुआ, शबरी आश्रम जाकर संजीवनियों को सिंचित करने के लिए बेरियों की पत्तियों का रस लाए, भरत के बाण के द्वारा गिराए गए, वहाँ काफी समय लगा, फिर पर्वतसहित लंका आकर मूर्च्छा दूर करने का अनुष्ठान हुआ, अन्त में घर समेत उन्हें उनके स्थान पर पहुँचाया...यह सब करते हुए केवल रात्रि का तीसरा पहर ही बीता है, यह कैसे सम्भव है?

'जब आपने लौटने पर राम-दल को सुनाई थी तो मैंने भी सुनी थी। इतने काम इतने कम समय में कैसे पूरे हो गए?'

आंजनेय ने हँसकर कहा, 'वैद्यराज, आप लौकिक घटनाओं के बारे में तो जान गए, बहुत-सी अलौकिक घटनाएँ भी घटित हुई थीं। उनका उल्लेख मैंने रामदल में सखाओं के सामने नहीं किया था।'

वैद्यराज की जिज्ञासा बढ़ गई। वे बोले, 'आप उन घटनाओं को सुनाने की कृपा करें। मैं उत्सुक हूँ।'

'आपने बिना भेद-भाव के शत्रु-शिविर में आकर लक्ष्मण जी की जान बचाई, इसलिए आप सुनने के अधिकारी हैं, मैं आपको अवश्य सुनाऊँगा।'

'संजीवनी पर्वत-खंड उठाने से पूर्व जब मैंने द्रोणगिरि की परिक्रमा की और सादर शीश झुकाया, तभी सहसा दिव्य पुष्पों की वर्षा होने लगी और दिव्य वादकों की मधुर ध्वनि गूँजने लगी। मैं चकित था। अन्तरिक्ष की ओर दृष्टि गई तो सीता माता वरद मुद्रा में थीं। मेरे देखते-देखते उनकी जगह श्रीराम वनवासी रूप में दिखाई देने लगे। मैं विस्मय में डूब गया। उस विस्मय से उबर भी नहीं पाया था कि शिव अर्धनारीश्वर रूप में दिखाई दिये। मैंने किसी तरह अपने को सँभाला और स-भक्ति प्रणाम किया। उन्होंने कर्म-ज्ञान पर उपदेश दिया। उनके जाते ही भगवती आदि-शक्ति पार्वती माँ के दर्शन हुए। उन्होंने मेरे मस्तक पर लाल सिन्दूर का विजय तिलक लगाया। वरदान दिया। तभी मुझे समय का ध्यान आया। विलम्ब होने की आशंका से भयभीत हो गया। आकाश की तरफ देखा तो मैं चकित हुआ, सब नक्षत्र उसी स्थिति में जमे हैं जैसे लंका से चलने के समय थे। मेरे मन में भी आपकी तरह प्रश्न उठा—यह कैसे सम्भव है? माँ पार्वती मेरे मन का भाव समझ गईं। उन्होंने मुझे काल का रहस्य समझाया जो मैं आपको बाद में बताऊँगा।'

'आपने दिव्य विभूतियों के दर्शन किए, आप धन्य हैं। मैं भी आपका स्नेह-सम्पर्क पाकर धन्य हो गया। मैं शेष अलौकिक घटनाएँ सुनने को उत्सुक हूँ।'

'आद्या शक्ति माँ पार्वती ने आगे का कार्य करने का आदेश दिया और अन्तर्ध्यान हो गईं। वैद्यराज, जिन्हें आप अलौकिक घटनाएँ समझते हैं, वे केवल इसलिए अलौकिक हैं क्योंकि हम उनकी कल्पना भी नहीं कर पाते। जब मैं पर्वत-खंड लेकर उतरा तो आपको वह अलौकिक लगा होगा! पर वह मेरी साधना और संयम का फल था, जैसे संजीवनी द्वारा आपका श्री लक्ष्मण के प्राण वापस लाना, मुझे चमत्कारिक लगा था।'

थोड़ा रुककर बोले, 'जब मैंने पुनः पर्वत-खंड उठाने का उपक्रम किया तो मेरी माता अंजनी की वात्सल्यपूर्ण ध्वनि सुनाई पड़ी। तुरन्त ही वे प्रकट हो गईं। दीर्घ अन्तराल तक प्रतीक्षा करने के बाद अवश्य वे अपनी इच्छाशक्ति और मातृत्व की साधना के बल पर आई होंगी। उन्होंने आशीर्वाद दिया। मैं भी बच्चा बनकर गच्च से उनकी गोद में जा बैठा। माँ ने मुझे हृदय से चिपका लिया। मेरी इच्छा हुई, इतने

अन्तराल के बाद मिला हूँ, माँ को कुछ अर्पण करूँ। पर क्या? यह सवाल दिमाग में आते ही बहुरंगी, सुगंधित दिव्य पुष्प मेरी दाईं ओर इकट्ठे हो गए। मैं चकित था, प्रसन्न भी। मैंने एक-एक करके तीन पुष्पांजलियाँ उनको अर्पित कीं। उन्होंने आँचल में ले लीं। फिर उन्होंने मुझे आदेश दिया कि सम्पूर्ण विश्व को पुष्पांजलि दो और सबके ऋण से मुक्त हो जाओ। मैं चक्कर में पड़ गया।'

उन्होंने गिनाना शुरू किया, 'मैंने सर्वप्रथम पिता समान पवनदेव के उनचास स्वरूपों, त्रिदेवों, आद्याशक्ति, सभी महाशक्तियों, मूल प्रकृति, पंच महाभूतों, ग्रह-नक्षत्रों, देवी-देवताओं, गन्धर्व-किन्नरों, अप्सराओं, दैत्य-दानव-राक्षसों, नागों, ऋषि-मुनियों, वेद-शास्त्रों, कला-विधाओं तथा समग्र रूप में सब जीवों एवं समस्त वृक्ष वनस्पतियों को, माँ के आदेशानुसार, पुष्पांजलियाँ दीं। उसके बाद माँ अन्तर्ध्यान हो गईं। मैंने ऐसी दिव्यात्मा माता के पुत्र होने के लिए भाग्य को सराहा, प्रणाम किया।

'सब आते गए, मैं अंजलि भरकर पुष्प अर्पित करता गया। जब जो आता, आकाश में बिना मेरे बोले, देवी-देवताओं का पुष्प अर्पण मंत्र, बीज-मंत्र सहित उच्चरित होने लगता था। उसके बाद पर्वत-खंड उठाकर चला तो भरत जी वाली घटना आप सुन ही चुके हैं।'

सुषेण ने समय वाली याद दिलाई तो आंजनेय हँसकर बोले, 'आप भूले नहीं तो सुनिए। देखिए, जहाँ तक समय की परिभाषा का प्रश्न है, सीमा और स्थान का प्रश्न पंचभूत-प्रधान जगत के लिए तो अनिवार्य है, किन्तु जब अलौकिक महाशक्ति महाकाल से विनोद-क्रीड़ा करने लगती है तब देश-काल-वस्तु का अस्तित्व नगण्य हो जाता है। इस मूल शक्ति के समक्ष पहुँचकर त्रिदेव—ब्रह्मा, विष्णु और शिव-भी आद्या शक्ति में समाहित हो जाते हैं। फिर इन प्रकृति तत्त्वों की बात क्या करनी! आप स्वयं ही सोचिए, जहाँ आद्या शक्ति का खेल चल रहा हो, वहाँ बेचारे समय की क्या सामर्थ्य कि हस्तक्षेप करे!'

आंजनेय ने उनके कुछ प्रश्नों का समाधान किया, फिर 'जय श्रीराम' का उद्घोष करते हुए विदा हो गए।

वसिष्ठ मुनि, अरुंधती तथा नन्दिनी (मानवीय रूप रखकर) ने आंजनेय का गुरु-रूप में पूजन करने का निश्चय किया। नन्दिनी ने वसिष्ठ जी से आज्ञा माँगी, 'यह पूजन विशिष्ट है। मैं पूजन-सामग्री के पात्रों में कुछ परिवर्तन करना चाहती हूँ।'

नन्दिनी देवी द्वारा पूजित और वसिष्ठ द्वारा पालित अलौकिक गाय थी जो संकल्प मात्र से कुछ भी उपलब्ध करवा सकती थी। वसिष्ठ जी ने अनुमति दे दी।

उसने अपने जूड़े से ग्यारह पुष्प निकाले और दसों दिशाओं को समर्पित कर दिये। एक आंजनेय के चरणों में अर्पित कर दिया। एकाएक पात्रों में अत्यन्त मधुर

तथा आनन्द प्रदान करनेवाली झनझनाहट अनुगूँजित होने लगी। सभी पात्र पूर्णत: सोने के हो गए, जो नवरत्न जड़ित और रक्ताभ मूँगों से आच्छादित थे। फिर अस्फुट स्वर में एक मंत्र पढ़ा जिससे वैसी ही दिव्य सुगन्ध सारे में भर गई, जैसी संजीवनी पर्वत पर थी अथवा देवी उर्मिला के साधना-कक्ष में थी।

सबसे पहले गणेश का सपत्नीक आह्वान किया। तत्काल गणेश सिद्धि-बुद्धि पत्नियों के साथ प्रकट होकर नन्दिनी द्वारा उत्पन्न किये गए पारदीय दिव्य आसन पर विराजमान हो गए। उन तीनों ने विधि-विधान के साथ पूजा की। पूजा समाप्त होने पर वे आंजनेय के शरीर में समाहित हो गए। एक-एक करके सब देवता आए और पूजा की समाप्ति के बाद सब अपनी शक्तियों के साथ गणेश की भाँति आंजनेय के शरीर में समाहित होते गए।

मनुष्य कुछ नहीं करता, सब कुछ शक्तियाँ ही करती हैं। पुराकाल में प्रकृति ही थी, वही आद्या शक्ति कहलाती है। देवताओं के बाद महत्त्वपूर्ण शक्तिशाली वस्तुओं और स्थितियों की पूजा की, चाहे वे सकारात्मक हों या नकारात्मक हों, जैसे—लक्ष्मी-अलक्ष्मी, अमृत-विष, सुख-दु:ख, सत्य-असत्य, पुण्य-पाप, प्रकाश-अन्धकार, ज्ञान-अज्ञान आदि।

सब पूजाएँ करने के बाद क्रम से भगवान लक्ष्मी-नारायण, उमा-शंकर, सरस्वती सहित ब्रह्मा तथा कृष्णमयी श्रीराधा का आह्वान किया। वे सब आंजनेय के शरीर में समाहित होते गए। कहते हैं, पता नहीं चला, पर इस बृहद पूजा में तैंतीस वर्ष लग गए।

अचानक अरुंधती को कुछ स्मरण हो आया। उन्होंने वसिष्ठ जी से अनुमति लेकर पूछा, 'आपने समस्त देवताओं, सभी शक्तियों, त्रिदेवों और राधा-कृष्ण का पूजन किया, सीता-राम को कैसे भूल गए?'

'मैं भूला नहीं था, लेकिन जब भी आह्वान करने का मंत्र पढ़ता था, लगता था, मेरा जैसे कोई गला दबा देता है! ऐसा क्यों हो रहा था, मैं समझ नहीं पा रहा हूँ।'

आंजनेय बोले, 'ऐसा मेरी प्रेरणा से हो रहा था। जब मेरे प्रभु राम, माता सीता का आह्वान करने लगते थे, मैं आपका कंठ अवरुद्ध कर देता था।'

'प्रभो, आप ऐसा क्यों करते थे?'

'मैं नहीं चाहता था, इस अनिच्छित होनेवाले मेरे पूजन में मेरी माता और प्रभु अनावश्यक कष्ट करें।'

महर्षि ने अरुंधती से कहा, 'अब तो तुम्हारे प्रश्न का उत्तर मिल गया होगा।'

बिना कुछ कहे उन्होंने आंजनेय को दोनों हाथ जोड़कर, शीश झुका दिया।

वसिष्ठ जी ने दिव्य मंत्र द्वारा अर्धनारीश्वर का आह्वान किया। वे प्रकट हो गए। भगवान अर्धनारीश्वर शान्त भाव से निर्धारित आसन पर विराज गए। तीनों ने श्रद्धापूर्वक विधि-विधान से पूजन किया। फिर वे भी पहले की तरह आंजनेय में विलीन हो गए।

अर्धनारीश्वर की पूजा के समाप्त होने के बाद आंजनेय की पूजा होनी शेष थी। तभी अत्यन्त मधुर कंठध्वनि सुनाई पड़ी—'ओम् श्री सद्गुरुदेवाय नमः' के साथ माता सीता और श्रीराम प्रकट हो गए। उन्हें देखकर आंजनेय 'प्रभु राम' कहते हुए अपने आसन को छोड़कर उठने लगे। श्रीराम ने हाथ के संकेत से मना कर दिया कि 'आप उठें नहीं, आप पूर्ववत आसन पर विराजमान रहें।' माता सीता ने कहा, 'और बोलिए भी नहीं।'

आंजनेय के पास चुपचाप बैठे रहने के अतिरिक्त विकल्प नहीं बचा था।

महर्षि ने अवसर पाकर सीता-राम से आसन ग्रहण करने का आग्रह किया, जिससे पहले उनका पूजन किया जा सके। राम ने कहा, 'नहीं, ऋषिवर, यदि हम आपके आह्वान पर आए होते तो पूजा कराने की विवशता होती, हम तो आपके साथ मिलकर आंजनेय की पूजा करने आए हैं।'

आंजनेय बोले, 'प्रभो, आप यह उलटी गंगा कैसे बहा रहे हैं?'

राम हँसकर बोले, 'गंगा तो सदा सीधी ही बहती है।'

आंजनेय शान्त भाव से यह कहकर बैठ गए, 'माता ने न बोलने का आदेश दिया था, मुँह से ये कुछ शब्द निकल ही गए। आप जो भी कहें या करें, शिरोधार्य है।'

राम और सीता ने वसिष्ठ, अरुंधती और नन्दिनी के साथ मिलकर आंजनेय की विधिवत् पूजा की। पवन देवता ने प्रसन्न होकर दिव्य मंत्रों को दसों दिशाओं में प्रसारित कर दिया।

राम बोले, 'अब हमें आप आशीर्वाद दें।'

'आप स्वयं कल्याण और आनन्द के धाम हैं, आपको कोई क्या आशीर्वाद देगा! लेकिन गुरु-पद की प्रतिष्ठा और आपके आदेश के पालन के लिए आशीर्वाद तो देना ही होगा।'

तब तक राम ने एक माँग और कर दी, 'हम लोगों के बीच इस समय गुरु-शिष्य का नाता पर्याप्त नहीं है। हमारा यह नाता चिरकाल तक बना रहे।'

आंजनेय ने गम्भीर होकर कहा, 'कृपया आप यह आग्रह न करें। प्रभो, आपकी भाँति मैं भी अपने नियमों से बँधा हूँ। यह बात असम्भव है। अगर आपकी यही इच्छा है तो उसे कौन रोक सकता है! उस स्थिति में तो आपको मुझे और वसिष्ठ जी को

एक ही मानना होगा। यह सम्बन्ध अभी भी है, प्रत्येक त्रेता युग में भी होगा। ब्रह्मापुत्र महर्षि वसिष्ठ जैसे तपस्वी आपके वंश के कुलगुरु भी हैं और पुरोहित भी। पुरोहित का कार्य बड़ा दुरूह और दुष्कर है। यजमान के सारे संकटों का दायित्व उसे अपने ऊपर लेना पड़ता है। पुरोहित वह, जो यजमान का पूरा हित करे। यजमान और शिष्य के पापों का शमन भी उसे ही करना पड़ता है। मैं जो कह रहा हूँ, उसका ज्ञान सहस्त्र गुणा आपको है।'

आंजनेय के उत्तर से सन्तुष्ट होकर सीता और राम उनके शरीर में समाहित हो गए।

जब आंजनेय सीता-राम की पूजा से मुक्त होकर 'सीता-राम की जय' के उद्‌घोष के साथ चले तो उस समय भी समय की स्थिति वही थी जो तब थी, जब वे संजीवनी की खोज में निकले थे। आंजनेय मन-ही-मन सोचकर मुस्कुराए। जब वे लंका पहुँचे तब भी लगभग चौथा पहर शेष था।

आंजनेय का यह अलौकिक कर्तव्य देखकर हर कोई प्रसन्न था। सुषेण का घर लंका में पुनर्प्रस्थापित करके लौटते समय जो आद्य शक्तियों का खेल उनके चारों ओर चला था, वे उससे अभिभूत थे। लक्ष्मण स्वस्थ हो गए थे। युद्ध में फिर सन्नद्ध हो गए थे। रावण स्वयं अपनी ओर से युद्ध अधिष्ठाता था। आंजनेय अपने दायित्व से मुक्त होकर युद्ध में उतरने की सोच रहे थे तभी उन्होंने देखा कि रावण के हाथ में भयानक धनुष है। अपने तीक्ष्ण बाणों से वानर सेना को विचलित कर रहा है। हालाँकि वे मतभेद सुलझाने का साधन वार्ता को ही मानते थे। रावण के साथ वार्ता करने के लिए अपने को बन्दी बनने दिया था। लेकिन जब उन्होंने यह दृश्य देखा तो वे कूदकर रावण के रथ के समीप पहुँच गए। उन्होंने वहाँ भी पहले बात करने के लिए दाहिना हाथ उठाकर कहा, 'देखो, यह सब न करो वरना पाँच उँगलियों वाला यह हाथ तुम्हारे शरीर से जीवात्मा को अलग कर देगा।'

रावण संकेत न समझकर कुपित स्वर में बोला, 'तुम निश्चिन्त होकर मुझ पर वार कर लो। तुम्हारा पराक्रम देखकर, तुम्हारे प्राण देह से अलग करूँगा।'

आंजनेय ने उत्तर दिया, 'मैं पहले ही तुम्हारे पुत्र अक्षकुमार के प्राण ले चुका हूँ। तुम मेरे पराक्रम को पहले से जानते हो।'

उनके इस उत्तर से रावण का रक्त उबल गया। उसने तुरन्त आंजनेय के वक्ष पर प्रहार किया। वे उसके बलशाली मुष्टिका-प्रहार से एक क्षण के लिए विचलित हो गए। चूँकि उसने आक्रमण कर दिया था, उन्होंने सुस्थिर होकर असुरराज को कसकर घूँसा मारा। रावण घूसा लगते ही काँप गया। कुछ सँभलकर रावण ने कहा, 'पराक्रम की दृष्टि से तुम मेरे वास्तविक प्रतिद्वन्द्वी हो।'

आंजनेय ने उत्तर दिया, 'मुझे धिक्कार है कि तुम मेरा मुक्का खाकर भी अब तक जीवित हो!'

तब तक रावण सेनापति नील के साथ भिड़ गया था। वे उधर झपटे। किन्तु रावण को नील के साथ युद्ध करते देखकर वे रुक गए और कहा, 'निशाचर, तुम मुझे छोड़कर दूसरे से युद्ध करने लगे, इस कारण मैं तुम पर प्रहार नहीं करूँगा।'

वास्तव में आंजनेय की प्रचंड शक्ति के कारण युद्ध-क्षेत्र में उन्हें देखकर रावण काँप जाता था।

रावण के सहस्त्रों वीर नित्यप्रति मृत्यु के घाट उतर रहे थे। उसके कई चुने हुए योद्धा मृत्यु के मुँह में समा गए थे। उनका सबसे प्रिय पुत्र मेघनाद, जिसे अजेय माना जाता था, लक्ष्मण के बाण से मारा जा चुका था। उसके कारण उसका धैर्य डगमगा गया था। उसकी मृत्यु की बात सुनते ही वह मूर्च्छित हो गया था। मूर्च्छा से उबरने के बाद वह इस चिन्ता में डूब गया कि विजय कैसे प्राप्त की जाए। उसे अहिरावण का स्मरण आया। सबसे बड़ी समस्या थी कि पाताल में अहिरावण को समाचार कैसे भेजा जाए। सब द्वारों पर राम-सेना का कब्जा था।

वैसे तो रावण शिवभक्त था लेकिन उसे ध्यान आया कि अहिरावण देवी-भक्त है, देवी की पूजा करने से अहिरावण को सन्देश पहुँच सकता है। वह नहाया, वस्त्र बदले और देवी के ध्यान में बैठ गया। अहिरावण उपस्थित हो गया। आदरपूर्वक पूछा, 'आपने कैसे स्मरण किया, राक्षसराज?'

रावण ने प्रार्थना की, 'मित्र, मैं इस कठिन समय में तुम्हारी सहायता चाहता हूँ। तुम ही उबार सकते हो।'

'क्या हुआ? मुझे क्या करना है, आज्ञा कीजिए!'

रावण ने शूर्पणखा से लेकर सीता-हरण और फिर युद्ध में अपने पराक्रमी से पराक्रमी योद्धाओं के मारे जाने का वृत्तान्त सुनाने के बाद कहा, 'यहाँ तक कि कुम्भकर्ण और मेघनाद तक मारे गए, अब असहाय होकर तुम्हारी सहायता चाहता हूँ।'

अहिरावण ने स्पष्ट कहा, 'आपने सीता का अपहरण करके अच्छा नहीं किया। राम से युद्ध करना सम्मान की बात होती, उनकी अर्धांगिनी का अपहरण करना अनीतिपूर्ण कार्य था। खरदूषण, त्रिशिरा, कुम्भकर्ण और इन्द्रजित को मारनेवाले सामान्य योद्धा नहीं हैं। फिर भी आज्ञा कीजिए, मैं क्या करूँ?'

रावण ने कहा, 'तुम किसी प्रकार राम और लक्ष्मण को पाताल लोक ले जाकर, दोनों का वध कर दो। ये वानर और भालूवंशी तो स्वयं भाग जाएँगे।'

अहिरावण ने आश्वासन दिया, 'आपके सन्तोष के लिए मैं इन्हें ले जाता हूँ। आकाश में प्रकाश होते ही समझ लीजिएगा कि मैं दोनों भाइयों को निर्विघ्न ले गया हूँ।'

रात्रि का समय था। दिन भर के युद्ध से थके-माँदे सैनिक गहरी नींद में सो रहे थे। आंजनेय श्रीराम और लक्ष्मण के पहरे पर थे। उन्होंने सबके चारों तरफ अपनी पूँछ का परकोटा बना दिया था। वे समझते थे, रावण के लिए कुछ भी करना सम्भव है। पूँछ की प्राचीर को पार करना किसी के लिए सम्भव नहीं था। वे परकोटे की चोटी पर स्वयं बैठे थे। अहिरावण विभीषण के वेश में आया। उन्हें शक हुआ। पूछा, 'लंकेश, आप इस समय?'

उसने कहा, 'समुद्र के किनारे संध्या-वन्दन करने गया था, वहाँ देर हो गई।'

उन्होंने रास्ता दे दिया।'

उसने देखा—सुग्रीव, अंगद, नल, नील, जाम्बवान, विभीषण और अन्य सेनानायक दोनों भाइयों को बीच में सुलाकर विश्राम कर रहे हैं। अहिरावण राम-लक्ष्मण के सुप्त और निर्मल सौन्दर्य को कुछ देर तक मुग्ध भाव से देखता रहा। लेकिन उसने रावण को जो आश्वासन दिया था, वह याद था। अहिरावण ने उन्हें सम्मोहित कर दिया, लक्ष्मण और राम सोते ही रहे। अरण्य में सदा जागते रहनेवाले वीर लक्ष्मण भी उस सम्मोहन से बच नहीं पाए। अहिरावण ने उन दोनों भाइयों को उठाया और लेकर आकाश-मार्ग से अपने लोक चला गया।

सहसा आकाश प्रकाशित हो गया। रावण की खुशी का ठिकाना नहीं रहा। वह मन-ही-मन नाच उठा : दुश्मन ठिकाने लग गया!

सुग्रीव श्रीराम की चरणों की ओर सोए होने के कारण जग गए। दोनों भाइयों को अपने स्थान पर न देखकर चिल्ला उठे, 'प्रभु कहाँ चले गए?'

सेना में कोलाहल मच गया। वहाँ सोए हुए सब योद्धा चकित थे। समझ नहीं आ रहा था, क्या करें? सब आंजनेय की तरफ देख रहे थे।

परम बुद्धिमान जाम्बवान ने कहा, 'भैया, अब तुम ही हम सबके प्राणों की रक्षा करो। जहाँ भी हों, श्रीराम और भाई लक्ष्मण को लेकर आओ।'

'उनको लाने के लिए मैं काल से भी टक्कर ले सकता हूँ, लेकिन पता तो चले, वे हैं कहाँ?'

जाम्बवान ने आंजनेय से पूछा, "रात्रि में कोई अपरिचित तो नहीं आया?'

'और कोई तो नहीं आया, लंकेश आए थे। उन्हें समुद्र किनारे संध्या-वन्दन में देर हो गई थी।"

विभीषण चक्कर में पड़ गए। बोले, 'मैं तो सायंकाल से ही प्रभु के समीप था, एक क्षण के लिए भी वहाँ से नहीं हटा, जरूर किसी मायावी का खेल है। देवता,

गन्धर्व, सिद्ध या ऋषि-मुनि तो क्यों करेंगे। दानवों में बलि और वाणासुर समर्थ हैं, पर वे ऐसा नहीं करेंगे। राक्षसों में मेरा रूप दो ही धारण कर सकते हैं—एक रावण या अहिरावण। भ्राता तो इस संकट के समय लंका नहीं त्यागेंगे। अहिरावण यद्यपि पाताल में रहता है। भ्राता और अहिरावण अच्छे मित्र हैं। उसी ने भ्राता के कहने पर यह अपकर्म किया होगा।'

विभीषण ने आंजनेय को वहाँ पहुँचने का मार्ग बता दिया। पाताल-प्रवेश का मार्ग तथा अहिरावण की राजधानी आदि की सभी जानकारी उन्हें दे दी और कहा, 'वह मायावी परम शाक्त है। बलि-प्रधान पूजन में सिद्धहस्त है। वह वीर-शाक्त है, ध्यान रखना।'

जाने से पहले आंजनेय ने कहा, 'आप सब सतर्क और सावधान रहें। सेना को भी सचेत कर दें। प्रभु, अनुज लक्ष्मण और मेरी अनुपस्थिति का कानों-कान किसी को पता न चले। ऐसा लगना चाहिए कि सब कुछ सामान्य है। प्रतिदिन की तरह लंका के द्वारों पर समय पर आक्रमण किया जाए। मेरी चिन्ता न करें। मुझे किसी की सिद्धि की क्या चिन्ता!'

उन्होंने सुग्रीव को प्रणाम किया और वायु वेग से उड़ चले।

वे चुटकी बजाते पाताल में अहिरावण के नगर पहुँच गए। वे सूक्ष्म रूप धारण करके प्रवेश करनेवाले थे कि उन्हें गहन गम्भीर स्वर सुनाई पड़ा, 'तुम कौन हो? कहाँ जा रहे हो? मेरे रहते तुम नगर में प्रवेश नहीं कर सकते। मैं वज्रांग आंजनेय का पुत्र हूँ। मेरा नाम मकरध्वज है।'

वह हू-ब-हू आंजनेय का प्रतिरूप था। वे चकित रह गए—मेरा पुत्र? यह कैसा लांछन? वे बोले, 'अरे मुर्ख, तू आंजनेय का पुत्र कैसे हो सकता है? वे तो जन्मजात ब्रह्मचारी हैं!'

वह बोला, 'मुझे देवऋषि नारद ने बताया था कि रावण की लंका-दहन करने के बाद आंजनेय समुद्र में कूद गए। उनके शरीर से टपके स्वेद बिन्दुओं को एक महामत्स्या ने पी लिया। वह जाल में फँस गई तो उसे अहिरावण की रसोई में ले जाया गया। उसका पेट चीरने पर उसके गर्भ से मैं निकला। मुझे अहिरावण के सामने ले जाया गया। उत्पन्न होने के कुछ समय बाद ही मैं पिता के अन्दर की ऊर्जा के कारण, जो स्वेद कणों द्वारा मेरी माँ के गर्भ में भी प्रविष्ट हुई थी, मैं युवा हो गया। वहीं मेरा लालन-पालन हुआ और मुझे नगररक्षक बना दिया गया।'

उसकी बात सुनकर आंजनेय ने अपना विशाल रूप अपने पुत्र को दिखाया। मकरध्वज ने वन्दना की और कहा, 'आपके चरणों के दर्शन करके मैं कृतार्थ हो गया।'

उन्होंने मकरध्वज से पूछा, 'पुत्र, क्या अहिरावण मेरे स्वामी राम-लक्ष्मण को लेकर आया है?'

मकरध्वज ने बताया, 'पिताजी, मैं नाम तो नहीं जानता पर मेरे स्वामी जटा-जूट-धारी दो सुन्दर मानव कुमारों को लेकर आए हैं। उनमें एक श्याम वर्ण है और दूसरा गौर वर्ण। सुना है, दोनों को महाकाली के मन्दिर में पहुँचा दिया गया है। पूजा आरम्भ हो गई है। प्रभात होने से पूर्व दोनों की बलि दे दी जाएगी।'

आंजनेय ने कहा, 'मुझे अपने स्वामी के दर्शन करने हैं, तुम द्वार से हट जाओ।'

मकरध्वज ने हाथ जोड़कर कहा, 'पिताजी, आप कहें तो मैं अपना शीश उतारकर आपके चरणों में रख दूँ। लेकिन द्वार-रक्षक हूँ, बिना स्वामी की आज्ञा के मैं किसी को नगर के अन्दर नहीं जाने दे सकता। आपका आदेश न मानने को विवश हूँ। आप मेरा वध करके ही प्रवेश कर सकते हैं। अगर मैंने आपको पिता के नाते अन्दर जाने दिया तो कर्म और धर्म, दोनों से च्युत हो जाऊँगा।'

उन्होंने पुत्र को प्रशंसा-भरी दृष्टि से देखा।

सूर्योदय होनेवाला था। आंजनेय को अपने स्वामी के पास पहुँचने की जल्दी थी। उन्होंने अपने पुत्र पर मुष्टिका प्रहार कर दिया। वह भी वीर था। दोनों के बीच युद्ध छिड़ गया। जैसा पिता, वैसा पुत्र। उन्होंने किसी तरह पुत्र को पछाड़कर उसे उसी की पूँछ से बाँध दिया। वानरवंशियों की पहचान पूँछ से ही होती थी। वे भीतर पदार्पण कर गए।

आंजनेय देवी मन्दिर के पास पहुँच गए। उन्होंने देखा, चामुंडा देवी के सामने धूप-दीपादि समस्त पूजा-सामग्री सजी हुई है और प्रज्वलित अग्निकुंड सामने धधक रहा है। अहिरावण स्नान करके, रक्ताभ वस्त्र, रक्त चन्दन एवं रक्त पुष्पों की माला धारण किये हुए वहाँ आ गया। पूजा आरम्भ होने को थी। आंजनेय सीधे देवी की प्रतिमा के पीछे चले गए। आंजनेय के स्पर्श से देवी पाताल में और नीचे चली गईं और वे स्वयं देवी के स्थान पर, देवी की तरह मुँह फैलाकर खड़े हो गए। अहिरावण जो कुछ देवी को अर्पित करता गया, आंजनेय भक्षण करते गए। अहिरावण बहुत प्रसन्न होकर सोच रहा था कि आज देवी भी बहुत प्रसन्न हैं। अहिरावण ने अपने राजभवन से सभी पकवान मँगवाए, उन्होंने सब उदरस्थ कर लिये।

वहाँ उपस्थित सब लोग बहुत प्रसन्न थे। माता को जो कुछ भी अर्पित किया गया, वह सब देवी ग्रहण करती जा रही हैं। आज की महाबलि की सम्भावना से ही देवी इतनी प्रसन्न हैं तो महाबलि के बाद तो सभी सिद्धियाँ प्राप्त हो जाएँगी। अन्त में अहिरावण ने श्रीराम और लक्ष्मण को बुलवाया। उन्हें नहलाकर, नये वस्त्र और वस्त्राभूषण पहनाकर लाया गया। अहिरावण ने उनकी पूजा की। उसके बाद उन्हें देवी यानी आंजनेय के समक्ष प्रस्तुत किया गया।

अहिरावण ने कहा, 'आप दोनों भाई कुछ ही देर में देवी को चढ़ा दिये जाओगे। अपने त्राता का स्मरण करना चाहो तो कर लो।'

लक्ष्मण श्रीराम का काष्ठ मौन देखकर विस्मित थे। लक्ष्मण सतर्क और चिन्तित दिखाई पड़ रहे थे। आंजनेय ने मन-ही-मन दोनों भाइयों को प्रणाम किया। वे सोच रहे थे कि प्रभु आज कैसी लीला कर रहे हैं? न स्वयं कुछ कर रहे हैं और न संकेत कर रहे हैं। यदि ऐसी स्थिति रही तो पातालपुरी से मर्यादा बचाना कठिन होगा। वैसे मेरी एक हुंकार से ये राक्षस भस्म हो जाएँगे।

उसी समय श्रीराम ने अपने भाई से कहा, 'भाई लक्ष्मण, अपनी आपत्ति के समय प्राणी मेरा स्मरण करते हैं, लेकिन मेरी आपदाओं का हरण करनेवाला तो केवल आंजनेय है। अच्छा है, हम उसी का स्मरण करें।'

लक्ष्मण ने आशंका प्रकट की, 'यहाँ आंजनेय कहाँ है, भैया?'

उन्होंने उत्तर दिया, 'आंजनेय कहाँ नहीं है? वह धरा के कण-कण में विराजमान है। मुझे तो देवी के रूप में उसी के दर्शन हो रहे हैं।'

लक्ष्मण ने देवी की ओर देखा तो आंजनेय ने घोर गर्जना की। सम्पूर्ण पाताल-लोक काँप गया। स्वयं अहिरावण की आँखें बन्द हो गईं। आंजनेय ने एक झटके से उसके हाथ से तलवार छीन ली जिससे वह बलि देने जा रहा था। उन्होंने राम और लक्ष्मण को अपने कन्धों पर बैठाकर राक्षसों का वध करना आरम्भ कर दिया। इतनी बड़ी हिंसा का आंजनेय का यह पहला अभियान था।

अहिरावण की समझ में नहीं आ रहा था कि यह अकस्मात् क्या हो गया। देवी का यह कौन-सा रूप है जो अपने भक्तों का वध कर रही हैं! देखते-देखते वहाँ उपस्थित आधे राक्षस बलि चढ़ गए। बाकी राक्षस प्राण बचाकर भाग जाना चाहते थे, पर उन्होंने उनके चारों तरफ अपनी पूँछ का घेरा डाल दिया। कोई नहीं बच सका, सब मार डाले गए।

अहिरावण ने कुपित होकर दूसरी तलवार लेकर उन पर वार किया। परन्तु वह तलवार टूट गई। आंजनेय ने क्रुद्ध होकर अपने हाथ की तलवार से अहिरावण का शीश काट दिया। रक्त का फव्वारा छूट पड़ा। उसका कबन्ध नाचता हुआ पृथ्वी पर गिर पड़ा और शीश जलते हुए अग्नि में गिरकर भस्म हो गया। हवन की यह समाप्ति विलक्षण थी।

जब वहाँ से विदा हुए तो आंजनेय ने मकरध्वज को उसकी पूँछ के बन्धन से मुक्त किया और दोनों भाइयों से परिचय कराया। श्रीराम ने आदेश दिया, 'अहिरावण का सम्पूर्ण परिवार समाप्त हो गया, मकरध्वज को पाताल का राज्य दो।'

आंजनेय ने ही राजतिलक किया और कहा, 'धर्मपूर्वक राज्य करना और प्रभु राम और सीता माता को स्मरण करना। तुम्हारा कल्याण होगा।'

प्रभु राम और लक्ष्मण को आंजनेय के कन्धे पर बैठकर आते देख सारी सेना हर्षोल्लास से नाच उठी।

रावण का सबसे बड़ा सहारा भी अब समाप्त हो गया था। उसकी छावनी में सन्नाटा छा गया था।

रावण के सभी प्रमुख योद्धा समाप्त हो गए थे। रावण ही बचा था। उसने भयानक युद्ध किया। परन्तु श्रीराम के सामने उसकी एक न चल पाई। वह राम के तीक्ष्ण बाण से धराशायी हो गया।

राम ने धरती पर मरणासन्न रावण के पास लक्ष्मण को भेजा और कहा, 'रावण परम ज्ञानी है। उससे नीति के बारे में जान लो।'

लक्ष्मण जाकर रावण के सिरहाने खड़े हो गए।

रावण चुप रहा।

राम ने उन्हें पायँत खड़े होने का संकेत दिया और कहा, 'ज्ञान पाने के लिए गुरु के पैरों की ओर खड़ा होना चाहिए जिससे गुरु के मुख से निकलने वाला हर शब्द और काय-भंगिमा शिष्य के संज्ञान में पहुँचे।'

लक्ष्मण के पायँत खड़े हो जाने के उपरांत रावण ने लक्ष्मण को शासन के कुछ गुर बताए, जिनमें एक था—कभी किसी निर्णय को कल के लिए न टालो। उसने उदाहारण दिया, 'मैं स्वर्ग तक सोने की सीढ़ी बनाना चाहता था, टालता चला गया। नहीं तो आज मैं मिट्टी में न लेटा होता।'

चारों ओर भयानक शोर मचा था। राम-सेना उल्लास से चिल्ला रही थी, 'जय श्रीराम' की धुन करके नाच-गा रही थी। लंका के शिविरों में कोहराम मचा था। कहा जाता है, देवता गण सुमन-वृष्टि कर रहे थे। सबसे प्रसन्न आंजनेय थे। उनके सामने माता सीता के चरण-कमल थे और नेत्रों में अश्रुधारा।

श्रीराम ने विभीषण, सुग्रीव, अंगद और जाम्बवान को गले लगाया और कहा, 'आप लोगों के बाहुबल से आज मैंने रावण का वध किया है। आप लोगों ने हम सबकी कीर्ति को सूर्य और चन्द्रमा की आयु तक पहुँचा दिया।'

रावण की महारानी सती मंदोदरी अन्य रानियों और परिजनों के साथ युद्धस्थल पर, जहाँ रावण का शव पड़ा हुआ था, आ गई और विलाप करने लगी। स्वयं विभीषण पिता-तुल्य भाई रावण की मृत्यु से दुखी और व्याकुल थे। मृत्यु का शोक और पश्चात्ताप दोनों थे। लक्ष्मण ने उन्हें नश्वरता के बारे में समझाया और उसके माध्यम के तर्क को भी बताया। नष्ट होने का माध्यम मनुष्य स्वयं भी बनता

है, परिस्थितियाँ उसे वैसा ही बना देती हैं। रावण स्वयं माध्यम बना है। उसके लिए न तुम उत्तरदायी हो, न कोई और। विभीषण के शोक और मोह का कुछ सीमा तक निवारण हुआ।

लक्ष्मण विभीषण को लेकर श्रीराम के पास पहुँचे तो राम ने रावण का जल्दी से जल्दी दाह-कर्म करने का निर्देश दिया। कुल में केवल विभीषण ही पुरुष बचे थे जिन्हें दाहकर्म का अधिकार पहुँचता था। विभीषण ने निर्देशानुसार विधि-विधान से दाह-संस्कार किया। मंदोदरी और अन्य रानियों को समझा-बुझाकर राज भवन भेज दिया। स्वयं आकर हाथ जोड़कर प्रभु के सामने खड़े हो गए।

विभीषण का सांकेतिक अभिषेक तो श्रीराम ने पहले ही कर दिया था। अब उन्होंने लक्ष्मण को आदेश दिया कि वे सुग्रीव, अंगद, आंजनेय, जाम्बवान आदि के साथ लंका में प्रवेश करें और विभीषण का विधि-विधान से राजतिलक करें।

उन्होंने ब्राह्मणों के मंत्रोचार के साथ, समुद्र के जल से भरे स्वर्ण कलशों से मंगलाभिषेक किया। विभीषण लंकापति हो गए।

सबसे अधिक प्रसन्न आंजनेय थे। उन्होंने ही आंजनेय को सीता माता तक पहुँचने का रास्ता बताया था। दोनों के इस युग्म के कारण ही यह दिन आया था।

विभीषण लक्ष्मण जी के साथ बहुमूल्य उपहार लेकर श्रीराम के पास पहुँचे। वे विभीषण को लंकेश के रूप में देखकर हर्षित हुए। राम ने आंजनेय की तरफ देखा, वे विनीत भाव से चुप खड़े थे। श्रीराम ने पूछा, 'कुछ कहना है?'

आंजनेय बोले, 'स्वामी, रावण का वध भी हो गया, विभीषण महाराज का अभिषेक भी हो गया, माता सीता...'

राम बीच ही में बोले, 'जानकी तुम्हें अपार स्नेह करती हैं। तुम लंकेश की अनुमति लेकर लंका जाओ और सीता को रावण के वध का समाचार सुनाओ। मेरा और लक्ष्मण का कुशल समाचार भी दो।'

आंजनेय सुग्रीव, अंगद, नल, नील, जाम्बवान, विभीषण और अन्य वीरों के साथ गए। वे फूले नहीं समा रहे थे कि माता सीता को दिये आश्वासन को पूरा करने का अवसर आ गया है। विजय के साथ-साथ श्रीराम का कुशल समाचार देने का सौभाग्य उन्हें मिलेगा। इससे अधिक सुख की वस्तु और क्या हो सकती है! उनके साथ राम-सेना के उत्कट वीर थे। लंकावासी सोल्लास अभिनन्दन कर रहे थे।

उन्हें स्मरण था, लंका जलाने से पहले जब उन्हें ले जाया गया था तो यही लंकावासी किस तरह अपमानित कर रहे थे! तब भी उनके सामने उद्‌देश्य था और इस समय भी सीता माता के चरणों में दंडवत लेट जाने की उत्कंठा थी। एक प्रश्न अन्दर-ही-अन्दर बेचैन कर रहा था : प्रभु राम ने लक्ष्मण भाई को क्यों नहीं भेजा? वे उन्हें भी पुत्रवत मानती हैं।

आंजनेय अशोकवाटिका पहुँचे।

सीता माता राक्षसियों से घिरी बैठी थीं। त्रिजटा सबसे अधिक प्रसन्न थी : श्रीराम और माता को साथ-साथ देखने का सौभाग्य प्राप्त होगा। यहीं पर आंजनेय ने उनका पहला दर्शन किया था। माता को देखते ही वे दौड़कर 'माता' कहते हुए उनके चरणों में लोट गए। उन्हें देखकर सीता माता का मुखमंडल खिल उठा।

कुछ देर बाद जब श्रीराम का निर्देश स्मरण हुआ तो वे उठे और घोषणा की, 'माँ, रावण मारा जा चुका, विभीषण लंका के अधीश्वर हुए, प्रभु रामचन्द्र, भ्राता लक्ष्मण, किष्किन्धा नरेश सुग्रीव, युवराज अंगद, परमबुद्धिमान जाम्बवान सब सेना सहित सुरक्षित हैं।'

सीता ने इधर-उधर देखा, फिर बोलीं, 'वत्स, इस सन्देश से सुखद इस त्रैलोक्य में मेरे लिए और क्या हो सकता है? मैं तुम्हें क्या दूँ? तुमने मेरा बहुत उपकार किया है। मैं तुमसे कभी उऋण नहीं हो सकती।'

आंजनेय सीता जी के चरणों में गिर पड़े, 'माते, पुत्र के बारे में ही यह सत्य है कि वह माता के ऋण से कभी उऋण नहीं होता। माँ तो देती ही देती है। मेरी एक ही कामना है, मैं प्रभु के चरणों में पड़ा रहूँ, आपकी सेवा का अवसर प्राप्त होता रहे। बस, और कुछ नहीं चाहिए।'

आंजनेय की भक्तिपूर्ण विनयी वाणी सुनकर जनकनन्दिनी ने प्रसन्न होकर कहा, 'वीर आंजनेय, तुम्हारी वाणी उत्तम लक्षणों से सम्पन्न, माधुर्य से भरी हुई और बुद्धि* के आठ अंगों से अलंकृत है। ऐसी वाणी तुम ही बोल सकते हो। शारीरिक बल, शूरता, शास्त्रज्ञान, मानसिक बल, पराक्रम, तेज, क्षमा, धैर्य, स्थिरता, विनय तथा अनेक अन्य मानवोचित गुण तुम्हीं में विराजमान हैं।'

आंजनेय की नजर भयानक मुद्राओं वाली राक्षसियों पर गई। वे बोले, 'माता, इन राक्षसियों ने आपको बहुत पीड़ा पहुँचाई है। इन सबकी उपस्थिति से मेरा रक्त उबल रहा है। आपकी आज्ञा हो तो मैं इनके नाक-कान काट लूँ? बाल नोचकर इनका कचूमर निकाल दूँ?'

आंजनेय की कठोर वाणी सुनकर नित्य-प्रति माँ सीता को डराने और धमकाने वाली दुष्ट दासियाँ कातर भाव से सीता जी की ओर देखने लगीं। वे जानती थीं, जिसने रावण की लंका को फूँक दिया, उसके सामने वे क्या चीज हैं!

सीताजी ने कहा, 'नहीं, पुत्र, ये सब रावण के अधीन थीं। अपने स्वामी का आदेश पालन कर रही थीं। रावण के वध के बाद ये विनयी भाव से मेरी सेवा कर

---

* बुद्धि के आठ गुण—1. सुनने की इच्छा, 2. सुनने का धैर्य, 3. ग्रहण करने की मानसिकता, 4. स्मरण रखना, 5. ऊहा (तर्क वितर्क), 6. अपोह (सिद्धान्त का निर्णय) 7. अर्थ सन्धान 8. तत्त्व ज्ञान।

रही हैं। उनका अपराध भी होता तो, मैं यही सोचकर उन्हें क्षमा कर देती कि पूर्वजन्म के कारण यह दु:ख निश्चित था।'

उनकी बात सुनकर आंजनेय ने गद्गद कंठ से कहा, 'ऐसे वचन ऐसी माँ के मुख से ही निकल सकते हैं जिसके मन में हर किसी के लिए मातृत्व की अविरल धारा बहती हो। आप जगज्जननी हैं।'

सीता जी ने कहा, 'वत्स, आंजनेय, तुमने कहा था कि प्रभु राम के साथ तुम मुझे लेने आओगे, तुम अकेले ही आए हो।'

आंजनेय गर्दन नीची किये खड़े रहे।

सीता माता बोलीं, 'अब तुम ही व्यवस्था करो कि मैं प्रभु राम के शीघ्रताशीघ्र दर्शन कर सकूँ। उनके मन को समझ सकूँ।'

वहाँ उपस्थित सभी व्यक्तियों के चेहरे पर सीता जी के वाक्यों के इस तरह चिह्न दिख रहे थे, जैसे कच्ची मिट्टी पर कोई निशान छोड़ जाता है।

लंकापति विभीषण की प्रथम आज्ञा यही थी कि सीता जी को स्नान कराकर, वस्त्रादि और आभूषणों से सजाकर ससम्मान प्रभु राम के पास ले जाया जाए। मंदोदरी और विभीषण की महारानी सरमा ने बहुत अनुरोध किया कि सती शिरोमणि सीता जी विधिवत् स्नान करके वस्त्राभूषण धारण करें।

उनका उत्तर था, 'मैं एक तपस्वी की अर्द्धांगिनी हूँ। मेरे स्वामी अभी तापस वेश में हैं। आपका आग्रह स्वीकार नहीं कर सकती।'

उन्होंने स्नान तो कर लिया, परन्तु अंगराग और आभूषण स्वीकार नहीं किए। केवल सादे स्वच्छ वस्त्र धारण कर लिये।

विभीषण की भेजी शिविका पहुँच गई। वानर परिवार की सेना माँ के दर्शन के लिए दौड़ पड़ी। 'माता सीता की जय हो!' जय-जयकार कर रही थी। उनकी उत्सुकता को देखकर प्रभु राम ने पैदल आने के लिए कहा। उन्हें लेने न राम आए और न लक्ष्मण। बस, आंजनेय उनकी सुरक्षा में चलते रहे।

9

श्रीराम भाई भरत से मिलने के लिए आतुर और अधीर थे। विभीषण ने उनकी सेवा में अनेक बहुमूल्य उपहारों के साथ कुबेर के आदेशानुसार चलनेवाला पुष्पक विमान* उपस्थित कर दिया। उक्त पवन की गति से चलनेवाले तेजस्वी विमान में श्रीराम, लक्ष्मण और माता सीता के साथ उनकी आज्ञा से विभीषण, आंजनेय, वानर और रिक्षवंशी प्रमुख के साथ सुग्रीव और अंगद भी विमानासीन हो गए। विमान आकाश-मार्ग से उड़ चला।

श्रीराम सीता जी को त्रिकूट पर्वत पर बसी लंका, अशोकवाटिका (जहाँ माता बन्दी थीं), मेघनाद, कुम्भकर्ण और रावण की वध-स्थली, सेतुबन्द (नल-नील द्वारा निर्मित) को दिखाते हुए और युद्ध का वर्णन सुनाते जा रहे थे। जब किष्किन्धा पर विमान पहुँचा तो श्रीराम ने उसे उतरने का निर्देश दिया। विमान विभीषण और श्रीराम की आवाज पहचानता था। विमान के वहाँ उतरने पर सुग्रीव ने शासन-व्यवस्था देखी और अपनी रानियों—तारा और रूमा को सीता माता के पास जाने का निर्देश दिया। सीता माता की इच्छानुसार वे रानियाँ भी राज्याभिषेक के लिए साथ अयोध्या चल दीं।

आंजनेय हाथ जोड़े टकटकी लगाकर श्रीराम की ओर देख रहे थे। लगता था, जैसे कुछ कहना चाहते हैं। उनकी दृष्टि उन पर पड़ी तो, 'कहो, आंजनेय, कुछ कहना है?'

'प्रभु, अपनी माँ के दर्शन किये बहुत दिन हो गए। यदि आज्ञा हो तो मैं उनकी चरण-वन्दना कर आऊँ? मैं पुष्पक पर पल झपकते पहुँच जाऊँगा।'

प्रभु राम ने हँसते हुए कहा, 'हम लोग क्या माता जी के दर्शन से वंचित रहेंगे?'

प्रभु की आज्ञा से विमान अयोध्या के पथ से हटकर कांचनगिरि की ओर उड़ने लगा। केसरी संकोची थे, वे किष्किन्धा में ही रुक गए। एक तो वे माता और बेटे के मिलन में हस्तक्षेप नहीं करना चाहते थे। दूसरे, सुग्रीव राजा होने के

* एक अध्ययन से यह भी पता चला है कि वे पैदल चलकर 21 दिन में अयोध्या पहुँचे थे।

बाद केसरी को सम्मान के साथ अपने निकट रखते थे। इस बीच तो सारी व्यवस्था केसरी ही देखते थे। उन्होंने श्रीराम के अनुरोध पर भी अयोध्या जाना स्वीकार नहीं किया था। माँ अंजना तपस्विनी की तरह अकेली रहती थीं।

विमान से उतरकर स्वयं श्रीराम और सीता माता आंजनेय के साथ हो लिये। लक्ष्मण तथा अन्य सभी अंजना माता के दर्शन के लिए पीछे चल रहे थे।

माता को सामने देखकर आंजनेय अबोध शिशु की तरह उनके चरणों से लिपट गए। कंठ अवरुद्ध हो गया। नेत्रों से जलधार बह चली। बड़ी कठिनाई से कह पाए, 'माँ!'

'माँ' शब्द कहने को तो कितना संक्षिप्त है पर उसे वहन करना उतना ही कठिन भी है। वे सजल नेत्रों से इतने दिनों बाद मिले अपने बेटे आंजनेय के सिर सहलाती रहीं। शब्द उनके लिए भी भारी पड़ रहे थे।

राम-सीता भी तभी पीछे से पहुँच गए। आंजनेय ने उनका परिचय कराया, 'माँ, ये मेरे प्रभु राम, माता जानकी और प्रभु के अनुज लक्ष्मण हैं। साथ में वानरेंद्र सुग्रीव, उनकी पत्नियाँ और लंकेश विभीषण और उनकी पत्नियाँ भी हैं।'

अंजना ने आंजनेय को गले से लगाते हुए कहा, 'पुत्र, तूने मुझे पवित्र कर दिया, मेरा जीवन धन्य हो गया।'

अंजना को अर्चना-पूजा का उपक्रम करते देखकर, आंजनेय ने नम्रतापूर्वक कहा, 'माँ, तू यह सब न कर। मेरे प्रभु तेरा आशीर्वाद लेने आए हैं। तुझसे अर्चना कराने नहीं। तू आशीर्वाद देगी तभी आनन्दित होंगे, अन्यथा अयोध्या पहुँचते-पहुँचते अनर्थ हो जाएगा। प्रभु के वनवास की अवधि समाप्त होते ही भरत जी अपने प्राण त्याग देंगे।'

अंजना ने तत्काल अर्चना-वन्दना का निश्चय निरस्त कर दिया।

देवी अंजना उनके चरणों में गिरने ही जा रही थीं, परन्तु श्रीराम ने अपने पिता का नाम लेते हुए उनके चरण छू लिये और अपने पास बैठाया। उस युग में प्रणाम करते समय पिता के नाम के साथ ही अपना परिचय देने की परम्परा थी। सीता माता और लक्ष्मण ने भी उन्हें प्रणाम किया। उसके बाद सुग्रीव और विभीषण ने अपनी-अपनी पत्नियों के साथ प्रणाम किया। फिर अंगद और जाम्बवान और उनके बाद सभी वानर-रक्षवंशियों ने पृथ्वी पर माथा टेका।

माता अंजना ने कहा, 'मैं वास्तव में अब पुत्र की जननी हुई। मेरे पुत्र ने प्रभु राम और सीता माता को अपना सर्वस्व समर्पित कर दिया। तभी तो वे मुझ अकिंचन के घर पधारे और मुझे 'माँ' कहकर सम्बोधित किया। अब मैं प्रभु राम की, पुत्री सीता की, लक्ष्मण और वानर तथा रक्षवंशियों एवं सभी पराक्रमी योद्धाओं की माता हूँ।' फिर आंजनेय से कहा, 'पुत्र, कहते हैं, माता के ऋण से पुत्र कभी उऋण

नहीं होता, मैं अंजना, तेरी माँ, तुझे ऋण-मुक्त करती हूँ। तूने अपना जीवन तो सफल कर ही लिया, अब मेरे भाग्य से भी सूर-नर-मुनि भी ईर्ष्या करेंगे।'

आंजनेय जब माँ के चरण दबाते हुए माता सीता के अपहरण, राम कृपा से समुद्र पार करके उनको खोजने जाने, राम द्वारा सेतु-निर्माण और लंका में भीषण युद्ध की घटनाएँ बता रहे थे तो अंजना एकाएक कुपित हो गईं, 'मैंने तुझे व्यर्थ ही जन्म दिया, तूने मेरे दूध को लजा दिया।'

आंजनेय हाथ जोड़े चुपचाप खड़े रहे। सब उपास्थित महानुभाव चकित थे, अंजनी माता को यह क्या हो गया! सभी आंजनेय माँ का मुख टकटकी लगाए देख रहे थे।

अंजना क्रोधित स्वर में कह रही थीं, 'तेरे बल और पराक्रम पर धिक्कार है! क्या तू इतना निर्बल हो गया कि लंका समेत त्रिकूट पर्वत को समुद्र में डुबो नहीं सकता था? तू दुष्ट रावण और उसके राक्षसों का वध अकेले नहीं कर सकता था? नहीं कर सकता था तो स्वयं मर गया होता। तेरे जीवित रहते प्रभु राम को सेतु बँधवाना पड़ा, युद्ध करना पड़ा। तुझे अपना दूध पिलाना व्यर्थ हो गया। धिक्कार है! अब तू मुझे अपना मुँह न दिखाना।'

जब अंजना ने अपना अन्तिम आदेश सुना दिया तो आंजनेय को बोलना पड़ा, 'माँ, मैंने तेरे दूध को न लजाया है और न कभी लजाऊँगा। अगर मैं स्वतंत्र होता तो लंका का क्या, तेरे आशीर्वाद से सम्पूर्ण ब्रह्मांड को उलट-पुलट कर रख देता। सब राक्षसों को मारकर, माँ सीता को प्रभु के चरणों में पहुँचा देता। मुझे जाम्बवान जी ने केवल माँ सीता का पता लगाने का ही निर्देश दिया था और कहा था कि उनका सन्देश लेकर लौट आना। अगर मैं उनकी आज्ञा का उल्लंघन कर देता तो श्रीराम की पराक्रम-लीला देखने से संसार वंचित ही हो जाता। प्रभु की कीर्ति में व्यवधान पड़ता। प्रभु राम की आज्ञा का पालन करना ही मेरा प्रथम कर्तव्य है।'

आंजनेय की बात सुनकर जाम्बवान ने शान्ति के साथ निवेदन किया, 'माता, आंजनेय का कथन सत्य है। आपके दूध के प्रताप के कारण इनके लिए कुछ भी असम्भव नहीं। यदि वे मनमानी करते तो प्रभु के पराक्रम और कीर्ति का विस्तार कैसे हो पाता?'

श्रीराम ने जाम्बवान की बात का अनुमोदन किया। माता अंजनी का क्रोध जब शान्त हुआ तो उन्होंने आंजनेय से कहा, 'बेटा, मुझे यह सब ज्ञात नहीं था। मुझे आश्चर्य और दुःख इसी बात का था कि मैंने जिस पुत्र को अपना दूध पिलाकर पाला-पोसा और बड़ा किया, वह इतना कायर कैसे निकल आया कि उसके रहते प्रभु राम को स्वयं इतना कष्ट उठाना पड़ा?'

उधर एक और परिवर्तन हो रहा था। लक्ष्मण अंजना और दूसरों के द्वारा दूध के बार-बार उल्लेख को अतिशयोक्ति और अंजना के द्वारा आत्मप्रशंसा के रूप में ले रहे थे। उनके चेहरे के भावों से वे समझ गईं कि उन्हें उनकी बात पर सन्देह हो रहा है। वे बोलीं, 'वत्स, लक्ष्मण, आप समझ रहे हैं, मैं बुढ़ापे में अपने दूध का गुण-गान कर रही हूँ? मेरा असाधारण दूध है। आप स्वयं देख लीजिए।'

राम ने हस्तक्षेप करना चाहा पर अंजना ने अपने एक स्तन को दबाया। दूध की धार निकटवर्ती शिला-खंड पर पड़ी। ऐसा लगा, जैसे वज्रपात हुआ हो। शिलाखंड भयंकर आवाज के साथ दो खंडों में बँट गया। वहाँ उपस्थित सभी योद्धा और वानर एवं रक्ष-परिवार के सदस्य विस्मित रह गए। सबने घोर गर्जना के साथ अंजना माँ का अभिनन्दन किया।

उन्होंने लक्ष्मण से कहा, 'लक्ष्मण, मेरा यही दूध आंजनेय ने पिया है। वह कभी व्यर्थ नहीं जा सकता। माँ को सबसे अधिक दुःख तभी होता है जब उसके दूध का अपमान होता है।'

श्रीराम ने प्रसन्न मन से चलने की आज्ञा माँगी। अंजना माँ ने विनती की, 'प्रभो, आपने दर्शन देकर मुझे कृतार्थ कर दिया। पुत्र के कारण ही यह सम्भव हुआ। आप मेरे आंजनेय को अपना बनाकर रखिएगा। अब सीता ही इसकी माँ हैं। उन्हीं के कारण यह आपकी शरण में आया। आप पिता हैं।' आंजनेय से कहा, 'महादेवी सीता ही तेरी माता हैं, इनका सुख-दुःख तेरा सुख-दुःख है। श्रीराम पिता सम हैं। उनकी कृपा ही छाया है।'

'माता अंजना की जय!' श्रीराम के साथ सबने जय बोली। पुष्पक सबको ले उड़ा। माँ अंजना ओझल हो जाने के बाद भी उसे आकाश में खोजती रहीं।

पुष्पक तीव्र गति से आकाश में उड़ रहा था। तीर्थराज प्रयाग पर से उड़ते हुए श्रीराम ने देवी सीता को त्रिवेणी के बारे में बताया। उन्होंने प्रणाम किया। प्रभु की आज्ञा से पुष्पक त्रिवेणी तट पर ही उतर पड़ा। सब लोगों ने वहीं उतरकर त्रिवेणी की धारा में स्नान किया।

दक्षिणवासियों के लिए त्रिवेणी का बहुत माहात्म्य होता है। जो जितनी दूर रहता है, उसके लिए उस जगह का उतना ही महत्त्व बढ़ जाता है। विभीषण, सुग्रीव आदि ने नाम अवश्य सुना था, प्रयागराज पहुँचकर त्रिवेणी में स्नान करने की बात कभी सोची भी नहीं थी। प्रभु ने उन सबको त्रिवेणी का महत्त्व बताया।

स्नान के बाद ब्राह्मणों को दान-दक्षिणा दी। राम और सीता के दर्शन पाकर नगरवासी प्रसन्न हो गए।

श्रीराम ने आंजनेय को अपने पास बुलाकर कहा, 'तुम शीघ्र ही अयोध्या जाकर वहाँ का कुशल-समाचार ले आओ। साथ ही हम सबके सकुशल लौटने का समाचार भी भरत जी को दे देना। मेरे मित्र निषादराज गुह से मिलकर मेरे लौटने का समाचार देना, वह बहुत प्रसन्न होगा। वनवास जाते समय उसने ही पार उतारा था। तब तक नाव पर नहीं बैठने दिया था जब तक चरण नहीं पखार लिये थे। वह मेरा मित्र है।' श्रीराम ने रुककर धीरे से कहा, 'भरत की मुख-मुद्रा और चेष्टाओं का भी ध्यान रखना। मैं चाहता हूँ कि यदि उनके मन में राज्य करने की तनिक भी लालसा हो तो वे निश्चिन्त होकर राज्य करें। ऐसे में मैं कहीं अन्यत्र तपोमय जीवन व्यतीत करूँगा। उनसे मिलकर तुम यथाशीघ्र लौट आओ।'

आंजनेय ने प्रणाम किया और उड़ चले।

पर एक प्रश्न उन्हें परेशान कर रहा था कि प्रभु राम को ऐसा क्यों लगा कि भरत राज-पाट में रुचि रखते होंगे? वे तो भरत के त्याग की प्रशंसा करते नहीं थकते थे! संजीवनी लेकर जाते समय भरत जी की प्रभु के वियोग में जो हालत हो गई थी, उससे भी मैंने उनको अवगत करा दिया था। उनके मन में भरत को लेकर संशय है?

आंजनेय ने श्रृंगवेरपुर पहुँचकर ब्राह्मण का वेश धारण कर लिया। तब वही वेश सबसे सुरक्षित समझा जाता था।

निषादराज गुह ने जब सुना कि प्रभु राम पहुँच रहे हैं तो वह प्रसन्नता से नाच उठा। वे सब तैयारी में जुट गए।

वहाँ से मुक्त होकर आंजनेय अयोध्या की ओर उड़ चले। सभी स्थलों का दर्शन करते हुए उन्होंने अयोध्या से एक कोस की दूरी पर भरत का आश्रम देखा, वहाँ पहले भी आ चुके थे।

भरत जी की वियोग और सम्भवतः पश्चात्ताप के कारण करुण स्थिति थी। उन्होंने पहले से ही राज्य-सुख को तिलांजलि दी हुई थी। वे नन्दिग्राम में पर्णकुटी में रहते थे। वल्कल वस्त्र और कृष्ण मृगचर्म पहनते थे। जटाएँ बढ़ गई थीं। फल-फूल-मूल आदि खाते थे। राम-चरण पादुका की पूजा करते हुए पृथ्वी पर राज करते थे। वह भरत-सुराज था। उनके मंत्री, पुरोहित, सेनापति आदि सब गेरुआ वस्त्र धारण करते थे।

आंजनेय ने अनुभव किया कि अवधि का मात्र एक दिन आधार बचा है। और भरत यह सोचकर चिन्तित हो रहे थे कि प्रभु के आने की न सूचना है, न अभी तक स्वयं ही आए हैं। वे व्याकुल हो रहे थे, कहीं उन्हें राज्य-लोलुप समझकर तो उन्होंने निर्णय नहीं बदल दिया? फिर सोचते कि पिताजी ने उन्हें चौदह वर्ष का वनवास दिया था। उसमें एक दिन शेष है। वे मर्यादा उल्लंघन कदापि नहीं करेंगे। हल्की निश्चिन्तता आई। फिर सोचने लगे, अगर न आए तो?

आंजनेय उनके मनोभावों को पढ़ रहे थे। बीच-बीच में भरत बड़बड़ाते भी थे। आंजनेय दूर से देख भी रहे थे और उनके अस्फुट शब्दों को भी जोड़ते जा रहे थे। उनके मन में वही सवाल आया कि क्या भरत में भी आने को लेकर उसी प्रकार संशय है जिस प्रकार प्रभु राम के मन में राज्य को लेकर यह जिज्ञासा जगी कि कहीं भरत शासन करने में रुचि न रखते हों? दोनों में एक दूसरे के प्रति अखंड विश्वास, और अविश्वास की एक समानान्तर रेखा थी...। विश्वास और अविश्वास की यह कैसी अन्तरंगता? दोनों एक नाव पर सवार? वे सोचते रहे, विश्वास की साकारता ही अविश्वास को समाप्त कर सकती है। उसके लिए राम को समय से अयोध्या लौटना ही होगा।

भरत की आतुरता और उत्सुकता इतनी उद्दाम थी कि उन्होंने अयोध्या से शृंगवेरपुर तक अश्वारोहियों की डार लगवा दी थी कि जैसे ही श्रीराम, भाभी और लक्ष्मण उतरें, तत्काल सूचित किया जाए। पत्ता भी गिरता था तो भरत चौंक पड़ते, प्रभु का सन्देश आया। कभी उन्हें हीनता घेर लेती कि लक्ष्मण मुझसे अधिक भाग्यशाली हैं कि चौदह वर्ष उनकी सेवा में रहे। अब भी वही साथ हैं। फिर उनकी भक्ति जग जाती। नहीं, वे भरत को कभी नहीं छोड़ेंगे।

जब वे आशा-निराशा के झूले पर झूल रहे थे तभी एक ब्राह्मण ने आकर उन्हें प्रणाम किया। किन्तु वे तो भीतर राम-ध्यान में उतर और चढ़ रहे थे। उस ब्राह्मण ने भरत के कान के पास जाकर कहा, 'प्रभो, राम पधार रहे हैं।'

भरत चौंक गए, 'कहाँ हैं? कहाँ हैं मेरे प्रभु?'

आंजनेय ने कहा, 'वे सब पुष्पक विमान से आ रहे हैं। अवधि समाप्त होने से पूर्व पहुँच जाएँगे।'

'आएँगे न?' विह्वल होकर भरत ने पूछा।

'कल पुष्य नक्षत्र के योग में आप उनके दर्शन करेंगे।'

श्रीराम के सकुशल पधारने का सन्देश अमृत के समान था। जैसे सूखते धान के खेत एकाएक होनेवाली वृष्टि से हरिया गए हों! भरत ने ब्राह्मण देवता को प्रणाम किया ही था कि आंजनेय हाथ जोड़े हुए उनके चरणों की ओर झुके, भरत ने उन्हें गले लगा लिया, 'मुझे अतिशय आनन्द प्राप्त करानेवाले आप कौन हैं, विप्रवर? कहाँ से पधारे हैं?'

'मैं आपके दर्शन पहले भी कर चुका हूँ, आप द्वारा दंडित किया जा चुका हूँ राजन, जैसे पिता चंचल पुत्र को करता है।' यह बात आंजनेय ने वातावरण को हल्का करने के लिए कही थीं पर वे अपने राम में गहरे उतरे थे। उन्होंने प्रतिक्रिया न दे, अपनी बात पूरी की, 'मैं श्रीराम का दासानुदास आंजनेय हूँ। श्रीराम ने ही मुझे आपको अपनी कुशलता का समाचार बताने और आपकी कुशल-क्षेम जानने आपकी सेवा में भेजा है।'

भरत ने आंजनेय को घोर आलिंगन में ले लिया। नेत्रों से अश्रुधार बहने लगी। वे आंजनेय के शरीर पर हाथ फेरने लगे, 'आंजनेय, तुम्हें देखकर मेरा सारा दुःख और ताप मिट गया। तुम्हारे रूप में मुझे प्रभु राम मिल गए। मैं तुमसे किस तरह उऋण हो सकता हूँ! तुम मुझे प्रभु राम का चरित सुनाओ।'

भरत के आदेशानुसार, श्रीराम के चरणों में शीश नवाकर, आंजनेय ने सम्पूर्ण घटनाओं का ब्यौरा सुना दिया। सुनने के बाद भरे हुए नेत्रों से भरत ने पूछा, 'क्या कभी मुझे दास की भाँति स्मरण करते थे?'

'मैं सत्य कहता हूँ, आप प्रभु के प्राण-तुल्य हैं। वे आपका ही गुणगान करते हुए सुध-बुध खो देते थे।' रुककर कहा, 'अब मुझे प्रभु राम के पास पहुँचने की आज्ञा दीजिए।'

भरत के चरणों में प्रणाम करके आंजनेय तीव्र गति से चल पड़े।

आंजनेय के प्रस्थान के बाद श्रीराम, देवी सीता और लक्ष्मण के साथ भरद्वाज मुनि के आश्रम पहुँचे। महर्षि ने प्रेमपूर्वक आशीर्वाद दिया और बैठाया। राम ने कहा, 'महर्षि, चौदह वर्ष का वनवास पूरा होने पर आपके चरणों के दर्शनों का पुनः सौभाग्य प्राप्त हुआ है। आपके पुनीत आश्रम से ही हमारी वनवास की यात्रा प्रारम्भ हुई थी। अगर भ्राता भरत का संवाद प्राप्त हुआ हो तो बताने की कृपा करें।'

'आपका जन्म ही पृथ्वी का भार उतारने के लिए हुआ था। अपनी पत्नी देवी सीता, भाई लक्ष्मण एवं अपने मित्रों के साथ विजय प्राप्त करके कुशलपूर्वक लौट आए। मेरे आनन्द की सीमा नहीं।' तत्पश्चात महर्षि ने गद्‌गद भाव से कहा, 'आप सर्वान्तर्यामी हैं। आप पूछ रहे हैं तो बताना मेरा धर्म है। अयोध्या में सब कुशलमंगल है। आपके अनुज भरत शासन सुचारु रूप से चला रहे हैं। आपके वियोग में एक-एक क्षण कठिनाई से व्यतीत कर रहे हैं। आपकी माताएँ और प्रजा आपके लौटने की बेचैनी से प्रतीक्षा कर रही हैं।'

तब तक आंजनेय भी वापस आ गए। उन्होंने महामुनि के अन्तिम वाक्य सुन लिये थे। आंजनेय के मन में फिर वही सवाल आया कि भरत के बारे में महर्षि से पूछकर प्रभु राम क्या शंका का पुनः निवारण कर रहे हैं? आंजनेय ने जब प्रणाम किया तो श्रीराम ने पुनः अयोध्या के बारे में कुशल-क्षेम पूछी। उन्होंने सब ब्यौरेवार बता दी। चूँकि भरत के बारे में महामुनि बता चुके थे इसलिए उन्होंने उनके बारे में एक आध वाक्य ही कहा।

श्रीराम ने भरत के बारे में फिर पूछा।

आंजनेय ने जो कुछ घटित हुआ था, अक्षरशः बता दिया।

सुनकर राम व्याकुल हो गए। मुनिवर को प्रणाम किया और उठ गए। आकर पुष्पक विमान पर बैठ गए। शेष सब लोग प्रतीक्षा कर ही रहे थे। उनका आदेश पाते ही विमान उड़ चला।

आंजनेय के प्रस्थान के पश्चात् भरत ने माताओं के पास जाकर राम के आगमन की सूचना दी। तत्पश्चात् सारी नगरी में राम, सीता, लक्ष्मण के लौटने का समाचार जल-प्लावन की तरह फैल गया। सब तरफ जनमानस उनके स्वागत की तैयारी में जुट गया। सब-के-सब आनन्द के सागर में डूबने-उतराने लगे। वे सबसे अधिक माता सीता को देखने के लिए उत्सुक थे। कहानियाँ वहाँ भी पहुँच रही थीं। रावण की जेल में रहकर आई थीं। आंजनेय ही सबसे पहले उनकी खोज में लंका पहुँचे थे। माता ने कितनी प्रताड़ना और अपमान सहा होगा! अगर आंजनेय न पता लगाते तो क्या होता? रावण को राम न मार पाते और माता सीता कभी मुक्त न हो पातीं। कुछ लोग राम को देखना चाहते थे, इतने भीषण युद्ध के बाद कैसे लगते होंगे? लक्ष्मण को शक्ति लगी थी, वे तो क्षीण हो गए होंगे! उन्हें बचानेवाले भी आंजनेय ही हैं।

अयोध्या पहले कभी इतनी भव्यता के साथ नहीं सजी थी, जैसी भरत ने स्वयं रुचि लेकर सजवाई थी। सब लोग इस चक्कर में थे कि पहले कौन उनके दर्शन करे।

राजपरिवार उनके स्वागतार्थ हजारों सजे हुए अश्व, दस सहस्र हाथी, सहस्रों रथ आदि सुसज्जित ऐश्वर्ययुक्त सामान लेकर आगे चल रहा था। माताएँ और वधुएँ सब पालकी में थीं। भरत जी राम की पादुकाओं को लिये पैदल चल रहे थे। उनका हर्ष मन में नहीं समा रहा था, आँखों से बह रहा था।

नगर के गोहरे भरत, शत्रुघ्न, महर्षि वसिष्ठ, सभी माताएँ, पुरवासी अत्यन्त आतुरता से प्रतीक्षा कर रहे थे। एकाएक सूर्य की किरणों में चमचमाता पुष्पक आकाश में दिखाई पड़ा। 'श्रीराम की जय, माता सीता की जय, आंजनेय की जय, वीर लक्ष्मण की जय' के तुमुल नाद से वातावरण गूँज उठा। जैसे ही विमान पृथ्वी पर उतरा, सब उधर दौड़ पड़े। सबके उतर जाने पर श्रीराम ने पुष्पक को अपने मूल स्वामी कुबेर के पास लौट जाने का आदेश दिया। वह तत्काल अन्तर्ध्यान हो गया।

राम-लक्ष्मण ने गुरु वसिष्ठ जी को सामने देखा तो अपने धनुष पृथ्वी पर रख दिये और उनके चरणों में प्रणाम किया। माताओं का आशीर्वाद लिया।

भरत ने पादुकाएँ प्रभु राम के चरणों में रख दीं। उनके नेत्रों से जल बह रहा था। वे कह नहीं पा रहे थे कि 'प्रभो, अपना राज-पाट सँभालिए, मैं अकिंचन जो कर पाया, वह आपकी कृपा का फल है और जो नहीं कर पाया, वह मेरी अक्षमता है।'

उन्होंने उठाना चाहा पर भरत चरण पकड़े थे। बड़ी कठिनाई से उठाकर गले लगाया। पूछा, 'कैसे हो?'

बड़ी कठिनाई से कह पाए, 'प्रभो, आपने मेरी रक्षा कर ली, आपके दर्शन ही मेरी मुक्ति है।'

सबकी आँखें आंजनेय पर टिकी थीं। जिस प्रकार वे हाथ जोड़े खड़े थे, उससे लगता था, दीनता के साथ खड़े व्यक्ति ने रावण की सोने की लंका का दहन कैसे किया होगा?

माताएँ सब आगत अतिथियों को आशीर्वाद दे रही थीं। प्रसन्नता की सीमा नहीं थी। उर्मिला सबसे अन्त में थीं।

एक दिन अपराह्न काल में चारों भाई किसी विषय पर सहज भाव से चर्चा कर रहे थे। श्रीराम को आकाश से मधुर वाणी सुनाई पड़ी, 'सौम्य श्रीराम, आप प्रसन्न भाव से मेरी ओर देखने की कृपा करें। मैं कुबेर-भवन से लौटकर आया हूँ। आपको स्मरण होगा, मैं आपके आदेश से अपने स्वामी कुबेर के पास चला गया था। परन्तु उन्होंने मुझे आपके पास लौट जाने का निर्देश दिया है।'

चारों भाई चौंक गए कि ऐसा क्या हुआ जो कुबेर ने इतने समय के बाद भी पुष्पक को वापस भेज दिया। उनको असमंजस में देखकर पुष्पक ने कहा, 'महात्मन, मेरे स्वामी का मत है कि आपने उनके भाई दुर्धर्ष रावण को मारकर मुझे जीता है। उन्होंने कहा है कि मुझे दुरात्मा रावण के बन्धु-बांधवों के साथ मारे जाने से प्रसन्नता हुई है। क्योंकि लंका के साथ आपने मुझे भी जीत लिया, अत: उन्होंने मुझे आज्ञा दी कि मैं प्रभु राम की सेवा में लौट जाऊँ क्योंकि प्रभु राम सम्पूर्ण जगत के स्वामी हैं। उनकी कामना है, मैं आपकी सवारी में रहूँ। मैं कुबेर की आज्ञा से ही वापस आया हूँ। आप नि:शंक होकर मुझे ग्रहण करें।'

श्रीराम ने कहा, 'विमानराज पुष्पक, तुम सर्वश्रेष्ठ हो। यदि ऐसी बात है तो मैं तुम्हारा वरण करता हूँ। कुबेर की अनुकूलता से हम पर मर्यादा-भंग का दोष नहीं लगेगा।' ऐसा कहकर श्रीराम ने लावा, फल-फूल, धूप, चन्दन आदि से पुष्पक का पूजन किया और कहा, 'तुम्हारा क्षेत्र आकाश है, तुम जाओ और मुक्त विचरण करो। जब मैं स्मरण करूँ, तब आ जाना। मेरे वियोग में दुखी न होना। स्वेच्छा से सभी दिशाओं में भ्रमण करते हुए तुम सावधानी बरतना, और देखना, प्रतिघात न हो।'

पुष्पक श्रीराम के कथनानुसार अन्तर्ध्यान हो गया।

भरत ने श्रीराम को साधुवाद देते हुए कहा, 'आप देवस्वरूप हैं। आपके शासनकाल में मनुष्येतर प्राणी भी मनुष्यों के समान संभाषण करते हैं।'

राम ने कहा, 'भ्राता, साधना और संचरण से ही सम्भव है। राजा के हाथ में केवल संसाधन उपलब्ध कराना होता है, प्रजा के तन, मन और विचार पर नियंत्रण नहीं।'

पुष्पक को विदा करके और भाइयों से विदा लेकर श्रीराम ने वनिका में प्रवेश किया। वह वनिका अन्त:पुर में विहार के लिए अनुपम थी। उसमें भाँति-भाँति के चन्दन, अगरू, आम, नारियल, रक्तचन्दन तथा देवदारु के अनुपम वृक्ष लगे थे। चंपा, कदम्ब, अर्जुन, नागकेसर, छितवन, मंदार, कदली तथा गुल्मों-लताओं के समूह सब ओर व्याप्त थे। सदा फल-फूल देनेवाले रमणीय, मनोरम रस और गन्ध से युक्त तथा नूतन अंकुरित पल्लवों से अलंकृत वृक्ष से वनिका सुशोभित थी।

कोकिल, भृंगराज आदि सैकड़ों पक्षी अपने मद्धिम कलरव से उसे मुखर कर रहे थे। वहाँ अनेक भवन थे, जिनमें बैठने के लिए भाँति-भाँति के आसन सजाए गए थे। प्रभु राम उस वनिका में प्रवेश करके पुष्प-राशि से विभूषित एक सुन्दर आसन पर विराजे। सेवकगण श्रीराम के लिए राजोचित भाँति-भाँति की भोज्य सामग्री और नाना प्रकार के फल ले आए। उस समय राम और सीता का युग्म सिंहासन पर बैठा तेजोमय लग रहा था।

श्रीराम दिन के पूर्व भाग में धार्मिक दायित्वों का निर्वहण करते थे। शेष आधे दिन अन्त:पुर में रहते थे। सीता देवपूजन आदि से निवृत्त होकर अपनी सासुओं की समान रूप से सेवा करती थीं। तत्पश्चात् वस्त्राभूषण आदि से सुसज्जित होकर पति की सेवा में चली जाती थीं। उन्हीं दिनों अपनी पत्नी के गर्भाधान के मंगलमय चिह्नों से प्रसन्न होकर जानकी से बोले, 'सीते, तुम्हारे गर्भ से पुत्र-प्राप्ति का योग है। बताओ, तुम्हारी क्या इच्छा है? मैं तुम्हारा कौन से मनोरथ पूरा करूँ?'

सीता ने मुस्कुराकर कहा, 'प्रभो, मेरी इच्छा पुन: उन पवित्र तपोवनों को देखने की है जहाँ गंगा तट पर रहकर फल-फूल खानेवाले ऋषि-मुनि वास करते हैं। उनके समीप कुछ दिन रहना चाहती हूँ।'

राम ने सीता जी की इच्छा की पूर्ति की प्रतिज्ञा की और कहा, 'विदेहनन्दिनी, नि:सन्देह कल ही तुम वहाँ जाओगी।'

श्रीराम की सभा में केवल मंत्री, विद्वान और ऋषि-मुनि ही नहीं थे, उनके मनोरंजन के लिए कथा सुनानेवाले और हास्य-विनोद करनेवाले सखा व दरबारी भी रहते थे। उसी हास्य-विनोद के मध्य श्रीराम ने पूछा, 'आजकल नगर में किन-किन विषयों पर चर्चाएँ होती हैं? जनपदवासी मेरे, सीता, भरत, लक्ष्मण, शत्रुघ्न, माता कैकेयी आदि के बारे में क्या-क्या बातें करते हैं? क्योंकि अगर राजा आचार-

विचारविहीन हो तो वह अपने राज्य और वन (आश्रमों) में भी निन्दा का पात्र बन जाता है।'

भद्र हाथ जोड़कर बोले, 'आपकी प्रशंसा ही करते हैं।'

'रावण-वध सम्बन्धी बहुत-सी कथाएँ प्रचलित हैं। आपकी विजय की जो कथा जिसको याद होती है, वही सुनाने लगता है।'

रामजी दरबारियों की इन बातों से सन्तुष्ट नहीं हुए, बोले, 'राजा को अपनी प्रशंसा सुनकर प्रसन्न नहीं हो जाना चाहिए। आप मेरे विषय में पुरवासी शुभ और अशुभ जो भी बातें करते हैं, उन सबको यथावत बताएँ। जिन शुभ बातों का वे उल्लेख करते हैं, उनको मैं व्यवहार में लाने का प्रयत्न करूँगा। जिन्हें अशुभ मानते होंगे, उनका परित्याग करूँगा। सब भय-मुक्त होकर बताएँ।'

भद्र ने श्रीराम के आश्वासन पर हाथ जोड़कर कहा, 'जो बातें पुरवासी चौराहों, मार्गों और वनों में कहते हैं, मैं वे अक्षरशः निवेदन करता हूँ। उनका मानना है कि समुद्र पर सेतु बाँधकर राम ने दुष्कर कार्य किया है। उनसे पहले देवताओं या दानवों ने सुना भी नहीं होगा कि समुद्र पर सेतु बँध सकता है। युद्ध में रावण की सेना और योद्धाओं को भी श्रीराम ने मार गिराया। वानरवंशियों को भी वश में कर लिया।' इतना कहकर भद्र कुछ देर के लिए चुप हो गया।

राम ने उसकी तरफ देखा। वह बोला, 'उनके मन में एक ही बात खटकती है—श्रीराम, जिन्हें अवतार माना जाता है, युद्ध में रावण का वध करके सीता को ले आए। उनके मन में उन्हें लेकर किसी तरह का अमर्ष या रोष नहीं हुआ?'

राम शान्त भाव से भद्र की बात सुन रहे थे। उन्होंने आँख के संकेत से कहा, आगे बोलो।

वह संकोच के साथ आगे बोला, 'उनके मन में प्रश्न है कि श्रीराम को सीता-सम्भोगजनित सुख कैसा लगता होगा? रावण ने अपने अंक में बलपूर्वक सीता का अपहरण किया, फिर लंका में ले जाकर अन्तःपुर के क्रीड़ा कानन अशोकवाटिका में रखा। राक्षसों के पहरे में वे दीर्घ काल तक रहीं, राम उनसे घृणा क्यों नहीं करते? हम लोगों को भी भविष्य में स्त्रियों का इस तरह का व्यवहार सहना पड़ेगा। राजा जैसा व्यवहार करता है, प्रजा भी उसका अनुकरण करने लगती है।'

भद्र की बात सुनकर श्रीराम ने आहत मन से वहाँ उपस्थित मित्रों से पूछा, 'आप लोग मुझे बताएँ, भद्र का यह कथन कहाँ तक सत्य है?'

सबने धरती पर मस्तक टेक प्रणाम कर, दीनतापूर्वक कहा, 'प्रभो, भद्र का यह कथन सही है, उसमें तनिक भी संशय नहीं।'

राम ने सब मित्रों को हाथ जोड़कर विदा किया।

मित्रों के चले जाने के पश्चात् राम अस्थिर मन के साथ मन-ही-मन सोचते रहे : क्या उनका सीता और मेरे ऊपर यह आरोप उचित है? सीता महारानी है, उस पर वे लोग यह घृणित आरोप लगाकर अपने राजा को कठघरे में कैसे खड़ा कर सकते हैं? उन्हें यह अधिकार किसने दिया? लेकिन उन्हें अन्दर से कोई सन्तोषजनक उत्तर नहीं मिला। उल्टा उन्हें लगा कि जन-मन की बात जलधार है, उसे बाँधना प्रवाह की तीव्रता को बल देना है। सामान्य राज-काज बन्धनों से नहीं चलता। क्या निर्दोष को दोषी मानना राजा के अधिकार में है? सीता की अग्नि-परीक्षा ली जा चुकी है। किन्तु जन-न्यायालय की अपनी न्याय-प्रक्रिया होती है। उसके अपने तर्क होते हैं। वह अपने निर्णयों को लागू कर सके या न कर सके, पर अपने व्यवहार को उसके अनुसार संयोजित करने को स्वतंत्र है। उनके लिए सीता महारानी रहेंगी पर उनका निर्णय सीता को व्यक्ति के रूप में वह सम्मान नहीं देने देगा जिसकी वह अधिकारी हैं। वह महल में रहेंगी रानी के रूप में, समाज के प्रश्न शर-शैया की तरह उनको चुभते रहेंगे। मैं भी क्या बच पाऊँगा? वास्तविक आरोप तो उन्होंने राजा राम के ऊपर लगाया है कि रावण के अन्तःपुर में बनी वाटिका में रहने के बाद भी मैंने पत्नी के रूप में सीता को कैसे स्वीकार कर लिया। कोई भी राजा अपने आचरण को स्वयं अच्छा-बुरा प्रमाणित नहीं कर सकता। उसमें प्रजा की भी समान भागीदारी होती है।

वे थककर बैठ गए। उन्होंने द्वारपाल को निर्देश दिया, 'अविलम्ब भरत, लक्ष्मण, और शत्रुघ्न को बुलाकर लाओ।'

द्वारपाल एक-एक करके सबके भवन में गया। पहले सौमित्र लक्ष्मण के भवन में गया। वे तत्काल रथ में बैठकर श्रीराम के प्रासाद की ओर चल दिये। फिर भरत जी के भवन में जाकर श्रीराम का सन्देश दिया और अन्त में शत्रुघ्न को सन्देश दिया।

तीनों भाई लगभग एक समय पहुँचे। श्रीराम बड़े उतावलेपन से प्रतीक्षा कर रहे थे। उनको इतना उद्विग्न देखकर भरत, लक्ष्मण और शत्रुघ्न—तीनों भाई चिन्तित हो गए। इससे पहले कि वे कुछ कहें, राम बोले, 'मैंने कभी ऐसे संकट का सामना किया हो, मुझे याद नहीं।'

तीनों भाई उनकी बात सुनकर दुखी और चिन्तित हो गए।

वे बोले, 'मैं दुःख के सागर में डूब गया हूँ। लोक-निन्दा के लिए मैं प्राणों समेत आप सबको त्याग सकता हूँ। सीता को त्यागना भी कठिन नहीं। तुम मेरी तरफ मत देखो। मैं प्रजा की दृष्टि में भी दोषी हूँ और अब निर्दोष सीता के कारण अपनी दृष्टि में भी दोषी हो जाने के लिए बाध्य हूँ।'

श्रीराम ने किसी को भी कुछ कहने या पूछने के लिए मना कर दिया। लक्ष्मण से कहा, 'तुम कल सवेरे सारथि सुमंत्र के साथ रथ में सीता को लेकर राज्य की

सीमा के बाहर छोड़ आओ। गंगा के उस पार महर्षि वाल्मीकि का दिव्य आश्रम है। उसी आश्रम के निकट निर्जन वन में छोड़ देना। सौमित्र, मुझसे सीता के बारे में न तुम्हें कुछ पूछना है या कहना है। मेरी आज्ञा का पालन करो।'

भरत और शत्रुघ्न किंकर्तव्यविमूढ़ से खड़े राम के मुख को देख रहे थे। लक्ष्मण की विवशता का भी उन्हें पूरा भान था। भरत ने साहस करके पूछा, 'प्रभो, सीता भाभी से ऐसा क्या अपराध हुआ है जो इस अवस्था में आप उनको वनवास के लिए भेज रहे हैं? उन्होंने आपके संग वनवास ही नहीं भोगा, इन चौदह वर्षों में जो त्रासद जीवन बिताया है, उसे आपसे अधिक कौन जानता है!'

'बस, वही तो मेरे और सीता के लिए पाप हो गया है। मैं तुम सबको अपनी शपथ देता हूँ, मेरे निर्णय के विरुद्ध कुछ मत कहो। जो कोई मेरे निर्णय और सीता के बीच आकर मुझसे अनुनय-विनय करेगा और मेरे अभीष्ट कार्य में बाधा डालेगा, वह मेरा शत्रु होगा। यदि तुम मेरा सम्मान करते हो, मेरी आज्ञा में रहना चाहते हो तो सीता को वन में ले जाकर मेरी आज्ञा का पालन करो। सीता ने मुझसे आज कहा था कि वह गंगा तट पर ऋषियों के आश्रम में जाना चाहती हैं। मैंने कल भेजने का प्रण भी किया था। अत: उसकी यह इच्छा पूरी की जाएगी।'

ऐसा कहते हुए रघुनाथ के दोनों नेत्र रक्ताभ और अश्रुपूरित थे। हृदय शोकाकुल था। वे लम्बी साँस ले रहे थे।

लक्ष्मण रात-भर सो नहीं सके। सवेरे जब उठे तो उनका चेहरा सूखा हुआ था। उन्होंने सुमंत्र को बुलाकर कहा, 'सारथे, एक उत्तम रथ में गतिमान अश्वों को जोतो और उस रथ में एक सुन्दर आसन सीता भाभी के लिए बिछाओ। मैं महाराज राम की आज्ञा से उन्हें पुण्यकर्मा महर्षियों के आश्रम पर पहुँचाकर आ जाऊँगा। वे कुछ समय उनके संग रहकर धर्म-कर्म करेंगी।' अन्तिम बात कहते हुआ उनका गला रुँध रहा था।

सुमंत्र आदेशानुसार रथ लेने चला गया।

सुसज्जित रथ आने पर लक्ष्मण ने रनिवास में जाकर सीता जी से कहा, 'देवि, आपने महाराज से मुनियों के आश्रम में जाने की इच्छा प्रकट की थी, महाराज ने भी प्रतिज्ञा की थीं। अत: मैं उनकी आज्ञानुसार आपको शीघ्र ही गंगातट पर ऋषियों के आश्रमों तक ले चलूँगा, मुनि-सेवित वन पहुँचाऊँगा।'

वे प्रसन्नतापूर्वक तैयार हो गईं। लक्ष्मण उदासीन और शान्त थे। सीता जी ने ऋषि पत्नियों को देने के लिए बहुत से रत्न, आभूषण और वस्त्र ले लिये। लक्ष्मण को भी बताया, वे चुप थे। लक्ष्मण ने सीता जी को सहारा देकर रथ में बैठाया और वन की ओर चल दिये।

मार्ग में सीता जी ने लक्ष्मण से कहा, 'मुझे बहुत से अपशकुन दिखाई पड़ रहे हैं, मेरी दायीं आँख अचानक फड़कने लगी है। शरीर में भी कंपन अनुभव हो रहा है। हृदय भी धड़क रहा है। मन में बड़ी उत्कंठा है। अधीरता बढ़ रही है। पृथ्वी सूनी लग रही है। तुम भ्रातृवत्सल हो, अपने भाई का ध्यान रखना, वे सकुशल रहें। मेरी मातृ समान सासुएँ समान रूप से स्वस्थ-प्रसन्न रहें।' वे सभी देवताओं को मनाने लगीं।

लक्ष्मण का बोल नहीं फूट रहा था। वे सिर झुकाए बैठे थे। उनके मुख से इतना ही निकला, 'सबका कल्याण हो।'

गोमती तट पर पहुँचकर एक आश्रम में रात बिताई। सवेरे उठकर फिर चल पड़े। लक्ष्मण पूरे समय चुप रहे। लक्ष्मण ने सारथि से तीव्र गति से चलने के लिए कहा। इस बार लक्ष्मण ने स्वयं न कहकर सुमंत्र ने महारानी सीता से रथारूढ़ होने की विनती की। लक्ष्मण अन्दर-ही-अन्दर अव्यवस्थित थे। वे जल्दी से जल्दी गंगा तट पहुँचाकर अपना कठिन दायित्व पूरा करना चाहते थे। गंगा तट पर पहुँचकर वे फूट-फूटकर रो पड़े।

लक्ष्मण को रोते देख सीता जी ने कहा, 'यह क्या लक्ष्मण? तुम बच्चों की तरह क्यों रो रहे हो? गंगा तट पर पहुँचने की अभिलाषा आज पूर्ण हुई है। इन सुखद क्षणों में मुझे दुखी मत करो। क्या तुम्हें अपने भाई की याद आ रही है? तुम तो हर समय उनके संग रहते हो। मेरे लिए क्या दो दिन उनसे अलग नहीं रह सकते? श्रीराम मुझे भी प्राणों से अधिक प्रिय हैं। पर मैं इस प्रकार दुखी नहीं हो रही। नादान न बनो।'

लक्ष्मण अन्दर-ही-अन्दर समझ रहे थे कि महिलाएँ कितनी विश्वासी होती हैं! मैं भी उर्मिला को चौदह वर्षों के लिए छोड़कर चला गया था। वह कितनी आहत हुई थी। पुरुष कितना एकांगी हो जाता है! अपना सम्मान, अपना कर्तव्य, अपने प्रण—पुरुष की उन सब अहंमन्यताओं की रक्षा करने के लिए ही क्या स्त्रियाँ बनी हैं?

सीता जी का स्वर सुनकर उनका ध्यान टूटा। वे कह रही थीं, 'मुझे गंगा के उस पार ले चलो। तपस्वी ऋषि-मुनियों के दर्शन कराओ। मैं इन आभूषणों, वस्त्रों और रत्नों को उनको भेंट करूँगी और आशीर्वाद लूँगी। तत्पश्चात् रात में वहाँ ठहरकर सवेरे अभिवादन करके लौट चलेंगे।'

लक्ष्मण जी ने सोचा—कितनी बड़ी प्रवंचना है! मुझे सत्य कहना होगा। मैं बहुत देर तक आत्मसंचित झूठ के साथ नहीं रह सकता।

वे बोलीं, 'सिंह के समान वक्ष, कृश उदर, राजीवलोचन मन को रमाने वालों में सर्वश्रेष्ठ राम को देखने का मेरा मन भी व्याकुल है।'

सीताजी का कथन सुनकर उन्होंने आँखें पोंछी और सत्य का सामना करने के लिए तत्पर हो गए। नाविक को बुलवाया और सीता जी को लेकर उस पार चल दिये।

भागीरथी के तट पर पहुँचकर लक्ष्मण का गला रुँध गया और नेत्र अश्रुपूर्ण हो गए। उन्होंने विदेहकुमारी से हाथ जोड़कर कहा, 'मेरे हृदय में रह-रहकर एक बात शूल की तरह चुभ रही है। प्रभु राम ने इतने बुद्धिमान होकर भी जो दायित्व मुझे सौंपा है, उसके कारण सम्पूर्ण लोक में मेरी निन्दा होगी। यदि मेरी मृत्यु हो जाती तो वह मेरे लिए कल्याणकारी होता। इस लोक-निन्दित कार्य करने का निर्देश देना उचित नहीं था। आप उसके लिए मुझे दोषी मत मानिए। आपकी प्रसन्नता मेरे लिए अधिक प्रिय है।'

लक्ष्मण को रोते हुए देखकर सीता जी शंकित और उद्विग्न हो गईं कि इतने वीर और धैर्यवान व्यक्ति मृत्यु की कामना क्यों कर रहे हैं? उन्होंने पूछा, 'लक्ष्मण, मुझे सत्य बताओ, महाराज तो कुशल हैं? तुम इतने अधीर क्यों हो? तुम्हें मेरी सौगन्ध! अपने सन्ताप का कारण सच बताओ, यह मेरा आदेश है।'

इस प्रकार आग्रह और आदेश सुनकर लक्ष्मण दुःख से कातर होकर बोले, 'मातृरूपे भाभी, अयोध्या में आपके लंका-प्रवास के सन्दर्भ में अपवाद फैला है। राजसभा में सुनकर महाराज का मन सन्तप्त हो गया और वे सब बातें मुझसे कहकर चले गए। मैं वे सब बातें आपके समक्ष कह भी नहीं सकता। आप मेरे सामने अग्नि-परीक्षा में निर्दोष साबित हो चुकी हैं; परन्तु महाराज ने लोकापवाद से भयभीत होकर आपको त्याग दिया है। आप अन्यथा न लें। महाराज की आज्ञा के अनुपालन में, आपको आश्रमों के निकट ले जाकर छोड़ दूँगा। वहाँ महाराज दशरथ के मित्र ब्रह्मऋषि वाल्मीकि का आश्रम है, आप महात्मन् के आश्रय में रहें। आप महाराज को हृदय में रखकर पतिव्रत धर्म का पालन करें।' कहकर वे चुप हो गए।

सीता जी लक्ष्मण की बात सुनकर अपने को सँभाल नहीं सकीं, मूर्च्छित होकर गिर गईं। कुछ देर बाद उन्हें सुध आई। लक्ष्मण से कातर स्वर में बोलीं, 'लक्ष्मण, तुम पतिव्रत धर्म पालन करने को कहते हो, मैंने तो वन में रहते हुए भी पति का अनुसरण किया। शुद्ध आचरण होने के बाद भी पति ने मुझे त्याग दिया। पति कुछ भी करे, पत्नी को तो पातिव्रत्य निभाना ही है, तभी वह पत्नी बने रहने की अधिकारी होती है, किन्तु मुझे उससे च्युत होना पड़ा, क्यों? विधाता ने यह शरीर दुःख भोगने के लिए ही बनाया है। आज सारे दुःखों का एक दुःख मेरे समक्ष उपस्थित है—घर में भी, बाहर भी।' ठहरकर कहा, 'मुनिजन मुझसे पूछेंगे कि तुम्हारे पति ने तुम्हें क्यों त्याग दिया तो मैं क्या कहूँगी? यही कि एक उस अपवाद से भयभीत होकर जिसकी मैं दोषी नहीं हूँ? अग्नि-परीक्षा लेकर भी, मुझे विछोह की ज्वाला में धकेल दिया। तुम वही करो जो तुम्हारे महाराज ने तुमसे करने के लिए कहा है। तुम उनकी आज्ञा-पालन में अडिग रहो। तुम मेरे आँसुओं को ले

जाकर उनके चरणों में चढ़ा देना। सब वन्दनीय स्त्रियों के चरणों में मेरा प्रणाम कहना। कहना कि उनके अपवाद को दूर करना मेरा भी कर्तव्य है, क्योंकि मैं अग्नि के समक्ष उनकी पत्नी बनी हूँ।'

वे कुछ देर तक बोल नहीं पाईं।

फिर कहा, 'मैं अपने शरीर को गंगा में विसर्जित कर देती किन्तु ऐसा करने से मैं मातृ-धर्म की उपेक्षा करूँगी, और अपने पति के राजवंश को नष्ट करने की दोषी बनूँगी। मेरा सन्देश देना कि मुझे भूलकर राज-धर्म का पालन करें और पुरवासियों के साथ वैसा ही व्यवहार करें जिससे उन्हें सुख मिले और उन्हें उत्तम यश की प्राप्ति हो। पुरवासियों के अपवाद से जिस तरह बचा जा सके, वही करें।'

लक्ष्मण सीता जी की बात सुनकर बहुत दुखी हुए। धरती पर माथा टेककर प्रणाम किया। रोते हुए सीता जी की परिक्रमा की और नाव में सवार हो गए। मल्लाह से तेजी से चलने को कहा। तट पर पहुँचकर वे अर्धचेतनावस्था में ही रथ पर चढ़े। सीता जी दूसरे तट पर एक अनाथ की तरह धरती पर लोट रही थीं। लक्ष्मण बार-बार गर्दन घुमाकर उनकी ओर देख रहे थे। रथ धीरे-धीरे छोटा होता जा रहा था। सीता जी भी बारम्बार रथ को जाते हुए देख रही थीं। उसके अदृश्य होते ही उन पर ऐसा शोक छा गया, जैसे अन्तिम आशा भी टूट गई हो!

मुनि-कुमार वहाँ खेल रहे थे। उन्होंने महर्षि वाल्मीकि से जाकर कहा, 'एक स्त्री, जो राजपरिवार की लगती है, साक्षात् लक्ष्मी के समान है, तट पर किसी मोहवश रो रही है। आप स्वयं चलकर देख लें।'

वाल्मीकि तट पर आए। बच्चे भी साथ हो लिये।

शोक से पीड़ित सीता से महर्षि ने स्नेहपूर्वक कहा, 'तुम राजा दशरथ की पुत्रवधू, राजा जनक की पुत्री और श्रीराम की पटरानी हो, तुम्हारा स्वागत है। जब तुम वनवास के लिए चली थीं तो धर्मसमाधि के द्वारा मुझे पता चल गया था। तुम्हें परित्याग करने का कारण भी जान गया था। मैं तुम्हारे बारे में पूरा वृत्तान्त जान चुका हूँ। तपस्या द्वारा प्राप्त दिव्य दृष्टि से यह भी जान गया हूँ कि तुम निष्पाप हो। तुम निश्चिन्त होकर मेरे पास रहो। बेटी, मेरे आश्रम के पास तापस स्त्रियाँ रहती हैं। वे तुम्हारा अपनी बच्ची की तरह पालन करेंगी।'

उन्होंने अपने साथ लाए अर्घ को सीता को देते हुए कहा, 'तुम इस अर्घ को ग्रहण करो और निर्भय तथा निश्चिन्त हो जाओ। अब तुम अपने ही घर में आ गई हो, ऐसा मानकर विश्राम करो।'

सीता जी ने 'जो आज्ञा' कहकर प्रणाम किया। वाल्मीकि आगे चले और सीता जी ने उनका अनुगमन किया।

उन्होंने यह कहकर मुनि-पत्नियों के संरक्षण में दे दिया, 'सती सीता राजा दशरथ की पुत्रवधू, राजा जनक की पुत्री तथा अयोध्या के राजा राम की पत्नी हैं। निष्पाप होने पर भी इनके पति ने इनका परित्याग कर दिया। मुझे ही सदा लालन-पालन करना है।'

इतना कहकर महर्षि अपने शिष्यों के साथ अपने आश्रम में लौट गए।

उत्तरार्ध

आधी रात का समय था। वाल्मीकि आश्रम में सन्नाटा था। साधकों को छोड़कर सभी संवासी गहरी निद्रा में निमग्न थे। सीता जी को प्रसव-वेदना पहले से ही आरम्भ हो गई थी। मुनिकुमारों ने महर्षि वाल्मीकि को जाकर आधी रात्रि को सूचना दी कि माता सीता ने दो पुत्रों को जन्म दिया है, आप उनका बालजनित रक्षा-कर्म करें।

ऋषिवर उनके साथ वहाँ गए जहाँ सीता माता ने दो पुत्र-रत्नों को जन्म दिया था। दोनों कुमार बालचन्द्र की तरह सलोने लग रहे थे। तेजस्विता उनके चेहरों पर व्याप्त थी। वाल्मीकि जी ने प्रसूति-गृह में प्रवेश किया, भूत और राक्षसों से रक्षा-वाचन किया। उन्होंने कुशाओं और उनके लव हाथ में लेकर रक्षा-विधि का उपदेश दिया, 'वृद्धाएँ बालकों में पहले जन्मे शिशु का मंत्रों द्वारा संस्कारित हुए कुशाओं से मार्जन करें, उसका नाम कुश होगा। जो छोटा होगा, उसका लव से मार्जन करें, उसका नाम लव होगा। वे 'कुश' और 'लव' के नाम से भूमंडल में ख्याति प्राप्त करेंगे।'

शत्रुघ्न महाराज राम की आज्ञा से, बारह वर्ष की तपस्या के बाद, लवणासुर के वध के लिए जाते हुए, उसी संध्या को महर्षि वाल्मीकि के आश्रम में एक रात ठहरने के लिए आए थे और सवेरे ही पूर्वाह्न, दैनन्दिन कार्यों एवं संध्या सम्पन्न करके पश्चिम दिशा में चले गए थे। जब वृद्धा स्त्रियों ने नवजात शिशुओं की रक्षा करने के लिए, आधी रात को श्रीराम और सीता के नाम गोत्र के साथ उच्चारण किया तो उसकी ध्वनि उनके कान में पड़ी, साथ ही दो पुत्रों के जन्म का संवाद भी कान ने सुना तो वे सीता जी की पर्णशाला में गए और बोले, 'माता, यह बड़े सौभाग्य की बात है।'

वे उस समय इतने प्रसन्न थे कि उन्हें पता ही नहीं चला, रात्रि कैसे बीत गई थी।

लवणासुर का वध करके और मधुपुरी को बसाकर लौटते समय पुनः शत्रुघ्न अपने थोड़े-से सैनिकों को साथ लेकर, अयोध्या श्रीराम के दर्शन को जाते हुए पुनः वाल्मीकि आश्रम में रुके। महर्षि की अर्चना-वन्दना करने के बाद, लवणासुर के

वध के लिए वाल्मीकि जी ने उन्हें साधुवाद दिया। उन्होंने कहा, 'रावण का वध तो श्रीराम ने घोर प्रयत्नों से किया था, तुमने लवणासुर का वध बिना प्रयत्न कर दिया। जब मैं इन्द्रसभा में बैठा था तब वह विमानाकार सभा युद्ध देखने गई थी। मैंने भी उसी समय देखा था।'

भोजन करके जब शत्रुघ्न सोने गए तो उन्होंने रामजी का चरित्र-गीत बन्ध-रूप में सुना, जो स्वर की मधुरता के कारण बहुत उत्तम लगा। वह काव्य-गान वीणा की संगत में हो रहा था। संस्कृत भाषा में व्याकरण-सम्मत छंद, पुरासंगीतशास्त्र के लक्षणों से सम्पन्न था। सभी अक्षर एवं पहले घटी हुई घटना का यथार्थ वर्णन था। शत्रुघ्न सुनकर मूर्च्छित से हो गए थे। उनके नेत्रों से आँसुओं की धारा बहने लगी। वे लम्बी साँस ले रहे थे। उस गान में बीती हुई घटनाओं को वर्तमान में देख रहे थे।

उनके साथी भी उस गान को सुनकर चकित थे। उन्हें लग रहा था, वह सब स्वप्न में घटित हो रहा था। उन्होंने शत्रुघ्न से पूछा तो उन्होंने कहा, 'आप इस बात को महर्षि से पूछिए।'

लेकिन महर्षि से पूछने का या तो साहस नहीं हुआ या स्वतः नहीं पूछा।

लक्ष्मण ने श्रीराम के सामने अश्वमेध यज्ञ का प्रस्ताव रखा कि 'प्रभो, वृत्रासुर तीनों लोकों को समान रूप से प्यार करनेवाला था। उसने तपस्या करने का निश्चय किया। इन्द्र को चिन्ता हुई कि वह तपस्या करके सब लोकों पर राज करेगा। विष्णु भगवान से अनुमति और सहायता से उसने उसका वध कर दिया। ब्रह्म-हत्या इन्द्र के पीछे लग गई। एक निर्दोष ब्राह्मण की हत्या के दोष से मुक्त होने के लिए उन्होंने अश्वमेध यज्ञ किया था। आप भी करें।'

राम ने कहा, 'मैंने तो जानकर ऐसा कोई पाप नहीं किया।'

लक्ष्मण ने दबे स्वर में कहा, 'महाराज, शंबूक निर्दोष था।'

राम ने कहा, 'मुझे नारद मुनि ने बताया था कि वह दलित था, और उसके द्वारा अनधिकारिक रूप से की जानेवाली तपस्या के कारण एक ब्राह्मण-पुत्र की अकाल मृत्यु हो गई थी। वसिष्ठ और अन्य ऋषियों ने उसे मृत्युदंड देने की व्यवस्था दी थी।'

'निर्दोष, निर्दोष होता है। तपस्या एक निजी निर्णय है।'

'नीति-निर्धारण ऋषि-मुनियों द्वारा होता है।'

'परन्तु दोनों निर्णयों के पीछे ऋषि और देवता वर्ग की असुरक्षा मुख्य कारण थे। शंबूक देवलोक जाना चाहता था जो ब्राह्मण वर्ग को स्वीकार्य नहीं था। वृत्रासुर के तप से इन्द्र भयभीत हो गया था। उसने भगवान विष्णु की सहायता ली थी।'

राम तत्काल कोई निर्णय नहीं ले पाए, अत:सभा स्थगित कर देना उचित समझा।

राम ने वामदेव, जाबालि, वसिष्ठ, काश्यप आदि सभी द्विजों को आमंत्रित करके उनसे विचार करके निर्णय लेने की बात कही।

लक्ष्मण ने शीघ्रगामी सन्देश से उन सभी यज्ञ में निष्णात ब्राह्मणों को बुलाकर श्रीराम से मिलवाया। उनके सामने अश्वमेध-यज्ञ की बात रखी। सब ब्राह्मणों ने उनके इस विचार को बहुत प्रसन्नता से सुना और सराहा। श्रीराम ने लक्ष्मण की शंकाओं के आधार पर अश्वमेध का निर्णय लिया या स्वतंत्र निर्णय था, यह बात राम के मन में ही रही।

ब्राह्मणों की सहमति प्राप्त कर श्रीराम ने सुग्रीव को अपने श्रेष्ठ वनवासी वानरवंशियों के साथ आने के लिए कहलाया, यही सन्देश विभीषण को भी भेजने के निर्देश दिये। अन्य राजाओं को भी इसी तरह के निमंत्रण भेजे गए। उन ब्राह्मणों को भी बुलाया गया जो दूसरे देशों में चले गए थे। तपोधन ऋषियों और ब्रह्मऋषियों को भी बुलाया। नैमिषारण्य में गोमती तट पर यज्ञ-मंडल और रंगशाला बनाने के निर्देश दिये गए। रंगभूमि में रंगकर्म करनेवाले सूत्रधार, नट-नर्तकों को भी बुलाने का निर्णय लिया गया। भोज्य सामग्री, राजा-महाराजाओं के लिए सब सुख-सुविधा से सम्पन्न भवनों के निर्माण करने का प्रबन्ध किया जाने लगा। उनकी आवश्यकता के अनुसार दही, दूध, घी, तेल, दालें, सुगन्धित पदार्थ, चन्दन आदि भेजने का प्रबन्ध करने के निर्देश दिये गए। करोड़ों सोने-चाँदी के सिक्कों के साथ भरत को यज्ञस्थल जाने के लिए कहा गया। रास्ते में जगह-जगह बाजार लगाने का प्रबन्ध किया जाने लगा।

सब प्रबन्ध सुनिश्चित हो जाने के बाद श्रीराम ने कृष्ण वर्ण का एक अश्व लक्ष्मण की संरक्षा में छोड़कर, स्वयं सेना के साथ नैमिषारण्य पधारे। सभी राजा भाँति-भाँति के उपहार लेकर आए। श्रीराम ने उनका स्वागत-सत्कार किया। शत्रुघ्न उनके स्वागत-सत्कार के प्रभारी नियुक्त किए गए। सुग्रीव सहित वानरवंशी ही ब्राह्मणों को दायित्व भाव से भोजन परोसते थे। विभीषण और उनके राक्षसों पर तपस्वी ऋषियों की सेवा-सत्कार का भार था। दान की अगर सीमा थी तो यही थी कि याचक जब तक स्वयं सन्तुष्ट न हो जाए। स्वर्ण, रत्न आदि जिसे जो भी चाहिए था, वह याचक को मिलता था। सेवा में सभी हृष्ट-पुष्ट मनुष्य लगे थे। महात्मा और मुनियों का कहना था कि ऐसा यज्ञ इन्द्र, चन्द्र, यम और वरुण के यहाँ भी नहीं देखा गया था।

इस अद्‌भुत यज्ञ में वाल्मीकि भी अपने शिष्यों के साथ पधारे। जहाँ पर ऋषियों के निवास बने थे, वहीं उन्होंने अपनी पर्णशालाएँ बनवाईं। उन पर्णशालाओं के पास अन्न आदि के छकड़े खड़े कर दिये गए, साथ ही श्रेष्ठ फल-मूल भी रख दिये गए। महर्षि ने अपने दो शिष्यों से कहा कि तुम दोनों भाई एकाग्र चित्त होकर गलियों,

राजमार्गों तथा राजाओं एवं ऋषियों के वासों पर रामायण काव्य का गायन करो। राम–गृह के द्वार पर और यज्ञ–स्थली पर विशेष रूप से काव्य का गायन करना। वहाँ जो सुस्वादु फल लगे हैं, उन्हें खाने से न थकान होगी और न तुम्हारे कंठ की मधुरता में अन्तर आएगा। यदि तुम्हें श्रीराम गायन के लिए बुलाएँ तो वहाँ बैठे ऋषियों–मुनियों से विनयपूर्वक व्यवहार करना। वाल्मीकि जी ने यह भी कहा, 'जिस तरह मैंने नियोजन किया है, उसी के अनुसार बीस–बीस सर्गों का प्रतिदिन गायन करना। धन की तनिक भी इच्छा मत करना। वन में फल–फूल खानेवाले वनवासियों का धन से क्या काम!'

उन दोनों भाइयों को अगले दिन से ही वीणा पर काव्य–गान का निर्देश दिया। वे दोनों जनकनन्दिनी सीता के पुत्र थे। वे उनके आदेश का अक्षरशः पालन करने का आश्वासन देकर चले गए।

अगले दिन प्रातः स्नान–संध्या आदि से निवृत्त होकर दोनों भाई, वाल्मीकि जी के आदेशानुसार, रामायण का गान करने लगे। जब श्रीराम ने सुना तो वे इस बात से चकित थे। उन बालकों का गान पूर्ववर्ती आचार्यों द्वारा बताए नियमों के अनुरूप था। संगीत की विशेषताओं से युक्त स्वरों के अलाप की अपूर्व शैली थी। द्रुत, मध्य, और विलम्बित—इन तीनों आवृत्तियों को वीणा की लय से मिलते, उन दोनों का मधुर गान सुनकर, प्रभु राम का कौतूहल जगा।

श्रीराम ने यज्ञकर्म से समय मिलने पर ऋषि–मुनियों, राजाओं, वेदपाठी पंडितों, वैयाकरणों, स्वरों और लक्षणों तथा संगीत विद्या के ज्ञाताओं, निगमागम के विद्वानों, पुरवासियों आदि सभी को आमंत्रित किया था। इतना ही नहीं, तर्क में निपुण नैयायिकों, युक्तवादी विद्वानों, छन्दों–पुराणों और वेदों के ज्ञाता द्विजों, चित्रकला के भिज्ञ जनों, धर्मशास्त्रों के अनुकूल आचार जानने वालों, दर्शन और कल्पसूत्र के विद्वान, गीत–नृत्य विशारद, शास्त्रों के ज्ञाताओं, नीति जानने वाले, वेदान्त के व्याख्याताओं को भी समन्वित किया था। जब गान–विद्या पर चर्चा हो रही थी तो दोनों कुमारों ने प्रवेश किया।

उन्होंने जब गान आरम्भ किया तो सब मंत्रमुग्ध हो गए। समाँ बँधता गया। वहाँ उपस्थित सभी लोग आनन्द में डूबने लगे। वे आपस में कह रहे थे, 'इन दोनों कुमारों की आकृति प्रभु राम से मिलती है। यदि इनके शीश पर जटा न होती तो इन गायकों और प्रभु राम में कोई अन्तर न होता।

जब ये बातें हो रही थीं, 'गुरु जी द्वारा बताए गए प्रथम सर्ग का गायन प्रारम्भ हो गया। वहाँ से लेकर बीस सर्गों तक दोनों ने गायन किया। जब गायन समाप्त हुआ तब अपराह्न हो गया था।

श्रीराम गान सुनकर इतने प्रसन्न हुए कि उन्होंने भाई भरत से कहा, 'तुम इन दोनों महात्मन बालकों को अठारह-अठारह सहस्र स्वर्ण-मुद्राएँ पुरस्कारस्वरूप प्रदान करो। इसके अलावा भी यदि कोई और इच्छा हो तो वह भी तत्काल पूरी कर दो।'

राम जी के आदेशानुसार जब भरत उन्हें मुद्राएँ देने लगे तो कुश और लव ने उन्हें ग्रहण नहीं किया और विस्मित होकर बोले, 'श्रीमन्, इस धन की क्या आवश्यकता? हम वनवासी हैं, फल-मूल से निर्वाह करते हैं। वन में सोना-चाँदी का क्या लाभ?'

वहाँ उपस्थित लोगों को बड़ा कौतूहल हुआ। श्रीराम सहित सभी श्रोता आश्चर्यचकित रह गए।

श्रीराम ने दोनों वनवासी कुमारों से पूछा, 'इस महाकाव्य के श्लोकों की कितनी संख्या है? इसके रचयिता कौन हैं? कहाँ निवास करते हैं? इस महान काव्य के कर्ता कहाँ हैं?'

कुमारों ने उत्तर दिया, 'महाराज, इस काव्य के रचयिता जिसमें आपके सम्पूर्ण चरित्र का वर्णन किया गया है, भगवान वाल्मीकि हैं। वे इस यज्ञ-स्थली में पधारे हैं। चौबीस हजार श्लोक, आदि से अन्त तक पाँच सौ सर्ग तथा छः कांड हैं। इनके सिवाय उन्होंने उत्तर कांड भी रचा है।

'राजन्, यदि आप सुनना चाहें तो यज्ञ-कर्म से अवकाश मिलने पर आप सब भाइयों के साथ बैठकर नियमित रूप से सुनें। सुनाकर हमें प्रसन्नता होगी।'

दोनों भाई आज्ञा लेकर प्रसन्नतापूर्वक वहाँ चले गए जहाँ मुनिवर वाल्मीकि ठहरे थे।

श्रीराम कई दिनों तक वानरवंशियों, राजाओं और ऋषियों के साथ रामायण का मधुर गान सुनते रहे। उस कथा से ही उन्हें यह ज्ञात हुआ कि कथा सुना रहे दोनों बालक सीता के पुत्र कुश और लव हैं। फलस्वरूप उन्होंने सभा में ही शुद्ध आचार-विचार वाले दूतों को बुलाया और कहा, 'तुम दोनों भगवान वाल्मीकि से मेरा यह सन्देश जाकर कहो कि यदि सीता शुद्ध चरित्रवाली हैं, उनके तन-मन में कोई पाप नहीं है तो महामुनि के साथ आकर भरी सभा में अपनी शुद्धता का परिचय दें। महामुनि से यह जानकर कि क्या वे अपनी शुद्धता का विश्वास दिलाना चाहती हैं, तो मुझे आकर सूचित करो।

'उनसे यह भी कहना कि कल सवेरे जनकसुता जानकी भरी सभा में आवें और मेरे ऊपर लगे कलंक को दूर करने के लिए शपथ लें।'

दूत भगवान वाल्मीकि की कुटी में गए। अतुल तेजस्वी महात्मा वाल्मीकि अग्नि के समान देदीप्यमान थे। उन्हें प्रणाम करके श्रीराम का सन्देश उन्हें सुनाया। यह सब सुनकर और राम की मन:स्थिति समझकर प्रचंड तेजवान वाल्मीकि ने कहा, 'मैं तो संरक्षक मात्र हूँ। जितना मैं देवी सीता को जानता-समझता हूँ, मैं यही कह सकता हूँ कि वह वही करेंगी जो श्रीराम चाहते हैं। हमारे समाज में संयोग से पति सर्वस्व है, भले ही पत्नी कितना कुछ भी सहन करती हो।'

दूतों ने राम से जाकर वह सब कुछ बताया जो मुनिवर वाल्मीकि ने कहा था। उनकी बात सुनकर वे इस बात से प्रसन्न हुए कि सीता उनकी सभा में, उनके आदेश पर आकर, पुन: अपने को निर्दोष प्रमाणित करेंगी। उन्होंने सभा में घोषणा की कि 'सब ऋषि-मुनि अपने शिष्यों और राजासेवकों सहित, सभा में उपस्थित हों। उनके अतिरिक्त वे सब भी आ सकते हैं जो सीता की शपथ के साक्षी बनना चाहते हों।'

घोषणा सुनकर लोगों ने साधुवाद कहा, लेकिन कुछ लोग मौन रहे। सभा विसर्जित हो गई। कुछ लोग बुदबुदा रहे थे, 'क्या सब कुछ राम में ही श्रेष्ठ है?'

सीता रात भर अपने को संयोजित करती रहीं, जब से पिता-तुल्य वाल्मीकि जी ने उन्हें यह बताया था, 'बेटी, राम की भरी सभा में कल तुम्हें अपनी पवित्रता का प्रमाण देना है। राजा राम का यही सन्देश आया था। मैंने तुम्हारी ओर से आश्वासन दे दिया कि सीता आकर आपके आदेशानुसार प्रमाणित करेंगी कि वह पवित्र हैं।'

सीता ने कहा, 'मेरे कुश और लव आपके संरक्षण में रहकर विद्या, बुद्धि और युद्ध-विद्या में पारंगत हो गए हैं। अब किसी भी परीक्षा की मुझे चिन्ता नहीं है। मैं चाहती हूँ, चिड़िया के बच्चों की तरह वे स्वतंत्र और मोह-माया से मुक्त हों। मैं उनके और श्रीराम के बीच बाधा नहीं बनना चाहती। मैं हर किसी को अपने से मुक्त कर देना चाहती हूँ।'

वाल्मीकि जी सीता की मुद्रा और व्यवहार को गहराई से समझ रहे थे। लेकिन उन्होंने अपनी ओर से कुछ नहीं कहा। केवल उनके मस्तक पर आशीर्वाद की मुद्रा में हाथ रखा और फिर अपनी कुटिया में चले गए।

श्रीराम प्रात:निवृत्त होकर यज्ञशाला में पधारे। उन्होंने समस्त ऋषियों को बुलवाया। वसिष्ठ, वामदेव, जाबालि, काश्यप, विश्वामित्र, महातपस्वी दुर्वासा, पुलस्त्य, मार्कंडेय, मौद्गल्य, गर्ग, च्यवन, शतानन्द, भरद्वाज, अग्निपुत्र सुप्रभ, नारद, पर्वत, गौतम, कात्यायन और तपोनिधि अगस्त्य वहाँ उपस्थित हुए। उनके अतिरिक्त दूसरे कठोर व्रत का पालन करनेवाले बहुसंख्य ऋषि कौतूलवश वहाँ एकत्र थे। राक्षस और

वानरवंशी भी आए। नाना देशों से पधारे ब्राह्मण, क्षत्रिय, वैश्य और शूद्र भी सहस्त्रों, की संख्या में पहुँचे। सीता जी के शपथ-ग्रहण के साक्षी बनने के लिए ज्ञाननिष्ठ, कर्मनिष्ठ और योगनिष्ठ—सभी प्रकार के जन पधारे थे।

वाल्मीकि जी को जब पता चला कि राजसभा में सभी जन मूर्तिवत् बैठे प्रतीक्षारत हैं तो महर्षि सीता जी के साथ पधारे। आगे-आगे वाल्मीकि थे, पीछे देवी सीता हाथ जोड़े, गर्दन झुकाए चल रही थीं। उनके चेहरे पर आश्रम की छवि थी और आयु के चिह्न दिखाई पड़ रहे थे। सब दर्शन को आतुर थे। वे भी, जिन्होंने पहले उन्हें नहीं देखा था और वे भी, जो जानते भी थे, राजरानी के रूप में देख भी चुके थे। वनवासिनी के रूप में देखने और जाननेवाले केवल कुछ ऋषि थे। रावण की अभिरक्षा में उन्हें देखने वाले विभीषण ही थे। आंजनेय की अनुपस्थिति सबको विचित्रता का आभास दे रही थी। सुग्रीव थे पर आंजनेय अनुपस्थित थे। कुछ लोगों ने देवी सीता को देखकर प्रणाम किया। अधिकतर के चेहरों पर चकित होने का भाव था।

जब सीता सभा में प्रविष्ट हुईं तो 'धन्य-धन्य' की ध्वनि की एक लहर आई, फिर सब गम्भीर हो गए। सभा दो भागों में बँट गई थी। कुछ के मुँह से निकला, 'राम, तुम धन्य हो', तो कुछ ने कहा, 'देवि सीता, धन्य हैं'। तीसरा वर्ग दोनों को साधुवाद दे रहा था। देवी सीता अपने में ध्यानस्थ थीं।

सभा के बीचोबीच पहुँचकर वाल्मीकि मुनि रुक गए। देवी सीता भी रुक गईं। वाल्मीकि जी ने राम की ओर दायाँ हाथ उठाकर कहा, 'दशरथ-पुत्र राम, सीता उत्तम व्रत का पालन करनेवाली धर्मपरायणा हैं। अपवाद के भय से उन्हें मेरे आश्रम के निकट त्याग दिया गया था। आपका आदेश था कि सीता भरी सभा में अपनी शुद्धता का विश्वास दिलाएँ और आपको उस आरोप से मुक्त करें जिससे आप अभी तक भयभीत हैं।'

कुछ ठहरकर बोले, 'ये दोनों बालक जो आपके जीवन-सम्बन्धी काव्य का गान कर रहे थे, आपके ही पुत्र हैं।' उन्होंने यह बात, कभी माँ को और कभी पिता को अश्रुपूरित नेत्रों से देख रहे बालकों की ओर संकेत करते हुए कही।

एक उच्छ्‌वास पूरी सभा में एक साथ उठा।

आगे कहा, 'रघुकुलनन्दन, मैं वरुण का दसवाँ पुत्र हूँ, कभी असत्य नहीं बोलता। अतः सत्य कह रहा हूँ, ये दोनों ही आपके पुत्र हैं। मैं यह भी कहता हूँ कि मैंने हजारों वर्ष तपस्या की है, यदि जनकनन्दिनी सीता में कोई दोष हो तो मेरी तपस्या का मुझे फल न मिले। मैंने मन, वाणी, कर्म से कभी पापाचार नहीं किया। यदि सीता निष्पाप हों तो ही मुझे पाप-शून्य पुण्यकर्म का फल प्राप्त हो।'

पूरी सभा में सन्नाटा था। केवल मुनिवर की ही ओजस्वी, धीर-गम्भीर वाणी गूँज रही थी।

वे कह रहे थे, 'देवी सीता मुझे वन में वियोग और शोक से तड़पती एक झरने के पास मिली थीं। मैंने अपनी पाँचों इन्द्रियों को साधकर, मन-बुद्धि को एकाग्र करके, उनकी शुद्धता के सन्दर्भ में निश्चय करके ही सीता को अपने संरक्षण में लिया था। इनका आचरण सर्वथा शुद्ध है; बल्कि शुद्धता का अपने में प्रमाण है। इन्होंने सदा पति को अपना देवता माना है। मैंने दिव्य दृष्टि से जान लिया था कि सीता का भाव और विचार पवित्र है। तभी यह मेरे आश्रम में प्रवेश पा सकी थीं। आप स्वयं भी यह जानते हैं, आपकी पत्नी सीता सर्वथा शुद्ध हैं, परन्तु लोकापवाद से कलुषित चित्त होकर आपने अपनी सदाचारी पत्नी का परित्याग किया है। अतः अब देवी सीता, लोकापवाद से भयभीत आपको, अपनी शुद्धता का विश्वास दिलाएँगी।'

भगवान वाल्मीकि ने अपना उठा हुआ हाथ नीचा कर लिया और सीता के सिर को सूँघकर आशीर्वाद दिया।

वाल्मीकि जी के शान्त हो जाने पर राम खड़े हुए। सीता पर दृष्टि डाली और दोनों हाथ जोड़कर महर्षि से बोले, 'आप धर्म के ज्ञाता हैं। आपने सीता के सन्दर्भ में जो कहा है, वह अक्षरशः सत्य है। ब्रह्मन, आपके इन निर्दोष वचनों से मुझे जनकनन्दिनी की शुद्धता पर पूर्ण विश्वास हो गया। एक बार पहले भी देवताओं की उपस्थिति में सीता की शुद्धता का विश्वास मुझे प्राप्त हो चुका है। उस समय सीता के द्वारा शुद्धता की शपथ लिये जाने के कारण ही इन्हें अपने साथ ले गया था।' इतना कहकर श्रीराम चुप हो गए। कुछ देर बाद बोले, 'लेकिन अयोध्या में मैथिली जानकी के विरुद्ध एक शक्तिशाली अपवाद उठा। विवश होकर, यह जानते हुए भी कि वे शुद्ध आचरण वाली हैं, मुझे इनका त्याग करना पड़ा। मैं आपसे क्षमा चाहता हूँ।'

राम ने उन दोनों बालकों की ओर देखकर कहा, 'मैं यह भी जान चुका हूँ कि ये दोनों बालक सीता के गर्भ से उत्पन्न मेरे ही पुत्र हैं। फिर भी इस जनसमुदाय के समक्ष शुद्धता सिद्ध होने पर ही जानकी से मेरा पुनः प्रेम हो सकता है।'

सीता ने कुछ कहना चाहा पर वाल्मीकि जी ने संकेत से रोक दिया।

रामचन्द्र जी के वक्तव्य की समाप्ति पर, उनके अभिप्राय को जानकर, बड़े-बड़े देवता ब्रह्मा जी को आगे करके वहाँ आ गए। उनमें आदित्य, वसु, रुद्र, विश्वदेव, मरुद्गण, सभी महर्षि, नाग, गरुड़ और सिद्ध गण सम्मिलित थे। वे सब सीता जी के द्वारा ली जानेवाली शपथ से उत्साहित थे और समझ रहे थे, शपथ के पश्चात् सब सुचारु हो जाएगा।

देवताओं और ऋषियों की उपस्थिति देखकर प्रभु राम पुनः बोले, 'सर्वश्रेष्ठ गण, यद्यपि महर्षि वाल्मीकि के कल्मषरहित वचनों को सुनकर पूरा विश्वास हो गया है तथापि जनसमाज के बीच विदेह कुमारी द्वारा शुद्धता प्रमाणित किए जाने पर मुझे प्रसन्नता होगी।'

सीता जी एक आश्रमवासी साध्वी की तरह गेरुवे वस्त्र धारण किए थीं। वे बिना किसी की ओर देखे नीची गर्दन किए बोलीं, 'मैं पितृवत महर्षि वाल्मीकि, सब देवताओं तथा ऋषि-मुनियों एवं भद्रजनों को प्रणाम करती हूँ। महर्षि वाल्मीकि ने मेरी गुरुता को प्रमाणित करने के लिए अपनी सहस्त्रों वर्ष की तपस्या, सत्य दाँव पर लगा दिये। पिता का पद ग्रहण कर लेने पर गुरु को भी बेटी के सम्मान के सामने तप और सत्य—सबका मोह छोड़ना पड़ता है। पति का अधिकार बड़ा हो जाता है। राजा जनक ने मेरे विवाह के समय सम्मान का जो त्याग किया था, उसका दर्शन आज मैं पुनः महात्मा वाल्मीकि में कर रही हूँ। मैं अपने पति की ओर से महर्षि से क्षमा माँगती हूँ।

'जैसाकि उन्होंने स्वीकार किया, मेरे पति देवताओं के सामने मेरी अग्नि-परीक्षा ले चुके थे। वह उचित था। स्त्री शुद्धता और अशुद्धता के बीच एक क्षीण रेखा पर बैठी होती है। किसी दूसरे के घर में, वह भी एक राक्षस के घर में रही स्त्री के बारे में आत्मीय से आत्मीय व्यक्ति का विश्वास डिग सकता है—चाहे पति हो या पिता या पुत्र। मेरी शुद्धि का एक बार आकलन हो जाने से मैंने सोचा था—चाहे भावना का कल्मष हो या मन का, परीक्षा की अग्नि में सब भस्म हो गया। वह कल्मष दूसरों की दृष्टि में था, उसका भस्म होना अनिवार्य था। वह परीक्षा कठिन थी, पर अल्पकालिक थी।'

सीता ने शीश उठाकर देखा, सबके चेहरे शान्त थे, पर तनावपूर्ण थे।

वे गम्भीर स्वर में बोलीं, 'मेरे पिता-तुल्य गुरु, ऐसे समय में आश्रयदाता बने, जब मैं एक झरने के पास निराश्रय पड़ी थी। मेरे गर्भ में मेरे पति का भविष्य था, मैं चाहकर भी प्राण त्यागकर इस पीड़ा से मुक्त नहीं हो सकती थी। न पिता थे, न पति थे। लक्ष्मण अपने भ्राता और महाराज की आज्ञा क्रियान्वित करके वापस लौट गए थे। तब महर्षि आए और आश्रम में ले जाकर आश्रमवासी मुनि-पत्नियों के बीच रखा। अगर वे मेरा हाथ न पकड़ते तो न मैं होती, न ये दोनों रघुवंशी राजकुमार होते। मेरा किसी पर कोई आरोप नहीं। एक वृक्ष की छाया से निकलने पर दूसरा वृक्ष अपनी छाया दे देता है तो पहला वृक्ष दोषी नहीं रहता। पर उसकी छाया भूलती नहीं।

'मैं आज यहाँ यह सोचकर आई हूँ कि यह मेरे सतीत्व की अन्तिम परीक्षा होगी। प्रभु राम मेरे इष्ट भी हैं, स्वामी भी। रघुवंश मेरा आश्रयदाता है। मेरी पहचान है। विवाह के पूर्व जनक-वंश था, उसके बाद रघुवंश हो गया था। लेकिन अब मैं

क्या हूँ? जैसाकि भगवान वाल्मीकि ने कहा, लोकापवाद के कल्मष से डरे हुए भगवान राम ने मुझे त्याग दिया। जिस प्रकार मुझे वन में भेजा गया था, उस स्थिति में अपवादों की शृंखला और भी लम्बी हो सकती थी, यदि भगवान वाल्मीकि मुझे अपने संरक्षण में न लेते। मेरे ऊपर तो अपवादों का पहाड़ टूट पड़ता। महाराज राम तो एक ही अपवाद के लिए उत्तरदायी थे, मैं किस-किस अपवाद के लिए कितनी अग्निपरीक्षाएँ देती?'

उनका गला रुँध गया।

'यह मेरी समस्या है। उसका दायित्व मेरा है। आंजनेय सब जानता था, वह मेरा मानस-पुत्र है। मेरे सत्य का सबसे पहला साक्षी है। वह सत्य को जानता है। लंका से लौटकर अयोध्या जाते समय हम सब माता अंजना से भेंट करने गए थे, तब उन्होंने अपने पुत्र आंजनेय से कहा था—'आज से सीता ही तेरी माँ है।' पर वह है कहाँ?'

उन्होंने नजरें घुमाईं।

'यहाँ जगत-पिता ब्रह्मा हैं, सब देवता हैं, नैयायिक हैं, ऋषि-मुनि और राजे-महाराजे हैं। मेरे मन में एक प्रश्न है—इस महासभा में मेरे आज फिर बाँह उठाकर यह कह देने से कि मैं शुद्ध हूँ, श्रीराम पर लगा लोकापवाद तो पता नहीं धुलेगा या नहीं, पर क्या मैं पति के विश्वास के प्रति आश्वस्त होकर जी सकूँगी? मेरे दो पुत्र आश्वस्त हो पाएँगे? परन्तु मैं अपने पति पर लगे इस घृणित अपवाद से मुक्त करने के लिए कटिबद्ध हूँ। राजा सब अपवादों-लोकापवादों से मुक्त होता है। स्त्री काँच होती है, उस पर आई खरोंच तक कभी नहीं मिटती।'

सीता उसके बाद कुछ देर मौन रहीं। फिर नेत्र बन्द किए, अपनी गर्दन झुकाए दोनों हाथ जोड़कर बोलीं :

'यदि अपने पति राम के सिवाय किसी दूसरे पुरुष का स्पर्श या चिन्तन किया हो तो माँ पृथ्वी, तू मुझे अपनी गोद में ले ले।

'यदि मन, वचन, कर्म से केवल श्रीराम की आराधना करती हूँ तो ही माँ पृथ्वी, मुझे अपनी गोद का आश्रय दे। मैं तुझसे ही जन्मी हूँ।

'श्रीराम को छोड़कर मैं किसी दूसरे पुरुष को नहीं जानती, मेरी कही यह बात सत्य हो तो माँ पृथ्वी, मुझे अपनी गोद में ले ले।'

ये तीन शपथ लेते ही पृथ्वी में संचलन हुआ, कुछ टूटने की ध्वनि हुई। सभा में तीव्र हलचल हुई। भूतल से एक सिंहासन प्रकट हुआ। सिंहासन के साथ पृथ्वी की अधिष्ठात्री देवी भी प्रकट हुईं। उन्होंने देवी सीता को गोद में उठाकर सिंहासन पर प्रतिष्ठित कर दिया और श्रीराम से कहा, 'प्रभो राम, मेरी पुत्री की परीक्षा पूरी हुई, मुझे इसे ले जाने की आज्ञा दीजिए।'

राम सम्भवतः कुछ समझ नहीं पाए। जब सीता जी रसातल में प्रवेश करने लगीं तब सभा में उपस्थित देवताओं और अन्य जनों ने देखा। सब कह उठे, 'सीते, तुम धन्य हो।' सभा में पधारे बहुत से नरेश और प्रजाजन चकित रह गए। सीता का भूतल प्रवेश देखकर कुछ लोग विषाद में डूब गए। कुछ को लगा, सीता को यंत्रणा से मुक्ति मिली। लव-कुश माँ को पुकारते हुए दौड़े। वाल्मीकि जी ने उन्हें रोककर कहा, 'पुत्रो, तुम्हारी माँ अपने धाम को चली गईं, अब तुम्हें अपने पिता के साथ रहकर अपने दायित्व निबाहने होंगे।'

श्रीराम काष्ठ-दंड का सहारा लेकर खड़े हुए। उनके नेत्रों से अश्रुधारा बह रही थी। मुख से बोल नहीं निकल रहा था। वाल्मीकि दोनों पुत्रों को लेकर उनके पास आए।

कुछ देर बाद सँभलकर श्रीराम बोले, 'मेरे मन में अभूतपूर्व शोक भरा है। मेरे देखते-देखते मेरी सीता अदृश्य हो गई। पहली बार मेरी सीता समुद्र के उस पार लंका में आँखों से ओझल हो गई थी। मैं उसे वहाँ से वापस ले आया था। पृथ्वी के भीतर से लाना कौन-सा कठिन काम है!'

लम्बी साँस लेकर बोले, 'वसुन्धरा देवी, मेरी सीता को मुझे लौटा दो, अन्यथा मैं अपना रोष दिखाऊँगा। तुम जानती हो, मेरा क्रोध कैसा है। तुम मेरी सास हो। राजा जनक हाथ में फाल लिये जब जोत रहे थे तब सीता का प्रादुर्भाव हुआ था। या तो तुम सीता को लौटा दो या मुझे भी अपनी गोद में जगह दो। पाताल हो या स्वर्ग, मैं सीता के साथ ही रहूँगा।'

जब कोई प्रतिक्रिया नहीं आई तो श्रीराम ने गर्जना की, 'तुम सीता को लाओ। मैं उसके बिना पागल हुआ जा रहा हूँ। यदि सीता को उसके वास्तविक रूप में नहीं लौटाओगी तो मैं पर्वत, वनों सहित तुम्हारा स्वरूप नष्ट कर दूँगा। विनाश कर डालूँगा। भले ही सारे में जल ही जल हो जाए।'

जब राम के उस विलाप का कोई प्रभाव नहीं हुआ, तब कुश ने धीमे से कहा, 'पिताजी, विलम्ब हो गया। हमें उनके बिना अब रहना सीखना होगा, आप तो रहते रहे हैं।'

पता नहीं, राम ने सुना या नहीं।

तब तक ब्रह्मा जी आ गए। उन्होंने समझाया :

'महाबाहो, मन से सन्ताप को निकाल दें। परम साध्वी सीता सर्वथा शुद्ध हैं। अब आपका संशय भी समाप्त हो गया होगा। वे आपसे पुनः साकेत धाम में मिलेंगी।' ब्रह्मा महाकाव्य के गुणों का वर्णन करके अन्य देवताओं के साथ अपने लोक को सिधार गए।

क्षेपक

आंजनेय नेत्र बन्द किये माता सीता की स्मृतियाँ सँजो रहे थे। आज तीसरा दिन था माता को गए। जैसे ही पता चला था कि सीता माँ भरी सभा में, जहाँ ऋषि-मुनि, राजे-महाराजे, पुरुष-स्त्रियाँ सब विराजे थे, पृथ्वी में समा गई थीं, किसी ने रोका तक नहीं, वे दौड़ पड़े थे।

सभाएँ और गुरुजन अन्याय नहीं रोकते, द्रष्टा मात्र होते हैं। द्रष्टा भी होते हैं या नहीं या आँखें बन्द कर लेते हैं! माँ के जीवन से ज्यादा महत्त्वपूर्ण क्या लोकापवाद हो गया? जो शंका और कनसुई पर आधारित हो, वह सच कैसे हो सकता है?

जब से उन्हें पता चला कि प्रभु राम ने उन्हें लोकापवाद के डर से त्याग दिया था, वे अवसाद में थे। वे सोच नहीं पा रहे थे, जिन प्रभु राम ने बड़े-बड़े दानवों को सूरपुर भेज दिया, उनके लिए लोकापवाद क्या इतना भयानक हो गया था कि उससे भयभीत होकर माँ सीता का परित्याग कर दिया? सत्ता और लोकापवाद के बीच यह कैसा सम्बन्ध? सत्ता डरती है?

अब आंजनेय माँ अंजना को भी अपना मुँह नहीं दिखा सकते थे। वे पूछेंगी, माता सीता कैसी हैं तो वे क्या उत्तर देंगे? अंजना माँ ने तो उन्हें सबकी उपस्थिति में सीता माता को सौंप दिया था और आँखें बन्द कर ली थीं, जैसे संकल्प के बाद यजमान बन्द कर लेता है। अंजना मैया तत्काल पूछेंगी, जब प्रभु राम ने सीता जी को वनवास दिया तो तुमने रोका क्यों नहीं? वे तुम्हारी माँ थीं—प्राण लगाकर रोकते, या साथ जाते। जैसे प्रभु राम के साथ रहे, वैसे ही सीता माँ के साथ रहते। मैंने जब तुम्हें सीता माता सौंपा, तभी सीता माता को तुम्हें भी सौंप दिया था।

आंजनेय अब यह नहीं कह पाएँगे, वे वहाँ उपस्थित नहीं थे। वे अनभिज्ञ थे।

प्रभु राम हर बात में मेरी सलाह लेते थे। सीता माँ के त्यागने के प्रश्न पर उन्होंने जरूर सोचा होगा कि आंजनेय कभी नहीं मानेगा। माँ के साथ उसे भी त्यागना होगा। महाराज सुग्रीव ने क्यों नहीं बताया? हो सकता है, उन्हें भी पता न हो! वे, लंकेश विभीषण, जाम्बवान आदि तो अश्वमेध यज्ञ के समय उपस्थित थे...। सीता माता तो बहुत पहले त्यागी जा चुकी थीं..। वह तो पटाक्षेप था। मैं अपने स्वामी पर आक्षेप लगाने योग्य नहीं हूँ...पर यह मेरी पीड़ा है। प्रभु राम अनेक बार कह चुके कि मैं तुमसे कभी उऋण नहीं हो सकता...तुम्हारे बिना अधूरा हूँ।

आंजनेय उस समय उसी स्थान पर बैठे थे; जहाँ सीता माता ने अपने को धरती माँ को समर्पित किया था। पृथ्वी के वक्ष पर अभी भी एक गढ़ा था। ऐसे गढ़े भरते नहीं। एक तरह से सीता माँ ने मृत्यु का वरण किया था। पृथ्वी भी माँ ही होती है, वही अपने में समो लेती है। उनका तो जन्म भी उसी से हुआ था, वे योनिजा हैं।

आंजनेय ने उस गढ़े में गर्दन डालकर माँ को पुनः पुकारा। वह बार-बार सोच रहे थे कि जब वे पाताल जाकर दोनों भाइयों को अहिरावण के चंगुल से छुड़ाकर ला सकते हैं तो सीता माँ को क्यों नहीं ला सकते? फिर सोचा, दोनों में अन्तर है। अहिरावण शत्रु था, पृथ्वी माँ है। माँ से बेटी को कैसे छीना जा सकता है? वे भी कह देंगी—पहली बार माँ के घर आई हूँ, बहुत थक गई। आंजनेय को और तो कुछ सूझा नहीं, उन्होंने गढ़े की रज पूरे शरीर पर मल ली।

एक रथ आकर रुका। उस पर अयोध्या राज्य की पताका फहरा रही थी। आंजनेय अपने में डूबे थे।

दो बच्चे रथ से उतरे—सुन्दर और गरिमावान! बच्चों ने आंजनेय से पूछा, 'आप कौन हैं? यहाँ क्या कर रहे हैं?'

आंजनेय ने भी प्रश्न का जवाब प्रश्न में दिया, 'क्या आप दोनों श्रीराम के पुत्र हैं?'

'आपने कैसे पहचाना?'

'काँधे धनुष, हाथ में बाना...पिता-पूत की सूरत एक समाना...।' फिर कहा, 'मैं आंजनेय हूँ, तुम्हारा जेष्ठ भ्राता...माँ सीता का मानस पुत्र।'

उन दोनों ने रथ से उतरकर चरण छुए और बोले, 'माँ आपको रात-दिन स्मरण करती थीं—'अगर मेरा आंजनेय होता तो अमुक काम चुटकी बजाते कर देता। उसने लंका की अशोकवाटिका में कहा था कि माता, आप आज्ञा दें तो मैं आपको समुद्र पार ले जाकर भगवान राम से मिलवा दूँ। मैंने ही मना कर दिया—राम लेने आएँ तो उनका भी सम्मान उसी में है और मेरा भी।—हम दोनों तुम्हारा और पिताजी का नाम सुनते हुए बड़े हुए हैं। दादा, जब माँ चली गईं, तब आए?'

आंजनेय भावुक हो गए। नेत्र भीग गए। दोनों बच्चों ने आगे बढ़कर पोंछे।

'तुम दोनों अकेले कैसे?'

'माँ की स्मृति यही बची है, प्रणाम करने आ जाते हैं।'

'मैं एक नाग-कन्या की रक्षा हेतु भ्रमवश उसके साथ चला गया। वह भगवान को रक्षा हेतु पुकार रही थी। तब प्रभु सीता माँ के साथ शयन-कक्ष में थे। मैंने कहा—चलो, मैं तुम्हारी रक्षा करूँगा।

'रावण के वंशज रक्तरोम ने मेरा वध करने उसे भेजा था कि तुम आंजनेय को लाओ, नहीं तो मैं तुम्हारा वध कर दूँगा। उसी ने यह पूरी घटना बाद में मुझे बताई। वह मायावी था। वह मरता था, फिर जीवित हो उठता था। काफी समय युद्ध करने के पश्चात् पता चला कि उसके प्राण उसकी परछाईं में हैं। तब जाकर मैंने उसका वध किया और उस नाग-कन्या को मुक्त कर पाया।

'पीछे इतना बड़ा वज्रपात हो गया और मैं कुछ नहीं कर पाया! मैं कैसा पुत्र हूँ, उनके कठिन समय में काम नहीं आया?'

'दादा, हम तो थे, हम ही क्या कर पाए? वे हमारे देखते-देखते चली गईं।'

आंजनेय की मुट्ठियाँ बँध गईं। क्रोध के कारण मुँह से बोल नहीं निकल रहा था। फिर अस्फुट स्वर में बड़बड़ाए, 'मैं पृथ्वी को इधर से उधर कर देता...सीता माँ को जाने न देता।'

'माँ ने ही आह्वान किया था—तुम मुझे अपनी गोद में ले लो, परीक्षा देते-देते थक चुकी हूँ। दादा, आप माता की इच्छा के विरुद्ध कैसे जाते? पिताजी ने शुद्धि की शपथ लेने की शर्त रखी थी। महर्षि ने आश्वस्त भी किया था...। माता इतने समय महर्षि के आश्रम में रही थीं। शपथ के पीछे अविश्वास होता है। अविश्वास का चेहरा सामने आने पर जीवन का अभिशप्त होना स्वाभाविक है। हम दोनों भाइयों को गुरुवर और माता ने पिताजी के मानकों के अनुरूप पाला था। जब हम दोनों माता के संग पृथ्वी में समाने के लिए बढ़े तो महर्षि ने हाथ पकड़कर रोक लिया और समझाते हुए कहा—तुम्हारी माता अपना कार्य पूरा कर गईं। अब तुम्हें पृथ्वी पर रहकर अपना काम पूरा करना है। हम सब कर्म-चक्र में बँधे हैं। दादा, आप हमारे साथ राजमहल चलें, पिताजी और दादियों को अपना दुःख भूलने में सहायता मिलेगी।'

आंजनेय धर्मसंकट में पड़ गए। उनके सामने अब दैत्य-दलन करनेवाले राम नहीं थे, बल्कि माता सीता की पवित्रता पर पुनः-पुनः प्रश्नचिह्न लगानेवाले अयोध्या नरेश थे। क्या वे माता को अपमानित करनेवाले नरेश का सामना कर पाएँगे? एक ओर माताएँ होंगी, दूसरी ओर मेरे स्वामी और इष्टदेव राम होंगे। सोचकर बोले, 'मुझे कुछ समय और यहीं रहने दो...माता मेरी पुकार सुन लेंगी तो मुझे अवश्य बुलाएँगी। मुझे अभी यहीं छोड़ दो।'

'क्या हमें नहीं बुलाएँगी?'

'तुम दोनों भाइयों को आशीर्वाद देंगी, वैसे भी महर्षि की आज्ञा-पालन करना तुम दोनों का कर्तव्य है। मैं जो कुछ भी हूँ, माँ के आशीर्वाद से हूँ। प्रभु राम का आशीर्वाद तो मुझे बाद में मिला था।'

'पिताजी को ज्ञात होगा कि हम दोनों आपके दर्शन करके आए हैं, साथ नहीं लाए तो उनका हृदय टूट जाएगा। कुपित होंगे सो अलग। वे आपको हम दोनों से अधिक प्यार करते हैं।'

'आप लोग अयोध्या पहुँचें, मैं सीता माता से मिलकर तत्काल आऊँगा।'

'आपको कैसे मिलेंगी? ब्रह्मा जी कह गए हैं कि माता पाताललोक होते हुए साकेत धाम पहुँचेंगी। वहीं प्रभु राम उनसे मिलेंगे।'

'मैं उन्हें देख रहा हूँ, वे मुझे देख रही हैं। माता अंजना मुझे इतनी याद नहीं आईं जितना मेरे दुख का कारण आज सीता माता बनी हैं। मैं उनसे बिना मिले कैसे रहूँगा? आप चलो, मैं पीछे से आता हूँ।'

लव-कुश दादा की बात मानकर चले गए।

आंजनेय माता को पुकारते-पुकारते सो गए। उनको लगा, सीता माता आईं, उनके सिर पर हाथ रखा और बिना बोले चली गईं।

सवेरे आँख खुली तो वे न उतने क्लांत थे, न दुखी। वे उठे और अयोध्या की ओर उड़ चले।

लव-कुश कुछ ही देर पहले पहुँचे थे।

वहाँ पहुँचकर सबसे पहले माँ सीता का स्मरण आया। जब लंका विजय करके सब लौटे थे तो पुष्पक से सबसे पहले माता सीता उतरी थीं। फिर राम, पीछे लक्ष्मण और उसके बाद आंजनेय स्वयं। सम्पूर्ण अयोध्या साँस रोके खड़ी थी—कब प्रभु राम और माता सीता अयोध्या की धरती पर पाँव रखें। चारों तरफ शंख, घड़ियाल और भेरियाँ बजने लगी थीं। पर आज अयोध्या शोक में डूबी थी। सम्पूर्ण अयोध्या आभाहीन थी। उस दिन की तरह सारे में यह समाचार फैल गया था कि वज्रांगी और लंका-दहन करनेवाले आंजनेय आए हैं। पर उस दिन जैसा उत्साह नहीं था। लोग देखकर चुपचाप चले जाते थे। आंजनेय सोच नहीं पा रहे थे कि वे अपने उन प्रभु राम का सामना कैसे करेंगे जो सीता माता के वन चले जाने का कारण हैं।

श्रीराम सम्भवत: प्रतीक्षा में थे। लव-कुश से पूछ भी चुके थे। आंजनेय के पैरों में अस्थिरता थी, जिनकी धमक के कारण पर्वत तक धँस जाते थे। वे जाकर सिंहासन के निकट, अपने निर्धारित स्थान पर, एक घुटना मोड़कर प्रणिपात की मुद्रा में बैठ गए। अपना गदा पृथ्वी पर टिका दी। दोनों सब कुछ जानते थे, पर चुप थे। शब्दों की खोज दोनों को थी। ऐसे में शब्द खोजे नहीं मिलते या अर्थ खो देते हैं। तब शारीरिक क्रिया ही काम आती है।

राम एकाएक सिंहासन से उठ खड़े हो गए। बोले, 'आंजनेय, बहुत दिन से तुम्हें गले नहीं लगाया, नहीं लगाऊँगा तो चैन नहीं आएगा।'

'नहीं प्रभु, आज नहीं, मुझे अपने चरणों में बैठा रहने दें।'

'नहीं आंजनेय, मुझे तभी शान्ति मिलेगी। इस बीच बहुत कुछ घट गया।'

आंजनेय गर्दन नीचे किये चुपचाप सुबक रहे थे।

श्रीराम ने दोनों हाथ पकड़कर उठाना चाहा। राम को लगा, आंजनेय पर्वत हो गया है। उनको समझ नहीं आया, आखिर उसे क्या हो गया? वे बोले, 'वत्स, न तो तुम्हारा भार बढ़ा है, न मैं ही इतना दुर्बल हुआ हूँ...कोई कारण दिखाई नहीं पड़ रहा...'

तब तक आंजनेय सँभल गए थे, 'प्रभु, आपको स्मरण है, जब सागर पार करने के लिए नल-नील सेतु-निर्माण कर रहे थे, आपने भी सबकी आँख बचाकर एक पत्थर जल में छोड़ा था। मैं पीछे खड़ा देख रहा था। आपके हाथ से छूटा पत्थर डूब गया। आपको लगा कि नल-नील के डाले पत्थर तैर रहे हैं, मेरे हाथ से छूटा पत्थर डूब गया। आपने मुझे देखकर कहा था, किसी से कहना मत। मैंने ताली बजाते हुए कहा था—मैं तो गा-बजाकर सबको बताऊँगा कि जिसे प्रभु अपने हाथ से छोड़ दें, उसका डूबना अवश्यंभावी है। आज मुझे पता चला, डूबना क्या होता है। आपने मुझे छोड़ दिया तो कैसे बचा पाएँगे? डूबना तो नियति है।'

श्रीराम हक्के-बक्के से रह गए। बोले, 'यह तुम क्या कह रहे हो, मैंने तुमको छोड़ दिया? तुम्हारे बिना तो मैं कुछ भी नहीं। न पहले था, न अब हूँ। लंका-विजय के वास्तुकार तो तुम ही हो।'

'वह सब तो आपके कारण हुआ, मैं तो मात्र माध्यम हूँ।'

'यह तुम्हें क्या हो गया, बहकी-बहकी बात कर रहे हो?'

'भगवन, जब जग संकट में था, तब सेवक को सेवा का सम्मान दिया। जब निजी संकट आया तो ऐसे भुला दिया, जैसे किसी आगंतुक से राह चलते देखा-देखी हुई हो! भक्त के लिए तो यही डूबने के लिए छोड़ देना है।'

श्रीराम कुछ कह नहीं पाए।

आंजनेय चुप देखकर बोले, 'नाथ, अन्यथा न लें। यह मेरे मन की पीड़ा है। पीड़ा वहन करनेवाले की ही होती है। संवेदना तक सहभागी नहीं हो पाती। छप्पर उठाने की जिम्मेदारी उसी की होती है जिसका गिरता है। मैं जानता हूँ, अपनी पीड़ा को आप सह रहे हैं। सीता माता लंका में उन राक्षसों के बीच अकेली संत्रास झेल रही थीं। आपके द्वारा छोड़ दिये जाने पर आज मैं दुख के जल में तड़फड़ा रहा हूँ।'

'अपनी पीड़ा का भेद खोलो, हो सकता है, मैं कुछ कर सकूँ!'

'प्रभु, आप तो कुछ भी कर सकते हैं। यह पीड़ा आपका प्रसाद है, शिरोधार्य है।'

श्रीराम आंजनेय के कथन से चकित थे। पहले कभी इस तरह बात नहीं की थी, आज क्या हो गया? ऐसा मैंने क्या कह दिया? वे बोले, 'तुम्हारी बातें मुझे पहली बार अस्थिर कर रही हैं। बिना बताए मैं क्या जान पाऊँगा?'

'क्या बताऊँ, मैं तो वानर-वंश का बुद्धिहीन मानस हूँ! मैं क्या जानूँ, साधारण व्यक्ति और राजा में क्या अन्तर होता है! मेरी माता बताती थीं कि बालपन में उदयाचल की ओर से उगते सूर्य भगवान को फल समझकर पकड़ने के लिए उड़ा था। तब मैं पितृतुल्य पवनदेव से उड़ना सीख रहा था। इन्द्र ने यह समझकर मुझ पर प्रहार कर दिया कि कहीं मैं सूर्य नारायण को निगल न जाऊँ। भला एक बालक उन

सूर्यदेव को कैसे निगल सकता है जो संसार को प्रकाशमान करते हैं? वह मेरी ही नासमझी थी। शायद यह भी मेरी नासमझी हो कि मैं यह सोचकर दुखी हूँ कि...।'

श्रीराम की बेचैनी बढ़ रही थी। वे बोले, 'मैं जानता हूँ, तुम एक सिद्ध वार्ताकार हो, मुझे अपनी बातों के घेरे में न फँसाकर सीधी बात कहो।'

'प्रभु, मैं आपसे ऋष्यमूक पर्वत पर एक प्रयोजनवश मिला था। महाराज सुग्रीव अपने भाई बाली के भय से सुरक्षित स्थान समझकर वहाँ छिपे थे। बाली को मिला शाप सुग्रीव जी के लिए वरदान बन गया था। आप दोनों भाई माता सीता की खोज में व्याकुल विचर रहे थे। मैं समझ गया था, अगर आप दोनों के बीच सम्बन्ध-सेतु बन जाए तो दोनों की समस्या सुलझ सकती है। सफलता मिली। आपने महाराज सुग्रीव को बाली के आतंक से मुक्त कर दिया। अन्ततः सीता माता की खोज का दायित्व मेरे ऊपर आ गया। बहुत डर लगा, कैसे करूँगा? जाम्बवान जी को मेरी उद्दंडता से रुष्ट होकर ऋषियों द्वारा दी गई शाप-कथा याद थी। उससे मुक्ति का रास्ता भी उन्हें ज्ञात था। यदि मुझे मेरे बल का पुनर्ज्ञान करा दिया जाएगा तो राम का नाम लेकर मैं समुद्र लाँघ जाऊँगा। जाम्बवान जी की कृपा से ही सब सम्भव हो सका।'

आंजनेय जब कह रहे थे, उनकी आँखों के सामने वे सब दृश्य आते जा रहे थे जिन्हें उन्होंने सागर पार करते हुए देखा था। जलचर किस प्रकार अलग-अलग रूप में प्रकट होकर डराने का असफल प्रयत्न कर रहे थे! अपनी कुशाग्रता से उन सबसे बचते-बचाते आंजनेय लंका पहुँच ही गए थे। अशोकवाटिक तक पहुँचने का मार्ग विभीषण ने बता दिया था।

आंजनेय बोले, 'प्रभु, माता ने मुझे अपना पुत्र स्वीकार किया था। माता का पुत्र और प्रभु राम का दास...दास की स्थिति ने पुत्र की स्थिति को नवा दिया। दास क्या बोले?' आंजनेय ने कहना जारी रखा, 'प्रभु, मैं वानर नहीं, पर वानरवंशी तो हूँ ही। वन में जरा-सा भी संकट का आभास हो तो हम सबको जगाते हुए, एक पेड़ से दूसरे पेड़ पर कूदते-फाँदते सुरक्षित स्थान पर पहुँच जाते हैं। वन ही हमारा सुख-धाम है। सौ योजन लाँघकर भी उतना नहीं थका था जितना अपने को अलग-थलग पाकर थक गया हूँ। मेरी माँ ने आपकी उपस्थिति में ही मुझे सीता माँ को दे दिया था और उन्होंने पुत्र-रूप में मुझे स्वीकार कर लिया था। अब मैं कहाँ जाऊँ? अपनी जननी के पास भी नहीं जा सकता। वे पूछेंगी कि तू श्रीराम और माता सीता को छोड़कर यहाँ क्यों आया, तो क्या जवाब दूँगा? आप उनका गुस्सा देख ही चुके हैं।'

राम बोले, 'बहुत हो चुका, तुम्हें कहीं नहीं जाना, यहीं रहकर कुश और लव को राज-काज के गुर सिखाओ। तुमसे अच्छा गुरु और कौन हो सकता है? ज्ञानी, रणसिद्ध, कूटनीतिज्ञ और बलशाली—राम-काज के सन्दर्भ में तुम-सा दूसरा नहीं।'

'प्रभु, आपने और सीता माता ने मुझे अमरत्व का वरदान दिया है। जहाँ भी रामकथा हो, वहाँ जाकर उसका श्रवण करो। जब तक रामकथा होगी तब तक तुम हो। आपने कोई विकल्प नहीं छोड़ा। एक ही वाक्य में दोनों को अमर कर दिया। आपने मुझे तो घुमक्कड़ी सौंपी है। लव-कुश को मैं घूमते-घूमते तो सिखा सकता हूँ। जैसे सूर्य नारायण ने शिष्यत्व काल में मेरा शिक्षण पूरा किया था। मैं उनके रथ के साथ दौड़कर उनसे मिला ज्ञान हृदयंगम करता रहता था। इन दोनों कुमारों के लिए यह सम्भव नहीं होगा।'

श्रीराम ने खिन्न होकर कहा, 'तुममें इतना परिवर्तन कहाँ से आ गया? बहुत वाक्पटु हो गए। तुम्हें जो कहना है, निःसंकोच कहो।'

'प्रभु, उद्दंडता के लिए क्षमा करें। दु:ख मन को घोंट देता है या वाचाल कर देता है। मेरे पास कहने के लिए बचा ही क्या है! सब कुछ समाप्त हो गया। मैं माता के निर्वाण-स्थल से लौटा हूँ। जहाँ से माता परलोक सिधारी थीं, वहाँ एक गह्वर है, मैं उसी प्रवेश-द्वार से माता के पास पहुँचना चाह रहा था, पर दोनों अनुजों ने आपका नाम लेकर रोक दिया कि प्रभु स्मरण करते रहते हैं। अपने इष्टदेव की इच्छा की उपेक्षा कैसे सम्भव थी? मैं बँधा चला आया। लेकिन अब सोचता हूँ, न आता तो अच्छा होता। इस अप्रत्याशित वेदना से न गुजरना पड़ता। लंका से लौटने के बाद मैंने अपनी माता को जिस संवेदना और सम्मान की मूर्ति के रूप में छोड़ा था, माँ अब कहाँ हैं! त्याग भी कभी-कभी बीभत्सता ग्रहण कर लेता है। न सम्मान, न संवेदना—कुछ भी तो नहीं बचा। मेरी माँ अंजनी ने मुझे सीता माता को सौंपा था...सीता माता ने सब कुछ त्याग दिया...मुझे भी। आपने उन्हें वन भेजा। सन्तोष था। पर वे धरती में समा गईं...धरती उनकी माँ अवश्य थी...वह पीहर जाना नहीं था, न आध्यात्मिक क्रिया थी। शरीर की भौतिक समाप्ति थी...दुख और अन्त:पीड़ा का अन्त।'

आंजनेय की आँखों के सामने तीनों माताएँ घूम गईं—धरती माता, अंजनी माता और अन्त में सीता माता। उनके रहते आंजनेय के पास सब कुछ था। अब कुछ नहीं बचा था।

राम ने सीधा सवाल किया, 'तुम मुझे दोष दे रहे हो?'

'नहीं स्वामी...आपको दोष? कभी नहीं! यह दुर्भाग्य हमारा और आनेवाली पीढ़ी का है। आने वाला इतिहास सीता माता के सम्मान को भरमा देगा। आगे आने वाला युवा वर्ग, रीस में, राम और सीता के त्याग को आदर्श मानकर स्वयं को आदर्श बनाने की लालसा पालेंगे। अन्तर समझ पाना उनके लिए आसान नहीं होगा।'

श्रीराम के मुखमंडल से लगा, उनके लिए असह्य होता जा रहा है।

आंजनेय ने हाथ जोड़कर पूछा, 'स्वामी, आज्ञा दें तो मैं कुछ पूछूँ? फिर अपना धर्म निबाहने और आपका आदेश पालन के लिए निकल जाऊँगा।'

श्रीराम ने स्वीकृति में सिर हिला दिया।

आंजनेय पहले ध्यान-मुद्रा में नेत्र बन्द किये रहे, फिर बोले, 'मैं अपनी माता अंजनी को लेकर इतना उद्विग्न नहीं हुआ, भले ही उन्होंने मुझे सीता माता को समर्पित कर दिया हो। माता सीता को लेकर मेरा मन अशान्त और उद्वेलित है। प्रभु, मैं आपका भक्त उस समय से हूँ जब मैं भगवान सदाशिव के साथ बड़े महाराज के सामने इस महल में आया था। हम दोनों ही बालक थे। वानरवंशी होने के कारण मैंने वानर-कलाएँ सीखी हुई थीं। उन्हीं कलाओं का दिग्दर्शन करके मैंने आपका और बड़े महाराज का मनोरंजन किया था। आपने प्रसन्न होकर मुझे अपनी शरण में रखने की इच्छा प्रकट की थी। जब मैं ऋष्यमूक पर्वत पर मिला, तब न मैंने पहचाना, न आपने। जब पता चला कि आप अयोध्या नरेश महाराज दशरथ के पुत्र हैं तब मुझे पुरानी सब बातें स्मरण हो आईं। मैं चुप रहा। पुरानी सब बातें चक्की की तरह पीस रही हैं।'

'कहो...'

'आपको स्मरण होगा, जब रावण का वध हो गया, मैं आपकी आज्ञा से माता को रावण-वध और विजय की सूचना देने गया तो मैंने देखा, माता विह्वल हैं। उन्होंने इधर-उधर देखा। मुझे याद आया, मैंने ही उनसे कहा था—जीत के बाद प्रभु राम आपको ले जाएँगे। उन्होंने इस जीत का श्रेय मुझे दिया—आंजनेय, तुम इस जीत के वास्तुकार हो। —मुझे ठीक नहीं लगा। आपका नाम लेकर मैंने रण में प्रवेश किया था। प्रभु राम की जय बोले बिना नहीं रह सका। लेकिन जब भ्राता लक्ष्मण माता सीता को लेकर आपके पास आए तो वे सब कुछ भूलकर कितनी प्रसन्न थीं! उस समय आप उसी तरह अशान्त थे, जैसे सीता माता उस समय थीं जब विजय के बाद मैं उन्हें प्रणाम करने गया था। कितने अन्तराल के बाद उन्होंने आपको देखा था। वे बहुत कुछ कहना चाहती थीं, आपसे सुनना चाहती थीं, पर आप मौन थे। मौन अधिक गाढ़ा था। वे धीरे-धीरे चुप हो गईं।'

श्रीराम ने लम्बी साँस ली।

आंजनेय गम्भीर हो गए है। कुछ देर रुककर आंजनेय ने ही बात आरम्भ की :

'सीता माता का मौन और मौन हो गया था। उसे तोड़ती हुई बोलीं—स्वामी, मैं जानती हूँ, आप मेरे पति होने से अधिक अब अयोध्या नरेश हैं। मैं समझ गई, आप किस बात को लेकर चिन्तित हैं। आपकी प्रजा पूछेगी, जो सीता रावण के महल में इतने समय रहकर आई है, आपने कैसे अर्धांगिनी के रूप में स्वीकार कर लिया ?—सीता माता ने कहा—आप की चिन्ता निर्मूल नहीं, पर मैंने इसका समाधान खोज लिया। मैं सबके सामने अग्नि-परीक्षा दूँगी।—उनके चेहरे पर एक तरह का आलोक था।

'सब हाहाकार कर उठे। वे अपनी बात पर अटल थीं। उन्होंने चिता लगाने के लिए कहा। लक्ष्मण ने भी रोका पर वे स्वयं ही अग्नि प्रज्वलित करके उसमें समा गईं। बीच-बीच में लपटों में से उनकी छवि दीखती थी तो सब चिल्लाते थे—माँ, बाहर आ जाइए। हम आपके बिना कैसे रहेंगे? जब अग्नि शान्त हुई तो सबने देखा, वे हाथ जोड़े शान्त बैठी थीं। सब आपकी तरफ देख रहे थे। आप शान्त खड़े थे। सीता माता स्वयं बाहर आईं और सबको सम्बोधित करते हुआ कहा—आप सब उद्भट वीर हैं, भगवान राम के नेतृत्व में लंका-युद्ध विजय करके आए हैं। मैं आप सबसे पूछती हूँ कि मेरी पवित्रता के सन्दर्भ में शंका हो तो बताएँ, आपको सन्तुष्ट करने के लिए मैं और क्या करूँ? आपका निर्णय मेरे लिए माननीय होगा। —सब धरती में लेट गए और चिल्लाए—माँ, आप ही पवित्रता का उदाहरण हैं, हम प्रणाम करते हैं। —प्रभु तब आगे बढ़े और माता सीता को हृदय से लगाया। सेना के सब लोग नाच उठे थे। माता सीता की जय-जयकार कर रहे थे।'

राम आंजनेय की ओर आश्चर्य से देख रहे थे। वे समझ नहीं पा रहे थे कि आंजनेय को यह क्या हो गया?

आंजनेय ने फिर बोलना आरम्भ किया, 'मैं सोच रहा था, क्या अशोकवाटिका में बन्दी रहने के कारण सीता माँ के प्रति आपका विश्वास इतना खंडित हो गया कि उन्हें अपने को अग्नि में तपाना पड़ा? जब वे तपे सोने की तरह शुद्ध निकल आईं तो हम सब खुशी से नाच उठे थे, परन्तु आप उतने सहज नहीं हो पाए थे। आपके चेहरे पर खिंची हुई मुस्कान थी। लेकिन मैंने यह सोचकर अपनी शंका का शमन कर लिया कि प्रभु ने सीता माता की पवित्रता को सिद्ध करने के लिए, उन्हें ऐसा करने दिया होगा। लेकिन आज मैं फिर उसी मन:स्थिति में हूँ। पहली और इतनी कठिन अग्नि-परीक्षा के बाद आपका विश्वास फिर कैसे डगमगा गया? मेरी पवित्र माता पर लगाए गए लांछन को कैसे स्वीकार कर लिया? उन्हें त्याग भी दिया लेकिन आपने मुझसे नहीं पूछा, आखिर मैं ही उनका एकमात्र मानस पुत्र था। वह उनकी आत्मा को छिन्न-भिन्न करनेवाली घटना थी, गर्भावस्था में आपको छोड़कर जाना...'

राम तड़पकर बोले, 'आंजनेय, ऐसा मत कहो...मैं राजा होने के नाते लोकमत का सम्मान करने के लिए बाध्य था।'

'लोकमत? प्रभु, कैसा लोकमत?...हाँ, मैं भूल गया, आप मर्यादा पुरुषोत्तम हैं! मर्यादा क्या इतनी अशक्त होती है कि किसी श्वान के भौंकने मात्र से क्षत हो जाती है?

'प्रभु, धर्म द्वारा निर्धारित निजी सम्बन्ध भी क्या ऐसे लोकमत पर आधारित होते हैं? सत्ता एक राजा को इतना क्लीव बना देती है कि वह अपने नैतिक और शास्त्रसम्मत दायित्व और अधिकार की भी रक्षा नहीं कर पाता? यह तर्क मत

दीजिएगा, प्रभु। जब आपने बाली की हत्या की तब भी लोकापवाद गहराया था। महाराज सुग्रीव भी उसमें सम्मिलित थे। तब उन्होंने महाराज के घर में रही अपनी पत्नी तारा को आपके आशीर्वाद से पुनः स्वीकार कर लिया था। आप जानते हैं, ऐसी स्थिति में सत्य की मीमांसा मनुष्य का सत्यनिष्ठ स्व भी करता है। आप केवल राजा ही नहीं हैं, अपितु आस्था के स्रोत भी हैं। राजा सत्य का संचालक और संरक्षक भी होता है। यह मैंने आपके चरणों में बैठकर सीखा है। मेरी नानी अहल्या का उद्धार आपने उस सत्य की रक्षा के हित में किया था जिसे उनके पति महर्षि गौतम ने जानने का प्रयत्न भी नहीं किया था। कई बार साक्ष्य के पीछे भी एक ऐसा निहित सत्य होता है जो दिखाई नहीं देता। जब आपने सीता माता का परित्याग किया तो उनके गर्भ में आपके दोनों पुत्र और रघुवंश के भविष्य, कुश और लव थे। आप जानते थे प्रभु। उस स्थिति में भ्राता लक्ष्मण बिना यह सोचे कि एक झरने के पास हिंसक पशु भी प्यास बुझाने आते हैं, उन्हें छोड़कर चले आए। यदि महात्मा वाल्मीकि न पधारते तो तो...पता नहीं क्या होता! मैं कल्पना नहीं कर पाता।...अपने को धिक्कारता हूँ, उनका मानस पुत्र होकर भी सीता माता को असुरक्षित छोड़ दिया। मेरे मन का आपके प्रति घोर विश्वास ही कारण था।'

आंजनेय का गला भर आया।

'माता के प्रति आपके प्रेम को जानता हूँ। मैं यह सोचकर चकित हूँ, एक नगरवासी का निर्मूल आक्षेप, स्वयं सुने और जाने बिना, आपके विश्वास पर भारी कैसे पड़ा? इन्द्र के कामान्ध पुत्र जयन्त ने काक बनकर माता सीता को अपनी चोंच से घायल कर दिया था। आपने एक तिनके को तीर बनाकर फेंका जो तब तक पीछा करता रहा जब तक जयन्त शरणागत नहीं हो गया। उस झूठे आरोप का शमन सम्भव था प्रभु, अगर आप उसे झूठ मानते। धृष्टता क्षमा करें, शंका पीपल की जड़ की तरह होती है। ऊपर से काट दो तो फिर हरिया जाती है।'

श्रीराम पीठ फेरकर खड़े हो गए—केवल साँसों के द्वंद्व की सरसराहट सुनाई पड़ रही थी। उससे पता चल रहा था, दोनों कितने तनाव से गुजर रहे हैं।

आंजनेय ने अपना गदा पृथ्वी पर लिटाया, दंडवत किया और बाहर निकल आए।

वे बेचैन थे। बुदबुदा रहे थे, 'प्रभु, मैंने अक्षम्य अपराध किया है। अपनी सीमाएँ लाँघी है। स्वामी और इष्टदेव की अवमानना क्षम्य नहीं। अपनी पीड़ा को छिपा नहीं पाया। मैं क्या करता? माँ की पीड़ा की कल्पना करना भी सम्भव नहीं रहा था। सीता माता का ध्यान आते ही अपनी अकर्मण्यता का आभास होने लगता था। माँ की पीड़ा जब पराकाष्ठा पर पहुँच जाती है तो पुत्र की परीक्षा लेने लगती है। मैं इसका दंड भोगने के लिए तैयार हूँ। सीता माँ का वह वरदान, जिसके कारण मैं तब तक जीवित

रहूँगा जब तक राम-कथा रहेगी, क्या अभिशाप नहीं हो जाएगा? मैं राम-कथा के निर्मल जल में काले तिल की तरह बार-बार परिलक्षित होता रहूँगा। मैं क्या करूँ? प्रभु राम से अपने इस पाप के लिए दंड की याचना करूँ? नहीं, प्रभु कभी दंडित नहीं करेंगे। तो मैं क्या करूँ, कहाँ जाऊँ... ?'

आंजनेय रुक गए। नेत्र बन्द कर लिये, 'मैं क्यों भावुक हो रहा हूँ? एक प्रश्न मुझे व्याकुल कर रहा है, पूछूँ कैसे—राज-लक्ष्मी तो पलायन कर गईं, तो रामराज... ?'

वे चल दिये। चलते-चलते माता सीता के निर्वाण-स्थल पर कब पहुँच गए, उन्हें पता ही नहीं चला। जब उन्होंने देखा कि उस गह्वर को भरा जा रहा है, जिससे माता सीता ने प्रयाण किया था, तो वे चकित रह गए।

नजदीक जाकर देखा तो वह गढ़ा जैसे-जैसे भरा जा रहा था, वैसे-वैसे गहरा हो रहा था। कहते हैं—वह भरा नहीं जा सका...वह आंजनेय के दिल में आज भी मौजूद है।

❂❂❂